説教黙想　アレテイア

# ヘブライ人への手紙

説教黙想 アレテイア
ヘブライ人への手紙

目次

ヘブライ人への手紙

# ヘブライ人への手紙　序論

加藤　常昭

①米国の新約学者ウィリアム・レインは、その緒論の最初にこう書いた。「ヘブライ人への手紙は、謎解きが好きな者にはひとつの喜びである」。その通りである。このことは言い換えると、序論で既にいくつもの難問に遭遇するということである。

ヘブライ人への手紙緒論における問題は、著者問題ですぐに難関に達することである。ロングは結局のところ、この問いに対する答えは、ただ神だけが知っておられる、と言って議論を閉じざるを得なかった。聖書正典においてヘブライ人への手紙はパウロの手紙にすぐ続いて置かれている。パウロの手紙だと考えられたからである。この関連で一言すれば、ヘブライ人への手紙は手紙と呼ばれるが、明らかに最初から手紙の体裁で書かれているわけではない。最後になって手紙らしい挨拶が続くだけである。そのために、この最後の部分を別の者の手になると推測することがある。しかし、多くの注解者は最後まで同じ著者のものとしている。著者をパウロ自身だとする考えは見られないと言うべきであろう。しかし、フランシスコ会訳のように、パウロに近い人物が書いたとする意見は強い。「現代の多くの学者は……間接的にパウロが著者であると認めている」とまで書いている（一九七五年、分冊版）。そこでバルナバ、ルカ、シラス、アポロなどの名が挙げられている。川村も、著者を特定するのは不可能であるが、敢えて言えば、アポロ説を支持したいようである。手紙を読むとアポロのように「信仰、学問、教養」がすぐれた著者を思い浮かべるからである。ついでに言えば、バルナバ説が出るひとつの根拠は使徒言行録第四章三六節によれば、レビ族であり、しかも「慰めの子」、つまり「パラクレーシス」のひとと呼ばれたから、この「パラクレーシスの手紙」の著者にふさわしいと思われたからであるらしい。いずれにせよ、著者は確定できないと考えた方がよいであろう。

②この手紙が送られたのはどこの教会であったか。パレスチナ説も有力のようであるが、私がこころを惹かれるのは、川村、あるいはクラドックなどがローマの教会ではないかと推測していることである。ローマの信徒への手紙第一六章に数多くのローマに散在する家の教会が、その責任者と思われる人びとの名によって呼びかけられているのを思い起こす。その諸教会に、ローマの信徒への手紙に続いてヘブライ人への手紙もまた送られ、諸教会で読まれたかと思うとこころが動かされる。こ

れらの教会を形成した人びとは、ローマの信徒への手紙に続いて、またこのヘブライ人への手紙の言葉を、世界のキリスト者に先立って聴きつつ礼拝をしたのである。

③ヘブライ人への手紙がいつ頃書かれたのか、それを推測する手がかりになるのは、たとえば第一〇章三二節以下である。「あなたがたは、光に照らされた後、苦しい大きな戦いによく耐えた初めのころのことを、思い出してください。あざけられ、苦しめられて、見せ物にされたこともあり、このような目に遭った人たちの仲間となったこともありました。実際、捕らえられた人たちと苦しみを共にしたし、また、……財産を奪われても、喜んで耐え忍んだのです」。迫害の鮮やかな記憶が残っているのである。それに対して第一二章四節の「あなたがたはまだ、罪と戦って血を流すまで抵抗したことがありません」というのは、これからの迫害を予感させるとする解釈がある。いずれにせよ迫害を受けつつあった教会であったに違いない。しかも、教会の仲間の中には、説教者の言葉に鈍くなっている者がいる。「このことについては、話すことがたくさんあるのですが、あなたがたの耳が鈍くなっているので、容易に説明できません。実際、あなたがたは今ではもう教師となっているはずなのに、再びだれかに神の言葉の初歩を教えてもらわねばならず、また、固い食物の代わりに、乳を必要とする始末だからです。乳を飲んでいる者はだれでも、幼子ですから、義の言葉を理解できません」（五・一一以下）。このような言葉を説教のなかで語り得たのであろうか、とさえ思う説教者の嘆きが聞こえる。他人事ではない。これに続く第六章四節以下にはルターをして辟易させた厳しい言葉もある。「一度光に照らされ、天からの賜物を味わい、聖霊にあずかるようになり、神のすばらしい言葉と来るべき世の力とを体験しながら、その後に堕落した者の場合には、再び悔い改めに立ち帰らせることはできません。神の子を自分の手で改めて十字架につけ、侮辱する者だからです」。こういう脱落者がいたのである。ロングが聞きとがめているのはこのような言葉である。「だから、萎えた手と弱くなったひざをまっすぐにしなさい。また、足の不自由な人が踏み外すことなく、むしろいやされるように、自分の足でまっすぐな道を歩きなさい」（一二・一二以下）。「ある人たちの習慣に倣って集会を怠ったりせず、むしろ励まし合いましょう」（一〇・二五）。これらの警告を必要とする人びとがいたのである。

こうした言葉、またクレメンスの第一の手紙がこの手紙に言及しているという外証もあり、ヘブライ人への手紙の執筆は八〇年代以降の第一世紀末と推測する人びとが多いようである。既にキリスト教会の歩みも世代を重ねており、いつまでも続く迫害、教会内における弛緩、そして教会が生きる世界の状況を見つつ、この手紙を書いた説教者自身が言うのである。「『すべてのものを彼に従わせられた』と言われている以上、この方に従わないものは何も残っていないはずです。しかし、わたしたちはいまだに、すべてのものがこの方に従っている様子を見ていません」。この第二章八節の言葉は痛切である。慰め、励ましの言葉は、このような状況で語られたのである。

この手紙を受け取ったのはローマの教会であったのではないかという推測の根拠のひとつは、皇帝ネロの迫害のような厳しい迫害を経験した教会であるかもしれないと考えるからである。ローマの信徒への手紙の語る福音の言葉を聴いて育った教会が信仰の何世代かを数えて、このような危機にあったのである。

④このような厳しい状況にあるキリストの教会を、ヘブライ人への手紙は「神の家」と呼ぶ。「キリストは御子として神の家を忠実に治められるのです。もし確信と希望に満ちた誇りとを持ち続けるならば、わたしたちこそ神の家なのです」（三・六）。この神の家という呼び名は既にヤコブ物語に現れたベテルという地名を思い起こさせる。ヤコブに似た旅を続ける教会は、当然のことであろうが、荒れ野を旅した神の民のイメージと重なり合う。そこでまたこういう警告が語られる。第三章一三節以下である。「あなたがたのうちだれ一人、罪に惑わされてかたくなにならないように、『今日』という日のうちに、日々励まし合いなさい。わたしたちは、最初の確信を最後までしっかりと持ち続けるなら、キリストに連なる者となるのです」。将来の希望に生きるために求められるのは、「今日」という日に集中して生きることである。「今日」とは何か。詩編第九五編七節（「今日こそ、主の声に聞き従わなければならない」）を二度も引用して言う。「今日、あなたたちが神の声を聞くなら、荒れ野で試練を受けたころ、神に反抗したときのように、心をかたくなにしてはならない」（三・七―八）。「説教黙想　アレテイア」第五八号、第五九号に連載された〈今日〉という時を告げる」と題するメラー教授のイーヴァント論を思い起こす。そこで説かれた、今日、神の言葉を語り、聴くための戦い、それは既にヘブライ人への手紙の戦いであった。この神の言葉を聴くところで既に知る「時の感覚」は終末論的である。永遠の真理を告げ、まことの時を数えることを教える神の言葉を聴くことである。この神の言葉は、「イエス・キリストは、きのうも今日も、また永遠に変わることのない方です」と第一三章八節が語るイエス・キリストを告げる言葉であるが故に、荒れ野を旅する「教会の時」を定めるのである。

⑤こうなると、説教者として、ヘブライ人への手紙における「神の言葉」とは何かということに関心を抱かざるを得ない。先の第一三章八節に先立つ言葉はこうである。「あなたがたに神の言葉を語った指導者たちのことを、思い出しなさい。彼らの生涯の終わりをしっかり見て、その信仰を見倣いなさい」。指導者たちの死を思い起こせ、というのである。「確信と希望」を抱きつつ死んだに違いない。それにすぐ続いて、その死を支えたイエス・キリストが永遠の方であることを言い表したのである。そして、その指導者とは「神の言葉を語った」人びとなのである。説教者であった。旅する神の家は、常に、そのように説教によって導かれ、慰められ、励まされたのである。

説教者たちは何を語ったのであろうか。この手紙の著者は同じ伝道者であるテモテの名を挙げる。テモテの釈放を知らせ、早く再会できれば、一緒に訪ねるつもりだと言う。親しかったのであろう。同じ神の言葉を語る説教者の同志であった。おそらくこのテモテはパウロが手紙を書き送ったテモテであろう。パウロはテモテに勧めている。「わたしが行くときまで、聖書の朗読と勧めと教えに専念しなさい」（Ｉテモテ四・一三）。この「勧め」は、ヘブライ人への手紙の著者が第一三章二二節で自分の言葉を呼んだのと同じパラクレーシスという言葉であり、説教と言い換えてもよいであろう。しかし、それに先立って、聖書が朗読されているのである。

クラドックは、ヘブライ人への手紙が詩編の引用を好むのはなぜであろう、と問い、もしかすると礼拝でよく用いられていたのではないかと推測する。ミヒェルはその注解書で、第二章一二、一三節を説いたところで、ヘブライ人への手紙の著者の教会の礼拝で、旧約聖書が教会員によって歌われ、あるいは祈りの導き手（der Vorbeter）によって読まれたであろうと推測する。第一三章一五節には、このような勧めが語られる。「イエスを通して賛美のいけにえ、すなわち御名をたたえる唇の実を、絶えず神に献げましょう」。詩編を歌って礼拝をすることを喜びとしたのであろう。

ミヒェルは、このとき旧約聖書の言葉は終末論的に理解されていたと言う。つまり、聖書の言葉は、キリストによって成就したものとして理解されたのである。旧約聖書の言葉はイエスの言葉とみわざに支えられて光を放った。この第二章一二節が典型的に示すように詩編の言葉もイエスご自身が語られたものとして聴かれた。ミヒェルは、詩編だけではなく、旧約聖書のさまざまな言葉についての〈聖書研究会〉（die Bibelstunde という用語を用いている。現在の教会で行われる聖書研究会のことである）が行われ、当時の教会としての旧約聖書解釈の道が拓かれていたのではないかという仮説を紹介し、簡単に退けるわけにはいかないのではないかと、むしろ、それを支持しているような意見を述べている。更には注の形で、当時の教会の礼拝において、まず何よりも、そのようにしてキリスト論的に理解された旧約聖書の言葉と、イエス・キリストを語る言葉が読まれ、また聴かれたと考える。当然のことである。そのような場において福音書の伝承も受け継がれ、既に教会を生かす言葉であったのである。それに続いて説教が語られた。この手紙の著者は、そのような礼拝の指導者であった。手紙の読者は誰であったかを問うとき、しばしばとにかくそれはユダヤ人キリスト者であるということを断定する論考がある。しかし、このように理解してくると非ユダヤ人であろうと、キリスト者であり、礼拝を怠らないキリスト者であるならば、この程度の旧約聖書の引用を理解することは、それほど困難なことではなかったと私は思う。旧約聖書の知識や神殿との近さを考えて聴き手としてパレスチナの教会を推定する必然性もないのではないかと私は思う。

このように神の言葉を聴く集会を語るヘブライ人への手紙は、神の言葉の鋭さを語る。第四章一二―一三節である。「というのは、神の言葉は生きており、力を発揮し、どんな両刃の剣よりも鋭く、精神と霊、関節と骨髄とを切り離すほどに刺し通して、心の思いや考えを見分けることができるからです。更に、神の御前では隠れた被造物は一つもなく、すべてのものが神の目には裸であり、さらけ出されているのです。この神に対して、わたしたちは自分のことを申し述べねばなりません」。生きていて、鋭い神の言葉を聴く者たちは「神の御前」にあると言う。神の言葉が読まれ、語られ、聴かれる集会に神が臨在される。だから〈礼拝〉になる。そしてそこですぐに、この手紙のなかでも最も慰めに満ちた言葉のひとつが語り出される。臨在される神の前で立ちすくむわれわれのために大祭司イエスが紹介されるのである。一四節以下、「さて、わたしたちには、もろもろの天を通過された偉大な大祭司、神の子イエスが与えられているのですから、わたしたちの公に言い表している信仰をしっかり保とうではありませんか。この大祭司は、わたしたちの弱さに同情できない方ではなく、罪を犯されなかったが、あらゆる点において、わたしたちと同様に試練に遭われたのです。だから、憐れみを受け、恵みにあずかって、時宜にかなった助けをいただくために、大胆に恵みの座に近づこうではありませんか」。

⑥旅する神の民は、このようにして大祭司イエスの支配のもとにあるベテルを建てつつ旅をする。しかも、このように地上を旅する民は既に旧約聖書が語るように多くの旅の先達を与えられて歩み続ける。この関連でよく知られる第一一章一節の信仰規定が述べられ、その信仰に生きた信仰者列伝が長く語られる。「この人たちは皆、信仰を抱いて死にました。約束されたものを手に入れませんでしたが、はるかにそれを見て喜びの声をあげ、自分たちが地上ではよそ者であり、仮住まいの者であることを公に言い表したのです。……彼らは更にまさった故郷、すなわち天の故郷を熱望していたのです。だから、神は彼らの神と呼ばれることを恥となさいません。神は、彼らのために都を準備されていたからです」（一三―一六節）。キリストの来臨の希望と、この「天の故郷」に対する熱望が共在する。これがヘブライ人への手紙の終末論である。主の来臨は近い。そのような終末の希望に生きようとしたが、すぐには主が来られない。その間に神に逆らう者の力はむしろ強くなってしまったかのように思われる。そのため、迫害のために死ぬ者も多かったであろう。そこで既に旧約聖書が語る時代に死んでいた多くの信仰の先達を生かした、「天の故郷」の信仰が新しく捉え直される。われわれもまた、この矛盾するかとも思われる望みのふたつの姿を知っている。それを生きている。われわれの信仰が、そこで問われるのである。このような望みを抱きつつ、死と向かい合いつつ、「今日」を生きるキリストの教会なのである。

⑦グレーサーは、第一三章二二節の「勧めの言葉」を、テキスト翻訳では Die Mahnrede（戒めの話、警告を与える説教）と訳している。しかし、釈義のなかでは、パラクレーシスを、「慰め」と理解するか「戒め」と理解するか、これは、あれかこれかの問題ではないとしている。そうではなくて、tröstende Ermahnung（慰めつつ戒めること）、あるいは mahnende Tröstung（戒めつつ慰めること）と理解すべきであると指摘している。この指摘は重要である。ヘブライ人への手紙の特質を最もよく言い表している。慰めることと戒めることとがひとつなのである。こう言ってもいい。時々誤解されるように、教理と倫理が交互に語られるのではなく、教理を語る言葉がそのまま倫理を語る言葉になるのである。それがパラクレーシスの言葉の特質である。ここで言う教理は何と言ってもキリスト論を主たる内容とし、大祭司キリストに集中する。グレーサーは、ヘブライ人への手紙は、十字架につけられ、天にまで挙げられたキリストに対する信仰告白の新しい解釈を試みたの

である、と言う。そしてそこで生まれたのが「常に救済論を目指して語られるパラクレーシス・キリスト論であった」と書いている。われわれが語るべき説教のメッセージもまた、このパラクレーシス・キリスト論に尽きるということができる。キリストを説くことが直ちに〈慰め〉、〈励まし〉になるのである。福音を説くことが直ちに倫理を説く言葉となる。ヘブライ人への手紙は、このようにして福音と倫理（福音と律法）をひとつに説いたのである。

　グレーサーは、著者を説教者として見るよりも、まず何よりも神学者（Theologe）として見る。そこで手紙の構造もよく考えられた神学的構造を持っているとしている。第一部は「救済者の道」を語る基礎論（一・一―六・二〇）、第二部は「御子の大祭司職」を語る展開部（七・一―一〇・一八）、第三部が「信仰の道」（一〇・一九―一三・二一）、それに結びが続くのである。

## 参考文献


中川秀恭『ヘブル書の研究』創文社、一九五七年

川村輝典『聖書註解　ヘブライ人への手紙』一麦出版社、二〇〇四年

川村輝典『ヘブル書の研究』日本キリスト教団出版局、一九九八年

カルヴァン『ヘブル書・ヤコブ書』（カルヴァン新約聖書注解13）久米あつみ訳、新教出版社、一九八一年

H・シュトラートマン『ヘブライ人への手紙　翻訳と註解』（NTD新約聖書註解9）木幡藤子・関根正雄訳、ATD・NTD聖書註解刊行会、一九七五年（原著一九六八年）

F・F・ブルース『ヘブル人への手紙』（新約聖書注解）宮村武夫訳、聖書図書刊行会（いのちのことば社）、一九七八年

T・G・ロング『ヘブライ人への手紙』（現代聖書注解）笠原義久訳、日本キリスト教団出版局、二〇〇二年

B・リンダース『ヘブル書の神学』（叢書 新約聖書神学12）川村輝典訳、新教出版社、二〇〇二年

Reginald Fuller, *The Letter to the Hebrews*, Proclamation Commentaries, Fortress, 1977.

William L. Lane, *Hebrews, A Call to Commitment*, Hendrickson, 1988.

Harold W. Attridge, *The Epistle to the Hebrews*, Hermeneia, Fortress, 1989.

William L. Lane, *Hebrews 1-8*, Word Biblical Commentary Vol. 47A, Word Books, 1991.

Fred B. Craddock, *The Letter to the Hebrews*, The New Interpreter's Bible XII, Abingdon, 1998.

D. Martin Luthers Epistel-Auslegung, 5. Band, Hrsg. von Hartmut Günther und Ernst Volk, Vandenhoeck & Ruprecht, 1983.

August Strobel, Der Brief an die Hebräer, NTD 9, Vandenhoeck & Ruprecht, 1936, 11. Aufl. 1975.

Herbert Braun, An die Hebräer, Handbuch zum NT, J. C. B. Mohr, 1984.

Claus-Peter März, Hebräerbrief, Echter Bibel, Echter, 1989.

Otto Michel, Der Brief an die Hebräer, Kritisch-exegetischer Kommentar über das Neue Testament, Vandenhoeck & Ruprecht, 1960, 11. durchgesehene Auflage mit Nachträgen.

Erich Gräßer, An die Hebräer (Hebr 1-6), EKK, Benziger/Neukirchener, 1990.

# ヘブライ人への手紙　一章一―四節

徳善　義和

## ヘブライ人への手紙を前にして

次の説教黙想の聖書箇所はヘブライ人への手紙にすると編集委員会で決まってからすぐ、私はもちろんその委員（当時）の特権だが、先ずは新共同訳で何度か、さらにギリシア語でこの本文全体を読んでみた。次には、私はいつもまず「ルター」だから、わずか二頁のその「ヘブライ人への手紙序文」（一五二二年）を読んだ。続いてその「ヘブライ人への手紙講義」（一五一七―一八年）におおよそ目を通した。この講義は「第一回詩編講義」（一五一三―一五年、この講義の途中で「神の義」についての宗教改革的理解に到達した）、この理解をパウロ自身に即してさらに深め、確認する「ローマ書講義」（一五一六―一七年）、「ガラテヤ書講義」（一五一七―一八年）に続くものだから、パウロ的な福音理解の追求に関心が集中している。この時点ではこの手紙をパウロのものと考えて（二二年の序文では既に「パウロのものではない」と断言しているが、パウロ的なものにもまた関心を寄せている）、先ずはその「大祭司キリスト」や「ただ一度だけ」に注目していることが分かる。これが一つ目の注目であった。邦訳されているのはスコリエ（講解）の学生筆記なのだが、学生筆記という性格上、また内容的にも、説教黙想のためにはグロッセ（行間注と欄外注）の方が参考になるのかもしれない。これがこの本文を前にした一つ目の対応であった。

## 初代キリスト教教理の形成

ヘブライ人への手紙冒頭のこの箇所を熟読してみて、二つ目に考えたことは、この箇所が初代キリスト教の教理形成に際してある役割を果たしたことが想像できる、ということである。ある意味ではこの箇所があるいは凝縮され、あるいは展開されて「ニケア信条」に至るまでに集大成されたのだろうという直感すら湧いてくる。私が神学的関心の中心としてきたのは宗教改革の歴史と神学とは言っても、キリスト教思想史全体を含めて講義してきたことであるから、そう直感的に受け止めても自然のことと言ってよいだろう。Ｊ・Ｎ・Ｄ・ケリーの『初期キリスト教教理史』（一麦出版社）上巻でも開いてみればそれが分かるだろうし、手元にあるＪ・ペリカン『キリスト教の伝統――教理発展の歴史』１の『公同的伝統の出現』を開いてみても、この箇所が神論、キリスト論から聖霊論、そして三位一体論、さらに天使論に至るまで、いろいろな教父たちによって取り上げられて論じられた一端に触れることができる。

三つ目はこの手紙全体、そしてこの書き出しの四節の賛歌を読む現代の説教者であるわれわれと、この聖句とそれに基づく説教の前にひざまずく現代の会衆である。

## キュリオス・イエスウス・クリストスが「隠されている」

注目すべきことにこの冒頭の四節にイエスの名は現れない。いや、この手紙は二章九節に至って初めて「イエス」の名を挙げるのである。それまでこの名は「隠されている」と言ってよい。いや、その名が初代教会の最初の、共通の信仰告白だった「キュリオス・イエスウス・クリストス」、「イエス・キリストは主である」を隠された共通の前提として、この手紙（あるいは説教集と言うべきか）は書き記し始められていると言うべきであろう。この隠された共通の信仰告白を前提にして、「御子」と呼んで、この方の、預言者に連なるありようも、また、特別なありようも告げ始めるのである。この四節にわたる書き出しはこの共通の信仰告白の解明を、「神」、「言葉」、「語る」「聞く」をキイワードにして、この四節で「御子」の独自性と特殊性を信仰的に明示しようとし始めているのである。

## 神は語った

だからこの手紙は「神は語った」という主語と動詞の文章で始まる。そもそもこの手紙は語る神の手紙であり、神の言葉の手紙なのである。しかも神は格言のような言葉を天から直接下すようなことをしない。神は人「において」語る。神はかつて、歴史の中で「預言者たちにおいて」語った、とある。原文が「エン」であるのだから、「において」と訳すべきだろう。わざわざ「によって」と訳すべき理由はない。なんらかの道具「によって」ではなく、人である預言者「において」神は語った。預言者は神が語る際の単なる道具ではなく、それぞれ神に用いられる「人」であって、その一人ひとりの人格において、神は語ったからである。だから神は預言者たちの人としての姿、背景などそれぞれに応じて「多くのかたちで、また多くのしかたで」語ったのである。決して均一、一様ではなかった。それを「先祖」は聞いたのだった。しかしこの最初の一文の動詞は明瞭に、そのように「神が語る」ことは終わったと暗示し、ひとつの明瞭な区切りを付けている。

だが神が語ることは続けられる。預言者「たち」においてと同様に、神は「御子において」語られた。しかしまた、その語りはただひとりの「御子において」独特のかたちで続けられる。神は預言者において語り、また御子において語られる類似性と特殊性とはここではっきりと認識されねばならないであろう。その動詞は神が御子において語ったが、その語りはその後もなお続いている、と明言する。御子の福音の言葉の使徒的宣教を指していると言うべきであろう。この手紙もまたそのような「御子における」神の語りの継承のひとつにほかならない。「御子において」語られる神の言葉、すなわち福音の聴き手はまさしく代々の教会であり、「わたしたち」にほかならないからである。

ルターの「講解」は、神が言葉をもって語るという文脈で、先ず「御子」が注目されていることに関心をもつ。先ず「人の子」として注目しているという点である。「人の子」として生き、語り、ご自身を示されたところに従って、御子の告げるところに聞くということである。「神の子」から出発して、哲学的に御子の神性を論じ、思弁するのでなく、「人の子」から出発して、その地上での日々と十字架に至る生涯に注目するということである。この「講解」の発言は一五一七年春（もしくは同年秋とも言われる）のものであると考えられるから、「第一回詩編講義」、「ローマ書講義」、「ガラテヤ書講義」と続いた宗教改革的神学形成の最後の時期のドキュメントと考えてよい。だからここから「第二回詩編講義」（一五一八―二一年）へと進み、「ハイデルベルク討論提題」（一五一八年四月）で「十字架の神学」をテーゼの形で明示したあの箇所を思い起こさずにはおれない。

提題一九　神の「見えない本質が」「造られたものによって理解されると認める」者は、神学者と呼ばれるにふさわしくない。

提題二〇　だが神の見える本質と神のうしろとが、受難と十字架によって認められると理解する者は、神学者と呼ばれるにふさわしい。

提題一九は「神の見えない本質」をたとえば「存在の類比」から（トマス）、あるいは人間の能力から（オッカム）出発して、哲学的に神を思惟することを斥ける。提題二〇は神ご自身が、受難と十字架によって見せる、「神の見える本質」と、その背後に隠された「神のうしろ」（隠された姿）に注目することを、神学固有の課題としたものである。

だからこの冒頭の本文を前にして発する、ルターのこの関心が、手紙の進行に応じて「大祭司」や「ただ一度だけ」への注目に通じていくのである。

## 御子とはだれか

この方は、この男は一体だれかという問いは、御子自身の教えといやしの日々、宣教のわざの時以来、御子を迎えるにせよ、斥けるにせよ、これに注目した人々の問いであった。だからこの部分は御子を讃える賛歌とも言える。初代教会的な信仰告白の響きをもって、まず御子は預言者たちの系列に続いて、預言者たちと同様に、あるいは類似して、その人としての姿に応じて、いろいろな仕方で神の語りを伝えると、その類似性を指し示す。人となられた御子は預言者と同じなのである。しかし同時にこの御子は、預言者たちとは違うという意味で明らかな区切りを付けて（「語った」という動詞の二つの異なる形がそれを指し示す）、御子において神が語ったことの独自性、唯一回性（それはこの手紙の中で「ただ一度だけ」の強調で示されることになる）、さらに展開して使徒的宣教への継続さえ暗示しているのである。

その上で、この冒頭の展開はいわゆる「交差構造」的に、御子が万物の維持者、世界の創造者であると告げる。ルターの言うところに従えば、神の見せる姿に徹底して注目することにおいて、「神のうしろ」にその栄光の姿が初めて見えてくるという順序である。語られる順序は神の「今」、歴史の中での姿から、神の「根源」へと遡って、御子を荘厳に表白し、告白していく。

神の定めによって、御子は「万物の相続者」であり、「世界の創造者」である。この「神のうしろ」を示す御子賛歌は「御子は、神の栄光の反映」と告げ、「神の本質の完全な現れであって、万物を御自分の力ある言葉によって支える」と歌い続く。ニケア信条の「主は神のひとり子であって、すべての世に先立って父から生まれ、神の神、光の光、まことの神のまことの神、造られたのではなく、生まれ、父と同質であって、すべてのものは主によって造られました」という、キリストの神性の信仰告白に通じるであろう。この本文は、御子の人性からまず出発して、御子は人である、人となられたと告白し、さらに御子は人となられた神であり、神と同じという神性の告白を続けているると言ってよかろう。御子の地上の日々の教えと働きが、またその受難と十字架が、さらにはすべての人の思いを超えた、その驚くべき復活についての証言がまだとりわけ生き生きと宣教されていた当時の教会の姿を、まさしく「御子」という一点に絞って伝えている言葉と言ってもよかろう。

これはまた続いている、「人々の罪の清め」の後、天の「大いなる方の右の座に着いた」との結び付きによって、ここにおける人性から神性への証言が、人性と神性の一致において深く結び付いていることをもあらためて示しているものと言わなくてはならない。

## 天使の名より優れた名

ユダヤ教における神の唯一性の絶対的信仰の立場に立てば、御子のこの特殊性は、御子が天使、あるいは天使のひとりである、という考え方が当時の教会に見られたのであろうか。御子が神から遣わされた優れた天使であるならば、神の唯一性に触れる問題とはならない、という論拠からであろう。「父と子と聖霊」の三位一体の神の信仰とその告白に至る途上に、まず天使をめぐる論議があり、さらには続いて聖霊をめぐる論議が初代教会において起こっていた教理形成の姿を思い起こせばよかろう。

そこでこの手紙ははっきりと、「御子は、天使たちより優れた者」と明言し、御子という名は「天使たちの名より優れた名」であると断言する。天使はまさしく神の使いであり、また使いであるに過ぎない。使いは命じられたことを命じられたままに伝え、あるいはその務めを果たせばよいのであり、それはその都度繰り返し新しく起こることである。しかし御子は子として父の意志を知り、その極みまでを心に留めて、これを自らの使命の成就の中で、父の意志に即して自らの意志でもあるとして十全に果たすのである。

## この手紙の使信の目指すもの

そういう意味ではこの手紙は、御子の人性への注目から神性への注目へという線を明らかに保っていると言えよう。この手紙からすぐに心に浮かんでくる章句を一人ひとり思い起こしてみるとよいであろう。この御子を大祭司と特筆するこの手紙が第四章（一四節以下）で、「この大祭司は、わたしたちの弱さに同情できない方ではなく、罪を犯されなかったが、あらゆる点において、わたしたちと同様に試練に遭われたのです」（一五節）を再々心に刻んだ人は少なくないに違いない。あるいはまた、「こういうわけで、わたしたちもまた、このようにおびただしい証人の群れに囲まれている以上、すべての重荷や絡みつく罪をかなぐり捨てて、自分に定められている競走を忍耐強く走り抜こうではありませんか、信仰の創始者また完成者であるイエスを見つめながら」（一二・一以下）を繰り返し信仰の励まし、また呼びかけ合う合言葉として思い返す人も多いことだろう。人性を取った方がほかならず神の御子としての神性を豊かに十全にもつ方であるとの信仰的認識が、繰り返し豊かにされる契機となる聖句にほかならないのである。初代教会において、ユダヤ教やローマ帝国による迫害の危険にさらされ、キリスト教内のさまざまな伝承、異説、異端に囲まれ、しかも自己自身の内的信仰の危機にすら直面した四面楚歌の中で、御子の人性から神性に注目した随所の証言、勧めの言葉がどれだけ当時の信仰者たちを慰め、励ましたかを心に思い浮かべてみるとよかろう。

## 私たちの信仰賛歌、信仰告白

私は「礼拝と音楽」誌の依頼を受けてその一五七号から十五回の予定で「ルターと賛美歌」の連載を続けている。ルターの作詞（時には作曲も）した賛美歌のすべてを取り上げることはできないが、そこに示されるルターの音楽的才能、素養もさることながら、その歌詞の信仰告白的姿勢に大いに注目させられる。信仰的情緒を歌った賛美歌はないと言ってもよかろう。私はルーテル教会の牧師だが、その実践（礼拝や礼拝音楽など）についても一応の基礎的な知識や考えをもつものの、決して伝統主義者ではない。基礎的なものを踏まえて、それが新しく具体的展開を見ることに決して消極的ではない。その専門家、その才能をもつ人々を促して新しいものを産み出す努力をすることを積極的に勧めたいのである。

それにしても近代から現代に至る賛美歌の流れを見ていると、信仰告白的な内容のものよりも、信仰情緒的なものが多く、信仰の現実を歌うよりも信仰の理想を歌うものが多いことに驚かされる。信仰の試練や葛藤を歌うものはあまりにも少なくて、必要ならば殉教も厭わないなどという言葉がいとも簡単に歌われているようにすら感じて、歌うのをためらうような思いにさせられるときもある。信仰の共感をもって歌うことが難しいのである。近代と現代の、人間理解、人間への洞察の違いからくるのだろうか。

新しい信仰の歌が欲しい。信仰の内容を歌い、その信仰の危機と試練を歌い、嘆き、主によるその克服とそこに示される主の恵み、それへの徹底的な信頼を歌った歌が欲しいと思う。そう思って、ルターの「深い悩みから私は叫ぶ」（『讃美歌21』160）でも、「われわれの神は堅い砦」（『讃美歌21』377）でも、その原詩や原曲を見ていただくとよい。ドイツの現行の賛美歌集（362）では後者の賛美歌を「不安と信頼」の分類の冒頭に載せ、ルターのオリジナルのゆっくりした曲を先に掲げて、作詞に当たってのルターの原状況を反映させる試みをしている。その賛美歌を産み出した背景は、ルター自身の病《やまい》に始まり、宗教改革陣営内の混乱、もちろんローマと帝国の迫害、トルコ軍のヨーロッパ侵入という人間の、いわば四面楚歌の試練の状況の中で、神への徹底的な信頼を歌った信仰告白の歌だったのである。それにしても『讃美歌』（267）も『讃美歌21』（377）も、第二節で「戦うイエス」に注目して歌いながら、「われと共に戦う主」と歌うのは、いかにも近代の人間理解の影響であろう。ルターの誤訳というか、ルターとは別の賛美歌になってしまうと言うしかあるまい。人間は弱く、弱り果てているけれども、人間にはまだ、キリストが共に戦ってくださるならば、戦う力も能力もあるとの認識がポロリと出ていると言うしかない。ルターの原詩は、人間はもう全くだめだから、どうしようもない、キリストがわれわれ「のために」、われわれ「に代わって」戦ってくださるのだ、と歌っているからである。ヘブライ人への手紙が証言する御子もまたわれわれも、まさしくこのような状況ではないだろうか。神人協力の可能性がここで語られているとは思えない。

こういう観点でこの一―四節を読み、心に歌う思いに導かれたらどうであろうか。御子の人性への注目から、その神性への注目に至って、最初の導入賛歌を歌い始めるこの手紙は、多く散文によりながらも、詩編をはじめとする旧約の詩の部分を引用しつつ、全体としてはこの御子の賛歌を全編にわたって歌い続けている趣きがあると言えよう。書かれる人間の窮状も困窮も、迷いも不信仰も、そこからの助けも前進も、この冒頭の四節に続く信仰の歌、信仰告白の歌として心に歌い返してみてはどうだろうか。そうすると十八、九世紀の欧米の賛美歌に影響された現行のどの賛美歌集の中にも、そういう歌としてふさわしいものを探すに苦労するに違いない。それでもこの手紙などに呼応する、新しい信仰の歌を探し出し、造り出す努力もまた必要であろう。賛歌を基調とするヘブライ人への手紙の冒頭の説教黙想を試みながら、続く章句とその説教黙想を思って、あらためて切なる望みを託したいと考えているのである。

**参考文献**


ルター「ヘブル人への手紙講解　一五一七／一五一八」岸千年訳、『ルター著作集』第二集第一〇巻一九四―三八八頁、聖文舎、一九八八年

ルター「ヘブライ人への手紙序文（一五二二年）」徳善義和訳、『宗教改革著作集』第四巻一五三―一五四頁、教文館、二〇〇三年

B・リンダース『ヘブル書の神学』（叢書 新約聖書神学12）川村輝典訳、新教出版社、二〇〇二年

Otto Michel, Der Brief an die Hebräer, Kritisch-exegetischer Kommentar über das Neue Testament, Vandenhoeck & Ruprecht, 1960, 11. durchgesehene Auflage mit Nachträgen.

# ヘブライ人への手紙　一章五―一四節

橋谷　英徳

## 一　区分

与えられたテキストは、一章五節以下である。本誌の区分は、新共同訳聖書に従っている。確かにそれも一つの道ではあろうが、四節以下を区分とすることもできよう。テキストの主題から言っても、そのほうが良いかもしれない。事実、いくつかの説教を調べてみると、やはり四節以下の区切りで説教されていることも多い。

またもう一つの可能性は、二章五節まで長くテキストを取ることである。いずれにしても前後の文脈から切り離すことなくこのテキストから説教することが求められるであろう。

テキストは、詩編を中心とした旧約聖書の七つの引用から構成される。これらの引用によって、「御子は、天使たちより優れた者」（四節）であることが、明らかにされている。このように、ここで語られている主題は新共同訳の表題どおり「御子は天使にまさる」ということは、はっきりしている。しかし、今日の私たちが、このテキストからどのように説教することができるであろうか。

## 二　必要不可欠な緒論的課題

ずいぶん前のことだが、このヘブライ人への手紙を祈禱会で連続で学んだことがあった。そこで味わったのは、この手紙を説くことの困難である。もちろん、福音書やパウロ書簡、聖書のどの箇所を説教することにも困難があることは承知しているつもりである。しかし、このヘブライ人への手紙を説教することには独特の困難さがあるように感じた。一応、困惑しながらも、講解は終えたものの苦い思いが残った。そして、最も困惑を覚えたのは最初の一章、二章であったことを記憶している。一体、何が足りなかったのだろうか。以来、どこかで問い続けてきたように思うが、顧みる時に、自分なりの答えはある。

それはヘブライ人への手紙の緒論的な理解があまりに不十分であったことによるのではないかと思う。どの聖書の箇所を説教するにしても、軽んじがちであるが、緒論は重要である。しかし、このヘブライ人への手紙については、とりわけ重要なのである。ここを外すと、かつての私のように完全に道に迷ってしまうことになるであろう。そのことは特に冒頭のこの一章、二章で顕著である。

幸い本書の巻頭には、加藤常昭先生の「序論」が掲載されている。これはヘブライ人への手紙の全書説教黙想とも言うべきものであろう。多くの学者たちと同様に、ヘブライ人への手紙が「説教」として読まれており、「慰め」というキーワードで説かれている。とても興味深く、心動かされながら読むことができる。この黙想は、新しい視点で、このヘブライ人への手紙と向かい合う助けを与えてくれよう。また他にも多くの緒論を読むことができるので、必要不可欠なこととして、努めたい。

## 三　テキストの構成

さて、このテキストは、先に述べたように詩編を中心とした七つの旧約聖書の言葉の引用から成るが、ある構造をもっている。ロングによれば、テキストは①五節、②六―七節、③八―一二節、③一三―一四節に区分される。

問いかけから始まって（五節）、次に天使について語られ（六―七節）、御子について語られ（八―一二節）、最後に結びのクライマックス（一三―一四節）に至る。ロングは説教の技法をもとにして、このテキストを読み解いている。まさにこのテキストが説教の言葉であることがよくわかってくる。さらに、このように構成を明らかにすることによって、このテキストが決して平板なものではないことに気づかせてくれる。単なる旧約聖書の引用の羅列ではない。ある流れのなかで、言葉が連ねられている。それはまさに説教の言葉の流れなのである。

旧約聖書の引用は合わせて七つであるが、一つの特徴は詩編が重んじられていることである。七つのうち、五つが詩編である。そして、他の旧約聖書の箇所からの引用は、詩編を解釈することに用いられている。

ここでの旧約聖書の引用の仕方は必ずしも、今日の私たちにとって納得いくものではないかもしれない。かなり自由な引用である印象を受ける。しかし、おそらくこの手紙の言葉の聴き手、会衆にとっては違和感のあるものではなかったであろう。

聖書学者たちは、この手紙の著者は、今日の私たちが用いているような旧約聖書ではなく、キリスト証言集のようなものを用いたのではないかと推測している。さらに著者が用いているのは七十人訳聖書であるということも確定されている。

また、ここでの旧約聖書は、礼拝のなかで賛美歌として歌われていた歌詞で、会衆にとっては既に馴染み深いものであったという推測もある。私の仕える教会でも時折、ジュネーブ詩編歌を用いている。既に初代教会においても詩編が賛美歌として用いられていたのである。そのように礼拝で歌う賛美歌がここで最初に引用されていると想像することも許されるであろう。

## 四　御子はいかなる存在なのか

ここでは「御子が天使にまさる」、このことが明らかにされているが、最も大きな問題の一つは、なぜこのようなことが礼拝の説教で語られねばならなかったのかということである。

伝統的な一つの解釈は、当時の教会において、天使礼拝のようなものが行われていたのではないかというのである。それに対して、否を語ること、そのような誤りを正すことが目的であったとする読み方である。そこで問題になるのは、第一戒「あなたはわたしのほかに何ものをも神としてはならない」である。今日の学者たちの多くもこの解釈をとっている。確かにこの読み方はある理解を与えてはくれる。しかし、問いが残る。

ヘブライ人への手紙が、天使について触れるのははじめの一章、二章だけである。その後、天使について語られることはまったくない。はじめに語られたことで、重大なことであれば、繰り返し何度もそのことに触れられてもよさそうなものであるが、そのようにはなっていない。一、二章で語られて、そこで終わってしまう。これは極めて違和感のあることである。

では、そうではないとしたら、一体、どこに関心があったのか。そこでひとつの推測が生まれる。著者は、天使礼拝についてではなく、ただひたすら御子のことを語ろうとしているのではないかということである。このように読むことによって、本来、このテキストが語ろうとしていることが、よりはっきりとしてくるように思われる。御子について語るということは、言い換えると「御子はいかなる方か」ということである。本来の関心は「天使が神ではない」ということではなく、「キリストが神である」ということである。つまり、「天使が神ではない」と語られるのは「キリストが神である」ということをよりはっきりさせるからではないか。

八節以下の段落では、まさにキリストはいかなる方であるかが、特別な仕方で述べられている。ここでは詩編四五編七―八節が引用される。ここで、何よりも大切なのは、冒頭の言葉である。神が御子を「神よ、あなたの玉座は……」と呼びかけておられるとある。このようにはっきりとした言葉で、イエスが「神」と呼びかけられている、しかも主なる神がイエスを「神」と呼んでいる。このような箇所は、聖書の他のどこにもない。これは実に驚くべき言葉なのである！

あまりの驚きのために、これを避けるための訳や解釈が残されることにもなった。たとえば協会訳は、ここを「神から賜わったあなたの位は永遠にかぎりなく続き」と翻訳する。しかし、ここは「神よ、あなたの玉座は……」と明らかに訳すほかにないのである。

他の読み方が成立する余地はない。だとすればこのテキストにおいて、この言葉は決定的な言葉となる。

また、一〇節以下では、詩編一〇二編二六―二八節の言葉が引用され、ここでは「主よ、あなたは初めに……」と先在のキリストのことが語られる。御子は、天よりも地よりも先におられ、御子によってすべては創造されたとされる（二節も参照）。さらにここでは「主」という称号、御名が示される。

このようにここには、「新約聖書におけるもっとも高いキリスト論の一つ」（安田吉三郎）がある。説教において非常に重要なのは、この箇所でしかできない説教をするということである。聖書のテキストにはそれぞれ固有性があるので、その固有性を見出すことが重要なことになる。このメッセージなら、他の箇所でもできるということにならないような説教こそ、私たちの目指す説教である。その点でもこのテキストのキリスト論の重要性は見逃すことはできない。

さらにこのことと関連して、五節では、詩編二編七節が引用されている。この箇所は、主イエスの受洗時の神の言葉としても知られるが、ロングは使徒言行録一三章三三節に注目している。だとすると「産んだ」は、復活を意味することになる。

ここにはいずれにしても創造、受肉、復活、昇天、再臨……という救済史を踏まえて、キリスト論がひたすら語られている。「御子はいかなる方なのか」ということは、聖書の全体の福音とまさに深く関わってくるものとなる。「イエスは誰か、どのような方なのか」ということは、信仰の核心部分である。まさにその核心部分がここで語られている。

このように読んでいくときに浮かびあがってくるのは、では天使という存在はいかなるものなのか？という問いでもある。天使礼拝の否定ということで読むならば、どうしてもここでの天使の存在は消極的な意味しか持つことはなくなるのではないか。しかし、先入見を排除して読むときに、ここでは天使は、必ずしも消極的には扱われていないことに気付かされる。天使は御子を礼拝する（六節）、天使は神の使いの役目を果たしてもいる（七節）。しかし、天使の役割はそれだけではない。その重要な役割は、一四節のクライマックスの部分で明らかにされている。天使は「救いを受け継ぐことになっている人々に仕える」ものとして働くのである。

天使は、キリスト者に、キリストの教会に連なる一人一人に、隠れたところで奉仕をしてくれている。天使は、ここで何の役割も持たないものではないし、避ける必要があるものとはなっていないことは明らかであり、むしろ大切な役目を目に見えないところで果たしてくれる存在である。

## 五　御子と天使が語られる理由

次なる問いは、ではなぜこのようにして御子のことが、さらにはまた天使のことまでもが語られなければならないのか？ということである。その理由は、ただ一つ、慰めである。ここには牧会的な関心が働いているのである。ロングは、この手紙、説教が向けられている会衆の状況は、今日の状況に似ていることを指摘してこう述べている。

「彼の会衆は倦み疲れている。彼らは、この世に仕えることに疲れ、礼拝に疲れ、キリスト教の教育に疲れ、社会の中で特別な目で見られ、世の人々のひそひそ話の種にされることに疲れている。霊的葛藤に疲れ、祈りの生活をどうにか続けようとする努力に疲れ、イエスその人にすら疲れている。彼らの手は萎え、膝は弱くなっている（一二・一二）。礼拝への出席者は減っている（一〇・二五）。彼らは自信を失いつつある」（『ヘブライ人への手紙』二四頁）。

確かにこのような状況は、今日の教会、とりわけ私たちの教会とも重なるであろう。「疲れ」を、教会の会衆のうちに見出すことがない説教者はおそらくいない。またこの手紙がローマ帝国における教会への迫害ということを背景としていることも考慮できるかもしれない。国家、為政者が悪しき力、姿を今、私たちの国でも表しつつある。私たちは教会の内にも外にも、どこにも良きしるしをなかなか見出すことができないで途方に暮れているのである。そのためにキリスト者たちは意気阻喪し、疲れ果ててしまっている。

そして、このままでは、「押し流されてしまう」（二・一）のである。確かに私たちの状況とこの手紙の状況は符合している。

　このような慰めなき状況の中で、ヘブライ人への手紙の説教者は、立ち上がって会衆の只なかで語り始める。そして、彼の口から出るのは、まことに意外な言葉なのである。慰めのための処方箋が提示されるが、その処方箋は会衆の思いをはるかに超えている。

　この説教者は「一体、何をしているのか！　しっかりせよ！」と厳しく叱責することはしない。あるいはまた逆に「あなたのお気持ちはよくわかります」と安易な同情を寄せるのでもない。「神がいっしょにいてくださいます。万事は益となります」と、決まり文句を語りだすのでもない。そのような安易な慰めにも、会衆はもう既に疲れきってしまっているからである。この説教者が語り始めるのは、イエス・キリストのことである。キリスト論である。しかも、ここで語るのは、キリストの謙卑、低さではない。彼が語るのはキリストの高挙である。復活し、天に挙げられ、神の右に着座しておられる勝利者、王たるキリストの姿である。この方こそ、まことの神であり、主であられるということである。さらにここで語られるのは、天的な存在である天使でもある。

　このようにしてこの説教者は、何をしようとしているのか。彼がしているのは目に見えない現実をひたすら指し示すことである。目の前の現実だけを見て、そのために疲れ果ててしまっている会衆のまなざしを、目に見えない宇宙論的な現実に向けさせようとする。いささか唐突であり、その理解が困難であったとしてもそのようにする。ここに語られていることはすべてが目に見えない現実である。ここで語られているキリストの姿は私たちのこの肉の目には見えない。天使も見えない。そんなことは承知の上でこの説教者は語り始める。なぜか、それは会衆がまことの慰めに立つためである。

　ロバート・マッカフィー・ブラウンは次のように述べている。

「キリスト者は、『聖書の中の不思議な新しい世界』は私たちが抱いている世界観よりも正しい世界観であり、私たちは自分たちの見方の方を修正しなければならないという一見奇妙な賭けをする。これが聖書との対話ということである。私たちの問いを聖書にぶつけ、聖書の問いに耳を傾け、私たちの答を聖書の光に照らして吟味する。そして大抵そうなるのだが、特に聖書の答が私たちの答と矛盾する時には、聖書の答のほうを真剣に受けとめるのである」（『意外な知らせ』一〇頁）。

　この言葉は、聖書一般について述べられたことであるが、それはこのテキストにおいても合致している。

　またロングは、ここでこの説教者がしようとしていることはまことに驚くべきことであり、無謀なことでさえあると指摘している。今日の私たちは、困難な牧会的な課題をしばしば説教以外の方法によって乗り越えようとする。しかし、この説教者はそうではない。説教、しかもキリスト論の説教、そのことによって切り開こうとする。キリストを説く説教こそが、会衆にまことの慰めを与えることをこの説教者は信じている。

　さらにロングは、ここでこのテキストが、「見る」ことではなく「聴く」ということにこそ注意を払っていることを指摘している。そこで重要なのがこのテキストに続く二章一節の言葉である。「だから、わたしたちは聞いたことにいっそう注意を払わねばなりません。そうでないと、押し流されてしまいます」。「見える」現実は厳しく、「見る」ことによっては私たちは立ち直ることも、立ち上がることもできない。むしろ、ここで必要なのは、ただ「聞く」ことである。そして、聞くべきなのは、神の言葉である。だから、ここでこの礼拝では、説教がなされ語られる。しかもキリストが語られる。説教の言葉が対話的に語りかけられる。どこで立ち直れるのか、どこで本当に慰められるのか。そのことにおいて初代教会も、私たちの教会も変わるところはない。

## 六　慰めの説教

最後に一四節でキリスト者たちに仕える天使たちの働きについて述べられていることに注意を払いたい。ここで天使は「奉仕する霊」と呼ばれている。R・ボーレンはクリスマスの説教のなかで次のように述べている。「天使は誰も見たこともない隠されたものに注目させ、それを指し示してくれます」。確かにここでも天使は目に見えない現実を指し示してくれる役割を果たしている。「あなたがたは目に見えない天使によって、今、目の前に見ているどんな悲惨の中にあっても、しっかり守られている！　確かにキリストがおられる！　生きておられる」。こういうメッセージを天使が伝えてくれる。今日の私たち、とくにプロテスタント教会においては、天使について聞くことは稀である。もう一度、天使について説教することを私たちは真剣に問い直す必要があるかもしれない。

クリストフ・ブルームハルトは優れた魂への配慮に生きた牧会者として知られる。彼は親しく語り合うことによって牧会配慮をした人を送り出す際に、しばしばこんな言葉を語りかけたとされる。

「天使をひとりお供させましょう」。

私たちは今、困難な牧会的な課題を前にしている。疲れの中にある会衆に、真実な慰めを語りたい。そのために必要なのは、キリストを説く説教をすることである。説教者の私が語りたいことを説教するのではなく、聖書が語っていることをそのまま説教することである。

今ほど、このテキストが語っている慰めを必要としている時はないのではないか。

### 主な参考文献

加藤常昭『ヘブライ人への手紙1』（加藤常昭説教全集19）ヨルダン社、一九九四年
T・G・ロング『ヘブライ人への手紙』（現代聖書注解）笠原義久訳、日本キリスト教団出版局、二〇〇二年
ロバート・マッカフィー・ブラウン『意外な知らせ』山下慶親・栗林輝夫訳、日本キリスト教団出版局、一九八九年
安田吉三郎「ヘブル人への手紙」、『新聖書注解　新約3』いのちのことば社、一九七二年

# ヘブライ人への手紙　二章一—四節

古屋　治雄

## 一　語りかける神

この二章一—四節は、冒頭一章に始まっている神の語りかけを受けて、これに聞き従うようにとの勧告がなされている箇所である。すなわち「神は、かつて預言者たちによって、多くのかたちで、また多くのしかたで先祖たちに語られたが、この終わりの時代には、御子によってわたしたちに語られました」（一・一—二前半）ことを受けて「わたしたちは聞いたことにいっそう注意を払わねばなりません」（二・一）と勧告されている。

旧約新約を問わず、聖書の神は、言葉をもって私たちに語りかける神としてその本質を現している。このヘブライ人への手紙の中で「神が語られる」と言われていることには特色がある。旧約聖書は当時すでに「律法」「預言書」「諸書」という分類が流布していたが、この手紙の著者は旧約全体を「預言者たちによって」神が語られたものと包括している。預言者は他の何にも増して神の言葉を語る者である。

逆に言うとヘブライ書の中には、書き記された言葉として神の言葉を見いだすことができないということである。もちろん、以後につづく内容の中には旧約聖書の引用が多数用いられているが、それらは皆、著者から聞き手に証しの言葉として（二・四他）自由に用いられている。

この特色を理解するために対照的な事例を挙げてみよう。イエス・キリストによる救いの出来事を最初に受けとめたユダヤ人キリスト者たちは、これまでの伝統と主イエスによる新しい救いをどのように関係づけたのであろうか。福音書記者たちだけでなく、これらの問題を自覚した人々は、イエス・キリストの出来事を旧約聖書の成就として受けとめたのである。そしてしばしば発見することができるように、「このすべてのことが起こったのは、主が預言者を通して言われていたことが実現するためであった」（マタイ一・二二他）と言われているとおりである。おそらくヘブライ書の著者にとっては、旧約聖書の神の言葉がイエス・キリストによって実現され成就されているという見方では救いの出来事を十分語り得ていないとの思いをもっているのではないだろうか。「ヘブライ人への手紙の場合、記述表現様式ではなく口頭表現様式が優勢であることは明らかである」（笠原義久、『新版　総説　新約聖書』三四四頁）。へブライ人への手紙は手紙の形式をとり、内容的には読み手に対して説教のような内容になっている。それは、著者が、語りたもう神を知っており、その語りかけを受け容れて、なおかつこの動的な関係を伝えたいと熱望しているからである。

本書の内容、著者によって実際になされた幾つかの説教を、文書の形にまとめたものであって、性格は説教なのである。

（川村輝典、『新共同訳　新約聖書注解Ⅱ』三四二頁）

この見解とは別に、

ヘブライ人への手紙は「手紙」でもなく「説教」でもなく、また説教と書簡の中間的存在でもない。そうかといって「送り届けられた説教」という呼称も適切とは言えない。おそらく、この文書の包括的ジャンルの特定に、周知のジャンルの呼称を充てることはできないであろう。

（笠原義久、前掲書三四四頁）

と、ヘブライ人への手紙の基本的性格については見解が分かれているが、それにしても語り手と聞き手の間の距離感が取り除かれ、書き手と聞き手の間に相互交流的＝対話的親近感が生み出されているのは確かである。

ヘブライ人への手紙は書き記されているので、まず第一番目にはこの書が読まれたことであろう。そして読み手にとっても聞き手にとっても、神ご自身が自分に語りかけておられる事実に圧倒されているように思われる。特に聞き手は、この手紙によって書き手が呼びかけていることに奮い立たされているのではないだろうか。

ヘブライ人への手紙の著者は、当時の聖書を、書かれた神についての教えとしては理解せず、自分たちへの語りかけと理解している。そしてさらに、その神が「この終わりの時代に」御子によって語りかけておられると理解したのであるが、この神への姿勢は、同時に私たち自身への問いかけになっている。それは、私たちは聖書を神の呼びかけの書と理解できるか、ということである。聖書を読むことを通じて、そこから神の呼びかけを聞くことができるかということである。この姿勢は、誰でも自ずととることができるものではない。そういう伝統の中に育まれた者だけしか知り得ないであろう。その伝統とは、教会の伝統である。聖書は基本的に神の呼びかけの書である、という伝統を生み出した一人が、ヘブライ人への手紙の著者である。

## 二　断言的な勧告ではなく、教育的勧告

ここで呼びかけられている勧告は、独特な語り口となっている。まず一節をもう一度取り上げると「だから、わたしたちは聞いたことにいっそう注意を払わねばなりません。そうでないと、押し流されてしまいます」。「注意する」という内容が命令的断言的な口調ではなく、「これこれすべきである」という神的必然を示す言葉で勧告されているが「いっそう」が付け加えられ、また、「そうでないと、押し流されてしまいます」が補われ、「丁寧さ」が伝わってくる。この特色は、受け取り方に

よっては、聞き手に懐疑的で、信頼し切れていないがゆえに悲観的な忠告として映るかもしれない。

三節にも勧告的内容が続いている。「ましてわたしたちは、これほど大きな救いに対してむとんちゃくでいて、どうして罰を逃れることができましょう」と。明快な勧告として仮に言い換えてみるならば「むとんちゃくでいてはならない」という忠告になるであろう。ここでもこのような断言的な言い方ではない。「どうして罰を逃れることができましょう」とは、威嚇的というより、神の語りかける言葉に聞くことができない時、どういう事態になるかということを聞き手に想像させている言葉である。語り手の中にはすでに「これほど大きな救い」が支配していて、そこに寸分の疑いも入り込む余地はない。もしもそうでなかったら、ヘブライ人への手紙の勧告は他の箇所においても恐ろしい裁きの言葉にしかならないであろう。そのような意味で、ここに伝えられている二つの勧告は、想像力を生み出し、神の語りかけに聞くことができていない者を引き戻す教育的な意味をもっている。

この二章一―四節での勧告の後に、三章、四章にも勧告が続く。「穏やかな非難」に始まり、「強い勧告」（三・一、四・一）さらに「厳格な警告」（四・一一―一三）へと漸次的に高まっていると主張する研究者もいるが、その理解に立つ必要はない。

二章二節に「もし、天使たちを通して語られた言葉が効力を発し、すべての違犯や不従順が当然な罰を受けたとするならば」と伝えられ、仮定の条件節となっている。しかしこの内容は現実には想定され得ないことを想定しているのではなく、神が天使たちを遣わして語った旧約の時代の神の歴史的裁きを指している。神の言葉はいつの時代も現実となるのである。それと同じように、御子によって明らかにされた「これほど大きな救い」も、必ず現実となるのである。

ヘブライ人への手紙の特色とは異にして、神の救いの宣言が高らかに宣べられ、それに付随して明確に断言的な勧告がなされている聖書の言葉に私たちは出会うことができる。代表的な箇所は、旧約では出エジプト後にシナイ山でイスラエルに神がお与え下さった十戒を挙げることができる。また新約聖書から挙げるならば、マルコによる福音書冒頭の主イエスの言葉にそれをみることができる。「時は満ち、神の国は近づいた。悔い改めて福音を信じなさい」（一・一五）と。これらの宣言は、圧倒的な峻厳性をもっている。

しかしヘブライ人への手紙での神の言葉の紹介とそれに対する応答姿勢は異なっている。宣言的言葉の語り方の中に人格性が滲み出ているのである。後に主イエスがこれまでにはあり得ない、イスラエルの歴史的祭司制度には拠らない大祭司として登場するが（四・一四以下）、このことは、祭司制度が、人格性を極限まで高めた、大祭司としての主イエスご自身に替わったことを示している。

今日、私たちの生活の中で勧告的な言葉がどれだけ交わされているだろうか。思い切って、一歩踏み込んで、あえて誰かに何かを語ることをしなくなっているのではないか。傷つけ、傷つけられることを恐れ、人間関係が疎遠になっている。しかしほんとうは人間関係のあたたかさや熱心さをどこかで求めているのではないか。

ヘブライ人への手紙における主イエスは、「わたしたちの弱さに同情できない方ではなく」（四・一五）、「肉において生きておられたとき、激しい叫び声をあげ、涙を流」（五・七）された。神の御子であり主である神格性のゆえにその人格性が捨象されることがないばかりか、主イエスはそのあたたかさと熱心さによって私たちに近づいてくださり、語りかけてくださっているのである。

私たちはほんとうに親身に語りかけてくれている人が自分の前に立っていることが分かると、心を開くことができる。その呼びかけに聞くことができ、どのように応答できるか、と力が湧いてくるのである。

## 三　かつて天使たちを通して語られた神の言葉と今、御子によって語られている神の言葉

先に述べた一章冒頭にすでに記されていたことであるが、神は、まず預言者たちによって神の言葉を伝えた。これは旧約時代を指していると考えてよい。その後、「この終わりの時代」になって神は「御子によって」語られた。そしてこの御子が今度は「万物を御自分の力ある言葉によって支えておられる」ことが宣言されていた。

二章一節での「わたしたち」は、すでに御子の時代に生かされている者である。それゆえの「わたしたちが聞いたこと」とは、「万物を御自分の力ある言葉によって支えておられる」（一・三）御子による言葉ということになる。天使たちのことが一章後半に述べられているが、これは御子が登場する前の時代を表し、神が預言者たちによって先祖に語られた時代のことを述べているものである。

ここでヘブライ人への手紙以外に目を向けてみよう。たとえばマタイによる福音書などではこの点についてすでに前述したが、「わたしが来たのは律法や預言者を廃止するためだ、と思ってはならない。廃止するためではなく、完成するためである」（五・一七）との言葉を挙げることができる。

パウロ書簡の中ではどうであろうか。「律法は神の約束に反するものなのでしょうか。決してそうではない。……こうして律法は、わたしたちをキリストのもとへ導く養育係となったのです」（ガラテヤ三・二一―二五）。また「しかし、時が満ちると、神は、その御子を女から、しかも律法の下に生まれた者としてお遣わしになりました。それは、律法の支配下にある者を贖い出して、わたしたちを神の子となさるためでした」（ガラテヤ四・四―五）。

ヘブライ人への手紙の著者は、御子の時代とそれ以前（旧約）の時代の関係をどう見ているのか。この点に重要な関心が寄せられる。一章の末部に注目させられる。「天使たちは皆、奉仕する霊であって、救いを受け継ぐことになっている人々に仕えるために、遣わされたのではなかったですか」（一・一四）。天使たちの働きは旧約時代の働きを表しているので、旧約時代の神の言葉は、御子によって明らかにされた救いの言葉に「奉仕」し、「仕える」役割を果たすものであると言われているの

である。

一章四節に「御子は、天使たちより優れた者となられました」と語られているが、この言葉は決して消極的また否定的な意味で語られているのではない。天使たちの時代を経ることによって初めて御子の時代が到来したのである。神が「終わりの日」すなわち終末的完成の日を到来させて、「これほど大きな救い」をもたらしてくださったのである。二章一節の「だから」という理由づけと「いっそう」という副詞的補足は、この展開を如実に表している。

## 四　神の言葉としての主と、救いを語る主

「この救いは、主が最初に語られ」た、との言葉は珍しい表現である。岩波訳では丁寧に「これ〔救い〕は、主を介して語られたことにはじまりを持ち」と訳されている。前者においては神の主導性は大きく後退し、御子であり、直後で「イエス」が登場してくるが（二・九以下）、この「主」に主導性が置かれて、救いが展開されている。他方後者によるならば、「神が御子によってなお語る」一線が保持されることになる。

この箇所で「御子」と呼ばれず、また「イエス」とも呼ばれていないことに注目したい。あえてここで「主」と呼ばれているのは、一章三節で、「御子は、神の栄光の反映であり、神の本質の完全な現れであって、万物を御自分の力ある言葉によって支えておられますが、人々の罪を清められた後、天の高い所におられる大いなる方の右の座にお着きになりました」と、このように語られている御子をこの箇所で新たに「主」として明示しているものと考えられる。この「主」によって、神の言葉を語る主と「万物を御自分の力ある言葉によって支える」主（＝御子）が一つとされている。

ヨハネによる福音書では神の言葉としてのキリストが冒頭の序章ではロゴス＝言そのものとして語られ、実際の主イエスの活動の中では、たとえば、「わたしの語った言葉が、終わりの日にその者を裁く」（一二・四八）あるいは「わたしをお遣わしになった父が、わたしの言うべきこと、語るべきことをお命じになったからである。……だから、わたしが語ることは、父がわたしに命じられたままに語っているのである」（一二・四九―五〇）と伝えられている。形式的にはキリストが語る言葉として両者は共通しているが、ヘブライ人への手紙の場合は、イエス・キリストによって成し遂げられた救いの出来事そのものを指している。そして「律法は弱さを持った人間を大祭司に任命しますが、律法の後になされた誓いの御言葉は、永遠に完全な者とされておられる御子を大祭司としたのです」（ヘブライ七・二八）。主によって救いが語られるというのは、この大祭司なるイエスによってなされる贖いを示している。「この方は常に生きていて、人々のために執り成しておられるので、御自分を通して神に近づく人たちを、完全に救うことがおできになります」（七・二五）。

## 五　主の語られた救いは、私たちに確かに伝えられ、証しされている

私たちは、聖書が書かれた文書として伝承されて今日に至っ

ていることを知っている。書かれた文書としての聖書を担い伝承するということは、誰かが単に仕事としてそうしたのではない。その作業を担った人々を衝き動かして止まない、連綿とした情熱がそこにはあった。それは功名心でもなく、利益が得られるからでもなかった。福音は文書回覧によっては伝わらない。そんなことであるならば、すぐに廃れてしまったであろう。神が情熱をもって語ってくださり、キリストがその命を賭して執り成してくださった救いの言葉は、一番初めに「それを聞いた人々」に受けとめられ、「わたしたちに確かなものとして示され」た。

三節後半から四節は、直接的に勧告が続いているのではなく、「救い」について語られている。救いとは何かを説明しているのではない。ここに登場している「わたしたち」を前から、後ろから「救い」が取り囲んでいる。前からは、「主」ご自身と「それを聞いた人々」が囲み、後からは四節の神による「しるし、不思議な業、さまざまな奇跡」と「聖霊の賜物」によって「わたしたちに」「証し」されているのである。

ヘブライ人への手紙の聞き手の状況は詳しくは分からないが、順風満帆ではないことははっきりしている。そのただ中に三位一体の神が働いておられ、救いの言葉が働いておられるのである。

そのように、わたしの口から出るわたしの言葉も
　むなしくは、わたしのもとに戻らない。
それはわたしの望むことを成し遂げ

わたしが与えた使命を必ず果たす。
（イザヤ書五五・一一）

### 参考文献

川村輝典「ヘブライ人への手紙」、『新共同訳　新約聖書注解Ⅱ』日本キリスト教団出版局、一九九一年
Fred B. Craddock, *The Letter to the Hebrews*, The New Interpreter's Bible XII, Abingdon, 1998.
新約聖書翻訳委員会訳『新約聖書』小林稔訳「ヘブル人への手紙」岩波書店、二〇〇四年
笠原義久「ヘブライ人への手紙」、大貫隆、山内眞監修『新版　総説　新約聖書』日本キリスト教団出版局、二〇〇三年
B・リンダース『ヘブル書の神学』（叢書 新約聖書神学12）川村輝典訳、新教出版社、二〇〇二年

# ヘブライ人への手紙　二章五―一三節

小副川幸孝

## 著者の姿勢

「信仰の危機」というものがある。様々な状況の中で、特に人生の危機に直面しなければならなくなった時に、あるいは反対にあまりに怠惰に流されていく時に、あるいは誤った理解をもつ時に、人の信仰が揺らぐことを私たちは信仰生活の中で経験することがある。それは、私たちが「信仰」というものを「わたしが信じる」という「わたしの業《わざ》や行為」として考えがちだからである。

　そのように、「信仰」ということを、もし、「わたしの業や行為」と理解したり、人がもつことができる「信念」とか「意志」あるいは感覚的な「熱情」のように理解するなら、それは、「道端に落ちたり、石地や茨の間に落ちたりした種」（マタイ一三・一―九、およびその並行箇所）のように、様々な状況の変化の中で、やがては枯れ、失われていくものに過ぎないだろう。「信仰」がこの世と人に由来するものであるなら、それはこの世と人の思いの泡沫に過ぎないし、それは絶えず「危機」を迎える。

　だが、キリスト教信仰は、この世や人に由来するのではなく、あるいは自分自身に由来するのでもなく、神に起源をもつ。より正確に言えば、神とその救いの啓示であるイエス・キリストに由来する。

　だから、ヘブライ人への手紙の著者は、疲れたり迫害の影に不安を覚えたりして「信仰の危機」を迎えていると思われた彼の読者たちに対して、まず、「御子」であるイエス・キリストに目を向けるように語り、「イエスとは誰か」、「キリストとは誰か」を語る。キリストに目を向けることが、危機を乗り越える最善の手段であることを、彼は本書の全体を通して示す。

　与えられている箇所は二章五―一三節であるが、この箇所の説教においても、この著者の姿勢は極めて重要である。なぜなら、「イエスとは誰か」ということは、キリスト教信仰の中核をなす問いであり、著者が目的とした信仰の再獲得はそこに由来するからである。生き生きとした信仰は、イエス・キリストに集中するところで生じる。

## 御子の位置づけと来るべき世界

そこで、著者は、二章一節で「わたしたちは聞いたことにいっそう注意を払わねばなりません」と語ったことや三節の勧告の言葉の根拠として、御子の受肉の出来事と苦難について、あるいは犠牲としての死について語っていく。そして、それを語る際に、まず、「神の御子」の位置づけから語り始める。彼は一章で述べたことを引き継ぐ形で、再び御子と天使たちとを比べ、それによって御子の姿に集中するように読者の関心を向けていくのである。「御子は、天使たちより優れた者」（一・四）であり、まして「来《きた》るべき世界」は天使たちに服するものではないと明言する。

「来るべき世界」という表現は、「来るべき世」（六・五）や「来るべき都」（一三・一四）という言葉などでも表現されているが、初期ユダヤ教や原始キリスト教においての終末論に由来する言葉で、神による救いの到来を意味する。つまり、信じる者の救いの完成を意味するのである。

ここでも改めてこのヘブライ人への手紙の著者の深い考察と熟考された言葉や表現方法に驚嘆するが、ここで「来るべき世界」という言葉が使われることによって、これから述べられることが私たちの救いに関すること、つまり救済論に密接に関係していることが暗示されている。私たちは彼の修練された言葉遣いと思考の後を丹念にたどることによって、初めて本文の意図が理解できるのである。

当時のユダヤ教では、一般に、この世界は天使の支配下にあると考えられていた。この考えは、本来の旧約聖書の信仰にはなく、古代オリエントの宗教文化の影響下で入り、一神教の枠内で統合されてきたものであろうが、申命記三二章八節では、「いと高き神が国々に嗣業の土地を分け、人の子らを割りふられたとき、神の子らの数に従い、国々の境を設けられた」と記され、ダニエル書一〇章一三節にはペルシア王国の天使長への言及がある。

しかし、神の救いの実現である「来るべき世界」を支配するのは、天使たちではなく、御子であると語る。彼はここで御子について直接的に言及しているわけではないが、それによって御子への集中が読者に促されているのである。そして、その御子がどんな方であるのかを旧約聖書の詩編を引用して説明する。

## 低くされ、高められた方

ここで御子を証しするために引用されているのは詩編八編五―七節であるが、手紙の著者は御子の姿を明白にするために、その本来の言葉をキリスト論的に解釈して叙述する。

まず、その引用に際して、「ある個所で、……はっきり証しされています」（二・六）と語り、「誰かがどこかで証言した」という形式をとっている。この形式はフィロンなどにも見出され、語り手が神もしくは聖霊であり、しかもその証言がその存在を賭けた確かなものであるという表現にほかならない。そして、本来は、創造者である神に対して価値なき存在に過ぎない人間を神は特別に配慮されたという人間についての詩編の言葉を、「人の子」ということを手掛かりとして、御子、すなわちイエスを証しするものとして用いるのである。

こうした詩編のメシア的、あるいはキリスト論的解釈は初代のキリスト教会でなされてきたことであり、それを用いることで、この手紙の読者が違和感なくキリスト証言へと向かうことができるように配慮されているのである。ヘブライ語本文の詩編八編六節の「神に僅かに劣るものとして人を造り」は、「彼を天使たちよりも、わずかの間、低い者とされた」とされて、用いられている七十人訳を使って解釈された形で記されている。それによって著者は、地上における史的イエスのしもべとしての低められた姿を指し示そうとするのである。

言うまでもなく、ここで暗示されているのは、天使たちよりも遥かに優れた存在であった御子が、地上においては天使たちよりも低い者となられ、人となられ、そのことによって、神の救いがこの地上にもたらされたということである。そして、それによって栄光と誉れとを授けられて万物を支配するものとされた、と言うのである。

つまり、ヘブライ人への手紙の著者は、詩編八編の言葉を引用することによって、キリストの降下（受肉）と高挙を語ろうとするのである。これは、たとえば、パウロがフィリピの信徒への手紙で記している「キリスト賛歌」と呼ばれる初代教会の信仰告白の内容と合致する。おそらく、この手紙の読者はこうしたキリスト理解をよく知っていたのではないだろうか。そして、それを詩編の言葉で記すことによって、著者は神の救いの啓示の根源であるイエス・キリストに堅く立つことへと人々を促そうとしているように思われるのである。

## だが、わたしたちは見ていません

しかし、著者は、詩編の原文にもその七十人訳にもある「御手によって造られたものをすべて治めるように」という言葉を省略し（写本によってはこれを入れているものもあるが）、「しかし、わたしたちはいまだに、すべてのものがこの方に従っている様子を見ていません」（八節後半）と語り、彼は、未だ「来るべき世界」に至らない自分たちの現実を振り返る。ここには終末の遅延ということがあるのかもしれないが、それよりも、自分たちの現実が、キリスト教信仰に疑問を抱き、疲れ、迫害の不安に脅えるものでしかないという認識があるだろう。

改めて言うまでもなく、ヘブライ人への手紙の読者が陥っていた状態は、いつでもキリスト者が陥る危機であり、それは私たちが陥る危機でもある。私たちもまた「来るべき世界」を待ち望む者でしかない。ヘブライ人への手紙は曖昧な期待を語らないのである。

しかし、私たちはそれをまだ見ていないが、見ることができるものがある。それは、イエスの苦難と十字架の死である。ここで初めて著者は「イエス」という呼称を登場させる。それは、史的イエスの苦難と死という歴史的出来事が見据えられているからである。

## わたしたちは見ています

ヘブライ人への手紙は、八節後半で、「来るべき世界」における御子の支配についてはまだ見ていないが、私たちが見ることができるものがあると九節で記す。

こうした文学的手法の巧みさにここでも驚嘆するし、しかも、八節で「見ていません」と語った言葉と九節で「見ています」

と語っている用語が異なり、八節の言葉は、目を開けば自然に見えるという意味の「見る」が使われているが、九節の「見ています」は、「魂の目をもって見る」とか「注目する」、「識別する」という意味の「見る」が使われているのである。つまり、ただ感覚的に見るというのではなく、見ることができる目で注目すると分かるという意味で、イエスのことが記されているのである。しかも、これはすでに起こった出来事を表すアオリスト形で記されている。私たちはそれをすでに見て知っているはずだという意味である。

　だが、その見ていることとの内容を示す九節は、解釈上において若干のニュアンスの難解さが伴っている。ここでイエスに形容されている「天使たちよりも……」という言葉は、先に記されている七節の言葉であるが、問題は、その次の「死の苦しみのゆえに」と訳されている言葉にある。この言葉には二通りの解釈が可能で、一つは「死の苦しみのために」としてイエスの受肉の目的として理解するものと、新共同訳聖書が訳しているように「死の苦しみのゆえに」として、それを「栄光と栄誉を授けられる」理由とする理解である。文章の重点がイエスの苦難と死に置かれているのか、それとも「栄光と栄誉を授けられること」に置かれているのかが異なってくるのである。ヘルマン・シュトラートマンなどは、次の一〇節との関連で後者の意味に取っている（ＮＴＤ、一八九―一九二頁）。

　しかし、いずれにしても、私たちは苦難と十字架の死を経験された歴史のイエスを知っており、それに目を注ぐのである。それは「神の恵みによって、すべての人のために死んでくださった」イエスである（写本によっては、「神の恵みによって」の代わりに「神なくして」としているものがあるが、「神なくして」は思想的に唐突の感がある）。

　イエスの出来事は、神の恵みの出来事であり、それはすべての人のための出来事であることが明言されるのである。そして、そのイエスの出来事の意味するものが、次の一〇節で示されていく。一〇節は理由を示す「ガル」という接続詞で始まるが、これは構造的には五節の始まりと同じであり、二章の最初で言われた「注意を払わねばならない」聞いたことの内容でもあると言えるだろう。

## 救いの創始者

　ここで著者は、九節で記された「死の苦しみ」というイエスの出来事と、「すべての人のために死んでくださった」というイエスの苦難と死の目的を示す言葉をさらに展開する形で、イエスを「救いの創始者」と呼ぶ。それによってイエス・キリストへの集中がいっそう促されている。

　この「創始者」という言葉は一二章二節でも使われているが、一般には都市などを設立した者やギリシア神話の創造の神々、あるいは軍事的・政治的な指導者を指す言葉として使われていた。ルターがこの言葉を「君侯（もしくは君主）」と訳したことはよく知られているが、この節の前半の「栄光へと導くために」を受けて、救いに導く者という意味で「先導者」と訳されたりもする。いずれにしても、救いの完成である「来るべき世界」の創始者であり、そこへの道を切り拓いた者としてのイエスを前面に出す言葉であるに違いない。そして、この「救いの創始者の数々の苦しみ」は、「多くの子らを栄光へと導くため」であったと、彼の苦難の意味が明言されるのである。

さらに、この「救いの創始者」は、その「数々の苦しみを通して完全な者とされた」方であると言う。「完全な者とされた」は「完成させられた」という意味の言葉で、苦しみを経験しなければならない弱い人間を救うための充分な条件を備えられたというほどの意味になるだろう。なぜなら、本当の苦しみを知る者だけが苦しむ者を救うことができるからである。「救いの創始者」であるイエスは、まさに「完全なる救いをもたらす者」なのである。

そしてさらに、これは神に「ふさわしいこと」であったと語る。創造者としての神の本質に合致することであるというのである。

その際、神を表すために、著者は「万物の目標であり源である方」という表現を用いている。この表現は修辞学的に整えられた表現で、神がすべてのもの（被造物）の目標（目的）であり、すべてのものがそれによって存在する根拠であることを意味し、神が世界の創造者であることを指すものである。それと「多くの子らを栄光に導く」という救いの御業の一致が前提とされて、これらの表現が用いられているのである。

ここで、九節では「すべての人」と言われていたことが、「多くの子ら」となり、さらに一一節では「聖なる者とされる人たち」となって、叙述の焦点が次第に絞られていくような展開がなされている。それによって著者は、「救いの創始者」であるイエスと、彼によって導かれて救われる（神の栄光を与えられる）者との関係へと叙述を進めていく。

## 聖なる方と聖なる者とされる人たち

ここで著者は、イエスを「聖なる方」と呼び、イエスによって導かれて救いに至る者たちを「聖なる者とされる人たち」と呼んでいる。この表現は、この手紙の中では六回使われているが、本来は、旧約聖書の祭儀用語で、七十人訳聖書でも「清める」とか「聖別する」とかいう意味で度々使用されている。それは、地上の汚れた諸々の事柄から区別されて新しい神の世界に入ることを意味し、具体的には、神の前での祭儀を行うことができるような状態にすることを言う。ここでこの言葉が使われているのは、後に明瞭に展開される大祭司としてのイエスということが意識されているからで、ヘブライ人への手紙はこうした文学的手法を巧みに使っているのである。つまり、イエスは人々の罪を贖う大祭司として神の前に立ち、その務めを全うされていかれたということが暗示されているのである。そして、「聖なる者とされる人たち」は、そのイエスに従うことで、イエスに導かれて大祭司の業を通して「清められる者たち」、キリストに従うキリスト者たちにほかならない。キリスト者たちは、イエスによって神との交わりに入ることがゆるされたのである。その意味で、大祭司イエスも、彼によって贖われるキリスト者たちも、根源を同じくする者であり、「イエスは彼らを兄弟と呼ぶことを恥としない」のである。それがイエス自身によって確証されていると語る。「恥としない」という言葉は、

「告白する」というのと同じ意味をもつものとして使われる言葉である。

## 兄弟と呼ぶことを恥としない

そのイエスの確証を、ヘブライ人への手紙は、イエス自身の直接の伝承からではなく、ここでも詩編の言葉を用いて行う。

最初に用いられているのは、詩編二二編二二節（新共同訳聖書では二三節）である。この詩編は、その最初の言葉がイエスの十字架上の言葉として用いられ、そのメシア的解釈は初期のキリスト教会の中でよく知られたものであったであろう。イエスの苦難と死の苦しみを語ってきたヘブライ人への手紙の著者も、そのことを意識してこの言葉を引用し、イエスと、彼が「兄弟と呼ぶことを恥としない」者たちとの関係の深さを表そうとしているのかもしれない。もしそうだとすれば、ここには「共に苦難にあずかる者」という思いがあると言えるだろう。

次に引用されるのはイザヤ書八章一七―一八節である。引用が断片的であるのは著者が用いた七十人訳聖書のゆえであるし、それが「更にまた」で区切られているのは、元々、最初の引用の言葉がダビデの神への感謝の言葉として知られていたもので、それが次の言葉と結びあわされていることを著者が意識していたからであろう。

これらの引用によって、著者は、イエスが、その栄光へと導こうとされる「多くの子ら」、「聖なる者とされる人たち」を「兄弟」とされることを主張し、イエスとキリスト者が結びついていることを強調するのである。そして、その「兄弟たち」を救うために、彼は天使にまさる天的な在り方を捨てて、徹底的に彼らと同じ状況、つまり、肉体をもち死ぬべき存在であるような存在を採られたと続けるのである。そのことが、次の一四節以下で述べられていく。

段落の区切りには神学的な難解さが伴うが、ここでの箇所は以上のようなことである。

## 説教のための小さなまとめ

これまで見てきたように、この箇所は、信仰の確信としてのイエス・キリストへの集中から始まった。そして、それによってイエスの受肉、苦難、死、高挙などのすべての出来事が、私たちの救いのためになされたことが強調されている。イエスは「救いの創始者」であり「神の栄光への先導者」であり、しかも、彼に従う者たちを「兄弟」と呼んで、「来るべき世界」への道を導かれる方である。この方への集中と信頼が救いを分け、信仰を分けるのである。そこには重要で意味深い言葉が使われているから、説教は、それぞれの特徴的な言葉一つからでも成り立つだろう。しかし、著者の目的が生き生きとした信仰の再獲得であることを覚えつつなされるものでありたいと思う。

### 参考文献


ヘルマン・シュトラートマン『ヘブライ人への手紙　翻訳と註解』（NTD新約聖書註解9）木幡藤子・関根正雄訳、ATD・NTD聖書註解刊行会、一九七五年（原著一九六八年）

川村輝典『聖書註解　ヘブライ人への手紙』一麦出版社、二〇〇四年

# ヘブライ人への手紙　二章一四―一八節

吉村　和雄

与えられた箇所をどのように読み解くかという点については、この箇所の前の部分、第二章五―一三節までが重要である。そこでわたしたちの目を引くのは「わたしたちはいまだに、すべてのものがこの方に従っている様子を見ていません」（八節）という言葉である。詩編第八編において「すべてのものを彼に従わせられた」と言われていることが、まだ実現する様子を見ていない、というのである。この手紙の読み手にとって（書き手にとっても）、これが大きな問題であったことは間違いない。この手紙を第一世紀末のローマの教会に対して書かれたものと考えるならば、そこで考えられる状況は、皇帝ネロの迫害のような厳しい迫害を経験し、その中を生き抜いてきた教会が、なおも続く迫害の中で、次第にその内部に信仰的な緩みが生まれ、説教者の言葉に耳を傾けなくなったり、あるいは集会を怠るような状況が生まれてきている、ということである。そういう教会を励まし、立たせるために、この手紙が書かれたと考えられるのである。

そこで問題なのは、ローマ帝国である。当時の地中海世界の殆どの部分を支配下に収めたこの大帝国が、教会の前に山のように立ちはだかり、迫害の手を伸ばしてくる。「すべてのものがこの方に従っている様子を見ていません」ということは、世の中を客観的に観察して言っている言葉ではなくて、「従っていない」ものが、恐るべき存在として、現実に目の前にあるのである。そのために教会が苦しみ、疲れ果てているのである。

わたしたちは、このような現実が、この当時だけのものではないことを知っている。教会はいつでも、どこかでこのような現実を目の前にしてきた。現代のわたしたちにとっても「すべてのものがこの方に従っている様子が見えない」ことは、大問題である。大地震や大津波、放射能の恐怖だけでなく、周辺諸国との関係における不安は、わたしたち信仰者だけでなく、わたしたちの国全体を包み込んでいる。

しかしながら、「すべてのものがこの方に従っている様子を見ていません」というこの言葉が、この手紙の著者の最後の言葉でないことは、明らかである。著者は、第一一章一節において、「信仰とは、望んでいる事柄を確信し、見えない事実を確認することです」と言ってのけている。信仰があるとは、「すべてのものがこの方に従っている様子を見ていません」と言わざるを得ない状況の中で、それを、すなわち「すべてのものがこの方に従っている様子」を確認しつつ生きることだ、と言うのである。それは、教会に敵対するものとして現に目の前に存在するローマ帝国もまた、キリストの支配に服するものと見るということである。わたしたちの現実で言えば、今わたしたちを不安に陥れているものもまた、主イエスの支配に服するものとして、主イエスの手の中にあるものとして見るということである。

しかしながら、いったいどのようにしてそれが可能であろうか。第二章九節で、「イエスが、死の苦しみのゆえに、『栄光と栄誉の冠を授けられた』のを見ています」と言っている。「まだ見ていない事実」に対して「すでに見ている事実」を対峙させるのである。そして、この「すでに見ている事実」の確かさによって「まだ見ていない事実」を確認しようとするのである。

そこで問題になるのは、どのようにして「すでに見ている事実」の確かさの上に、教会を立たせることができるか、である。それは言葉を変えて言えば、九節にある「神の恵みによって」という言葉の中の「神の恵み」をどれだけ説得的に語りうるかにかかる。それゆえ著者は、主イエスが「神の恵みによって、すべての人のために死んでくださった」ということが、どれほど驚くべき神の業《わざ》であり、どれほどの力と確かさをもって、わたしたちを根底から支え、強めるものであるかを、説き明かそうとするのである。

## 死を滅ぼすために

そのような説得の過程において、著者が死の問題を取り上げることは、十分に理由のあることである。死の恐怖こそ、迫害に対する恐れの中心にあるものだからである。それは迫害の時だけではない。およそわたしたちが味わう不安や恐れの根底にあるものは、死に対する恐れである。「死の恐怖のために一生涯、奴隷の状態にある」（一五節）のは、まさしくわたしたちの現実なのである。主イエスの戦いは、わたしたちを、その奴隷状態から解放するための戦いであった。それゆえにわたしたちが知らねばならないことは、わたしたちが今もなお死を恐れているかどうかにかかわらず、すでに道は死を突き抜けて向こう側に拓けており、わたしたちは死を恐れなくてもよい状況になっている、ということである。客観的に、わたしたちは、もはや死を恐れなくてもよいのである。「すでに見ている事実」が、その状況を造り出しているのである。それでもなおわたしたちが死を恐れるとすれば、それは事実に基づかない恐れであり、わたしたちが自分の中で作り出している恐れに過ぎないのである。だからわたしたちがなおも死の恐れの中にある時にも、わたしたちは、それが事実に基づかないものであり、必要のないものであることを、きちんと認識していなければならないのである。

しかしながら、いったいどうしてそのようなことが言いうるだろうか。それは主イエスが、ご自分の死によって、死をつかさどる者、つまり悪魔を滅ぼされたからである。これは主イエスの救いの業の一部ではなく、その中心部分にあるものである。そのために主はわたしたちと同じように血と肉を備えられた

(一四節)のである。ウィリアム・レインはここでの「備えられた」の時制に注目する。「子らは血と肉を備えているので」の「備えているので」は完了時制であり、原初の、自然な状態を言うが、主が「備えられた」は不定過去時制で、御子がある決まった時点でご自身の選択により、人間性を身に付けられたことを言い表していると言う。主はご自分の意志により、わたしたちと全く同じように、血と肉を備えるものとなられたのである。

血と肉を備えている、とは、死ぬべき者である、ということである。わたしたちは、原初の、自然な状態において死ぬべき存在であるが、主はご自分の意志によって、死ぬべき者となられたのである。それはご自分の死によって、死をつかさどる者、つまり悪魔を滅ぼし、死の恐怖のために一生涯、奴隷の状態にあった者たちを解放するためであった。死は本来、血と肉を備えている者が必然的に迎えるべきものである。しかしながら、人間が悪魔にそそのかされて、神に背く者となったために、その死が滅びに結びつき、それ故に恐るべきものとなった。悪魔は本質的に死を支配する者ではないが、このようにしてわたしたちを死の恐怖の中に捕らえ込み、死の奴隷にしているのである。この手紙の読者であったローマの教会の信徒たちが経験していた、迫害と死に対する恐れは、悪魔の働きによるものなのである。

この悪魔を、主イエスはご自分の死によって滅ぼし、悪魔の働きを無効なものとなさった。何故なら、あらゆる人間の死は、神に背いた者の死であるが、主イエスの死は、神に徹底的に従順に従われた方の死だからである。このような想像をすることが許されるだろう。主イエス以前は、墓も陰府も、神に背いて死んだ者しか知らなかった。それ故にそれは滅びへの入口として、神なき世界に人々を閉じ込めておくことができた。しかしそこへ、神の子である方が、神に従われたがために死んで、入り込んで来られたのである。墓も陰府も、本当はこの方に来て欲しくなかっただろう。しかしそういう方が乗り込んで来られたために、わずか三日で墓も陰府も滅ぼされて口を開き、主は復活された。今やこの主を信じ、主に結びつく者たちにとって、滅びへの入口としての墓も陰府も存在しないのである。

## 憐れみ深い大祭司

このような救いの業を成し遂げてくださった主イエスを、一七節では、神の御前において憐れみ深い、忠実な大祭司として描いている。第一にこの方は、神の御前において、忠実な大祭司であられた。その忠実さによって、神の深い信任を受けておられた方なのである。どのような大祭司も、この方ほどに神に忠実ではあり得なかったし、それゆえにこの方ほど神の深い信任を受けることは、できなかった。そのような方が、同時に、神の御前において憐れみ深い大祭司であられたのである。神ご自身の憐れみ深さを、そのままご自身の憐れみ深さとなさり、その憐れみ深さを、そのままわたしたちに向けてくださった。この上なくわたしたちを愛してくださり、その愛は、わたしたちのために、ご自身を贖いの供え物として献げてくださるほどだったのである。この方の死は、贖いの業として完全であった。

だからわたしたちは、洗礼によりこの方と結びつくことによって、完全に罪から解放されるのである。

この主イエスについて、ここでも、民の罪を償うために、「すべての点で兄弟たちと同じようにならねばならなかった」と語られる。一四節で「同様に、これらのものを備えられました」と言われているのと共通する。さらに一一節の「イエスは彼らを兄弟と呼ぶことを恥としないで」とも結びつく。主イエスが贖われたのは「兄弟たち」の罪であった。そのためにすべての点で「兄弟たち」と同じようにならねばならなかったのである。それは第四章一五節の「罪を犯されなかったが、あらゆる点において、わたしたちと同様に試練に遭われたのです」という言葉と結びつく。罪を犯すこと以外の「あらゆる点において」である。この試練の最大のものは、十字架の死であろう。「罪のない方が、最大最悪の罪人の死を死なれるのである。「わたしたちと同様に」と言われるが、それは、単に主イエスもわたしたちと同じように試練を受けられた、ということではない。わたしたちが受けた試練で、主がご存じないものはないし、さらにわたしたちが到底知り得ない試練をも、主は受けてくださったのである。このことは一八節の「御自身、試練を受けて苦しまれたからこそ、試練を受けている人たちを助けることがおできになる」という言葉が、どれほどの広がりを持っているかを示してくれている。

## 代表戦士として

わたしたちのためにそのような働きをしてくださった主イエスを言い表す言葉のひとつが、一〇節にある「救いの創始者」である。「創始者」と訳された言葉アルケーゴスは、「代表戦士」と訳しうる言葉である。これは当時の戦いのひとつの方法であったと言われる。すなわち、戦闘状態にあるふたつの軍隊が、全面戦争をして大きな被害を受けるのを避けるために、それぞれが代表となる戦士を立てる。その戦いの結果によって、両軍の勝敗を決するというやり方である。サムエル記上第一七章にあるダビデとゴリアトの戦いがその一例である。この場合、勝敗はひとえに代表戦士として立てられた者の力量にかかる。それ以外の者の強さは問われない。そして主イエスこそ、わたしたちのために、この代表戦士として神から遣わされた方であり、わたしたちに代わって、悪魔との戦いを戦い、勝利してくださった方なのである。その戦いは、剣をもってする戦いではなかった。神の御前に憐れみ深い、忠実な大祭司として、わたしたちの罪を贖うために、十字架の死に至るまで従順に、神に従い通してくださったという、神への忠実さと従順さをもってする戦いであった。

しかしながら、このように、主イエスがわたしたちのためのアルケーゴス、すなわち代表戦士であるために、どうしても必要なことがある。それは主が、わたしたちの戦いにおいて、真実にわたしたちの代表であることである。代表とは、中から出てくるものである。すなわち、代表である前に、真実にわたしたちの一員でなければならないのである。この戦いにおいて、わたしたちの一員であるとは、どういうことだろうか。この戦いは、血と肉とを備えているために死を免れず、さらに罪のゆえにその死が恐怖となり、一生涯その恐れに捕らわれているわたしたちを、そこから解放するための戦いである。この方はそこにおいてわたしたちの代表でなければならないのである。それゆえにこの方も、わたしたちと同じ、血と肉を備えるものとなられた。そのようにして、わたしたちの一員となってくださったのである。

このことを、この手紙では「確かに、イエスは天使たちを助けず、アブラハムの子孫を助けられるのです」（一六節）と語っている。それは神の子である方が、天使たちの世界を通り過ぎて来られたということである。そのようにして、血と肉を備えているわたしたちのところまで、降りてきてくださったのである。このことをカルヴァンは「御子が私たちを天使たちよりも愛されたのは、私たちの中に長所があったからではなく、私たちの悲惨を思いやってのことである。だからして私たちは天使たちよりも優れていると誇ったりしてはならない」と語っている。まさにその通りである。血と肉を備えているがゆえに、死を免れず、しかも罪の故に死の恐怖に捕らえられ、それを利用してわたしたちを支配する悪魔の手の中で、ますます神に従い得ない存在になっているわたしたちを救うために、この方は、天使たちの一員にではなく、わたしたちの一員に、わたしたちと同じ存在に、なられたのである。

この事実を一七節では「すべての点で兄弟たちと同じようになられたことだと言っている。それは一一節の「イエスは彼らを兄弟と呼ぶことを恥としないで」という言葉と呼応する。天からアルケーゴスとして降りて来られた方は、わたしたちを兄弟と呼ぶことを恥となさらない。恥となさらない、というのは、恥とする可能性があるからである。実際その通りであって、悪魔の支配の中に捕らえ込まれて、死の恐怖の中でどうにもならなくなっているみじめなわたしたちを兄弟と呼ぶことは、これを恥とする可能性があることである。迫害の中で死の恐怖に捕らえられ、主イエスを兄弟と呼ぶことを放棄してしまう弱さを持っている者たちを兄弟と呼ぶことは、これを恥とする可能性があることである。しかしながらこの方は、そのようなことをすべて知りつつ、なおわたしたちを兄弟と呼んでくださる。この方の兄弟と呼ばれるに値するものを、何一つ持たないわたしたちを、それでも兄弟と呼んで恥じることがないのである。

もうひとつここで心に留めなければならないことがある。それは一六節において、「イエスは天使たちを助けず、アブラハムの子孫を助けられるのです」と語られ、明確に「アブラハムの子孫」という言葉が用いられることである。これは、ここで主イエスに救われて、聖なる者とされ、兄弟と呼ばれる者たちが、とりもなおさず神の民である者たちのことであり、わたしたち教会であることを意味している。つまり、アルケーゴスとしての主イエスの戦いは、教会のためになされた業であり、教会の中でなされた業である。これは、教会が十字架を掲げているという意味が、どれほど大きいかを示すことである。教会は、主イエスが「神の恵みによって、すべての人のために死んでくださった」ことを頼みとし、それを語り続ける集団である。それゆえにこそ、迫害をも経験しなければならない集団である。そしかし主イエスの業は、迫害に苦しめられるその教会のために、その教会の中でなされた業なのである。

## 主イエスとの連帯性の中で

以上のような経緯を理解して初めて、一八節の「御自身、試練を受けて苦しまれたからこそ、試練を受けている人たちを助けることがおできになるのです」という言葉を正しく捉えることができる。この言葉は、自分も試練の中で苦しんでいるが、主イエスも試練を受けて苦しまれたから、それを励みとし、慰めとして生きるという意味の言葉ではない。確かに主イエス御自身、試練を受けて苦しまれた。その点でわたしたちと全く同じところに立たれた。しかしこの方は神の子であり、本来わたしたちと同じところにいるべき方ではない。その方が、わたしたちを救うために、血と肉を取って、わたしたちを兄弟と呼んでくださり、すべての点でわたしたちと同じようになってくださった。しかも、それによってわたしたちを死の恐れから解放するという明確な意志をもって、試練を受け通してくださったのである。わたしたちはやむを得ず試練を受けるが、この方は、そのわたしたちのために、確固たる意志をもって試練を受けてくださった。わたしたちと結びつくために、そのようにされたのである。その事実が、わたしたちを助けるのである。助けるとは、慰めたり励ましたりする以上のことである。それはわたしたちを「すでに見ている事実」という揺るぎない土台の上に立たせ、それゆえに「まだ見ていない事実」に心を動かされることなく確かな歩みを進めることができるようにすることである。だからわたしたちは「すべてのものがこの方に従っている様子を見ていません」という現実の前に座り込んでしまうのではなく、立ち上がって歩くことができる。希望を持って、信仰の戦いを続けることができるのである。

### 参考文献


William L. Lane, *Hebrews 1-8*, Word Biblical Commentary Vol. 47A, Word Books, 1991

T・G・ロング『ヘブライ人への手紙』（現代聖書注解）笠原義久訳、日本キリスト教団出版局、二〇〇二年

カルヴァン『ヘブル書・ヤコブ書』（カルヴァン新約聖書注解13）久米あつみ訳、新教出版社、一九八一年

# ヘブライ人への手紙　三章一―六節

楠原　博行

## 一　パラクレーシスの言葉

ヘブライ人への手紙はもともと説教であったのではないかという推論をわれわれは重んじる。それによりこの手紙の言葉と、われわれが語る説教の言葉が目指すところが一つとなる。これはパラクレーシスの言葉（新共同訳「勧めの言葉」ヘブライ一三・二二）であると著者自身が呼んでいる。迫害のもとにあった、もしかしたらローマの教会に対する慰め、励ましの、勧めの説教であった。加藤常昭は、われわれのペリコーぺのすぐ前のところ、まず二章一八節、「事実、御自身、試練を受けて苦しまれたからこそ、試練を受けている人たちを助けることがおできになるのです」にこそ、この説教の言葉が語ろうとすることが言い表されていると言う。「キリストの助け、キリストの慰め、これがヘブライ人への手紙全体の主題である」（加藤常昭、東京説教塾二〇一三年二月例会「ヘブライ人への手紙第二章一〇―一八節釈義ノート」）。

この釈義ノートで続けて加藤は、「この手紙は、キリストが支配される神の家に生きる者たちに、『慰めのキリスト』を改めて紹介しているということになる」と述べて、われわれの三章一―六節も、「もし確信と希望に満ちた誇りとを持ち続けるならば、わたしたちこそ神の家なのです」（六節）と告げるように、キリストが支配される神の家建設のための説教なのだと言う。「わたしたちはいまだに、すべてのものがこの方に従っている様子を見ていません」（二・八）と言うが、この方に従っている様子がはっきり見えるところこそ、この「神の家」（三・六）であり、「集会／エクレーシア」（二・一二）である。だから加藤は、先立つ二章八節以下が目指すものが、われわれの三章一節に、神の家に生きる者は、この「天の召しにあずかっている聖なる兄弟たち、わたしたちが公に言い表している使者であり、大祭司であるイエスのことを考えなさい」とのイエスに対する信仰告白へと導くことにあると考える。

「試練のなかにある教会への励ましは、正しいキリスト認識とキリスト告白への導きの言葉でもある。それをわれわれは既に緒論において『慰めのキリスト論』と呼んだのである。われわれが目指す説教もまた同じ言葉となることを祈り願いつつ釈義をするのである……『使者にして大祭司』であるイエスを信じるということは、言い換えれば、神から遣わされたイエスを大祭司として迎えるということである。大祭司イエスに既に迎えていただいていることを認めることでもある。ここで言うキリストが支配する神の家は、大祭司イエスが支配する神の家である」（加藤常昭、同）。

## 二　三章一節―五章一〇節の構造

ウィリアム・L・レイン（『ヘブライ人への手紙一―八章』）は三章一節―五章一〇節に「御子の大祭司としての性質」と題を付けている。この主題が正式に告げられたのは二章一七節である。そこではイエスのことが、「神の service において、憐れみ深い、忠実な大祭司」と記される。これは「神の礼拝において」と訳して良いのだろうか？　「神の service において」と訳されたのはタ・プロス・トン・セオンである。彼によれば一七節の用語法は七十人訳の影響を受けており、これはモーセ五書の中で「神に関して」を意味する標準的な表現である（たとえば出エジプト記四・一六、一八・一九）と言う。

そしてここにおいて初めてアルキエレウス「大祭司」という呼び名が用いられた。指摘されるのは一―二章に対応する三―五章の構造である。

| | | |
|---|---|---|
| キリストは天使にまさる（一・五―一四） | 勧告（二・一―五） | キリストにより人は天使より高く挙げられる（二・六―一六） |
| キリストはモーセにまさる（三・一―六） | 勧告（三・七―一九） | キリストによりキリスト者は平安に入る（四・一―一三） |

| | |
|---|---|
| キリストの大祭司性（二・一七―一八） | キリストの大祭司性（四・一四―一六） |

先立つ箇所でキリストの天使に対する優位性が語られ、われわれの箇所ではモーセに対する優位性が語られる。

## 三　大祭司

大祭司イエス論がヘブライ人への手紙の中で大きな主題となる。二章一七節でこの主題が導入された後、手紙全体で論が進められるが、ここでそれを概観すると以下のようになる。

**二章一七節**　大祭司の導入、憐れみ深く忠実な大祭司イエス

大祭司となって贖いの業《わざ》をされるためには、どうしても人間と同じにならねばならなかった（川村輝典『聖書註解　ヘブライ人への手紙』八〇頁）。

「それで、イエスは、神の御前において憐れみ深い、忠実な大祭司となって、民の罪を償うために、すべての点で兄弟たちと同じようにならねばならなかったのです」。

**四章一四節**　偉大な大祭司イエス、信仰を保つよう勧告

「さて、わたしたちには、もろもろの天を通過された偉大な大祭司、神の子イエスが与えられているのですから、わたしたちの公に言い表している信仰をしっかり保とうではありませんか」。

**四章一五節**　わたしたちに同情する大祭司、罪なくしてわたしたちと同じ試練に遭われた大祭司

「この大祭司は、わたしたちの弱さに同情できない方では

なく、罪を犯されなかったが、あらゆる点において、わたしたちと同様に試練に遭われたのです」。
五章一節　モーセの律法による大祭司
「大祭司はすべて人間の中から選ばれ、罪のための供え物やいけにえを献げるよう、人々のために神に仕える職に任命されています」。
五章二節　弱さのゆえに人を思いやる大祭司
「大祭司は、自分自身も弱さを身にまとっているので、無知な人、迷っている人を思いやることができるのです」。
五章三節　弱さのゆえに自分のために贖罪が必要な大祭司
「また、その弱さのゆえに、民のためだけでなく、自分自身のためにも、罪の贖いのために供え物を献げねばなりません」。
五章四節　神から召された大祭司の職務
「また、この光栄ある任務を、だれも自分で得るのではなく、アロンもそうであったように、神から召されて受けるのです」。
五章五節　キリストも神に召された大祭司
「同じようにキリストも、大祭司となる栄誉を御自分で得たのではなく、『あなたはわたしの子、わたしは今日、あなたを産んだ』と言われた方が、それをお与えになったのです」。
五章一〇節　大祭司と呼ばれたキリスト
「神からメルキゼデクと同じような大祭司と呼ばれたのです」。

六章二〇節　キリスト者が至聖所に入ることが許されるのは、先駆者である大祭司イエスのゆえ
「イエスは、わたしたちのために先駆者としてそこへ入って行き、永遠にメルキゼデクと同じような大祭司となられたのです」。
七章二三節　死のゆえに務めを妨げられる旧約の祭司
七章二四―二五節　旧約の祭司と異なる永遠の大祭司イエス。だから人々を救うことがおできになる
七章二六節　永遠の大祭司イエスこそわたしたちに必要な方
「このように聖であり、罪なく、汚れなく、罪人から離され、もろもろの天よりも高くされている大祭司こそ、わたしたちにとって必要な方なのです」。
七章二七節　ただ一度、ご自身を献げた大祭司
七章二八節　永遠の祭司職に任命されたイエス
八章一―二節　わたしたちの大祭司は天の神の右の座に着き、真の聖所におられる
八章三―五節　地上の大祭司たちは天にあるものの写しである
八章六節　しかし、わたしたちの大祭司ははるかに優っている
九章六節　祭司は礼拝のために聖所に入る
九章七節　大祭司は年に一度至聖所に入る
九章八―九節　来るべき時まで神に至る道は開かれない
九章一一―一二節　けれども大祭司キリストは人間の手によらない完全な幕屋を通り、ただ一度聖所に入り永遠の贖い

を成し遂げられた
九章二四節　一一節の繰り返し
九章二五節　大祭司キリストと旧約の大祭司との比較
九章二六節　キリストの一度限りの犠牲
九章二七節　人間の一度限りの人生
九章二八節　キリストの贖罪と再臨
「キリストも、多くの人の罪を負うためにただ一度身を献げられた後、二度目には、罪を負うためではなく、御自分を待望している人たちに、救いをもたらすために現れてくださるのです」。
一三章一〇節　天にある聖所の祭壇
一三章一一節　贖罪の動物の体は宿営の外で焼かれる
一三章一二節　イエスも門の外で苦難に遭われた
「それで、イエスもまた、御自分の血で民を聖なる者とするために、門の外で苦難に遭われたのです」。
一三章一三節　われわれも苦難に参加しようとの勧告
「だから、わたしたちは、イエスが受けられた辱めを担い、宿営の外に出て、そのみもとに赴こうではありませんか」。

## 四　大祭司イエスの紹介

二章一七節でイエスが「憐れみ深い、忠実な大祭司」となったと告げた手紙の著者は、この三章で大祭司イエスを紹介する。テース・ホモロギアス・ヘモーン、われわれの信仰告白が言い表すのは「使者であり、大祭司であるイエス」である。しかしそのように定まった信仰告白はないともW・レインは言う。「一章一節―二章一八節のイエスについて、この方を通して神が決定的な救いの言葉を宣言されたこと、民の罪のためのなだめを行われたことを要約しただけである」（W・レイン、七五頁）。

イエスを父から「遣わされた者」と呼ぶのはヨハネによる福音書に近いが、イエスをアポストロス（使者）と呼ぶことはない。そう呼ぶのは新約聖書においてここだけである。その由来をオットー・ミヒェルがたずねている（『ヘブライ人への手紙』一七一頁以下）。

1．アポストロスの概念はラビのシャーリーアハ（＝神から委ねられ、全権を与えられた者）の概念と関係している。そのような祭司の職務であり。モーセ、エリヤ、エリシャ、エゼキエルのような選ばれた人たちのことである。

2．マンダ教では使者が光の使者、命の使者と呼ばれ、ギリシアの敬虔主義においても神の子、神の使者という概念が存在している。

3．使者＝啓示を受けた者＝救済者と同格に扱われることが後の伝承にも及んでおり、マニ教の説教集『ケファライア』にしばしば「再び使者が弟子たちに語った」との導入句を見出すことができる。

4．カルヴァンはアポストロスをモーセに、アルキエレウスをアロンに対応させた。イエスはこの二つの職務をご自身の人格の中で一つにされたのである。この解釈がさらに引き継がれている。

5．ホモロギアは、①ヘブライ人への手紙の受け取り手が知っていた、すでに定まっていた教会共同体の信仰告白あるいは特定の礼拝式の伝承を示しているのだと考えられる。②教会共同体が口にする信仰告白の言葉に対して、それをおごそかに受け入れる応答の言葉を反映していると考えられる。

６．ホモロギアの概念を展開するさまざまな可能性があるだろう。ギュンター・ボルンカムは四章一四節にも現れる「神の子イエス」という洗礼の際の信仰告白の言葉に由来すると考え、エルンスト・ケーゼマンはホモロギアの概念の背後には礼拝式の伝承があると考えている。

７．まず旧約聖書や後期ユダヤ教による聖書テキストの理解に目を向けなければならないのではないか。

W・レインはさらに興味深い提案として、ユスティノスの「第一弁明」にイエスのことを「神の子、アポストロス」（一二・九）、また七十人訳出エジプト記二三章二〇節から「天使／使い」と記すが、サマリア・タルグムのこの箇所の異読に「天使」の代わりに「シャーリーアハ／使者」があると指摘している（W・レイン、七五頁以下）。

W・レインは緊密に構成された三章一―六節は、神の礼拝において大祭司となったイエスの忠実さ（二・一七）を出発点としており、ここから新しい部分が始まることを文章形態を変えることによって示していると言う。彼によれば、二章五―一八節は説教的なミドラシュ（ユダヤ教ラビによる聖書解釈）の形をとっており、そこでは「聖書テキストが引用され、その解釈を通して、そこに含まれる意味が立証されていく」（W・レイン、七一頁）。

しかし三章一―二節で著者は手紙の受け取り手を名指しして直接語りかけている。「『だから、天の召しにあずかっている聖なる兄弟たち……イエスは、御自身を立てた方に忠実であられたことを……考えなさい』との主題に読者の注意を向けさせるため、雄弁に命令するのである」（同、七一頁以下）。

ここでも旧約聖書のすぐれた解釈者であるヘブライ人への手紙の著者は、旧約聖書を駆使して言葉を紡ぐ。ここでは聖書からの直接の引用ではなく、むしろ間接的な言及である（同、七二頁）。七十人訳から取られた三つの箇所に共通するキーワードはピストス／ピストーオー（忠実／立てる／信頼）とオイコス（家）である。

まずエリに対する神の言葉である。「わたしはわたしの心、わたしの望みのままに事を行う忠実な（ピストス）祭司を立て、彼の家を確かな（ピストス）ものとしよう。彼は生涯、わたしが油を注いだ者の前を歩む」（サムエル記上二・三五）。

そしてナタンに対する神の言葉。「わたしは彼をとこしえにわたしの家（オイコス）とわたしの王国の中に立てる（ピストーオー）。彼の王座はとこしえに堅く据えられる」（歴代誌上一七・一四）。

さらに「わたしの僕モーセはそうではない。彼はわたしの家（オイコス）の者すべてに信頼されている（ピストス）」（民数記一二・七）である。

三章一―六節ではイエスとモーセの比較がなされている。まず三節でイエスは「家を建てる人」に等しい者であるがゆえにモーセよりまさる。四節では家を造るわざが神にも帰されるのだが（だから四節は挿入句であるとも考えられている）、五節、六節では御子キリストが「神の家を忠実に治められる」方であるがゆえに「（神の家に）仕える者」モーセよりまさるのである。しかし別の説明では、むしろ接続詞ガル、カイの用法から、三節でイエスとモーセの比較が導入され、四―六節aがイエスの優位性の主張。そして六節bで教会共同体との関連が示されるとも言う。一―六節は統一の取れたパラグラフと考えて良いのである。

## 五　教会共同体への励ましの言葉

以上の構造によるなら、イエスのモーセに対する優位性が語られる中、そのイエスを思いなさいと勧め、神の家を治められるキリスト、そしてわたしたちこそが神の家であるとの勧めの言葉で閉じられる。

三章一節で「聖なる兄弟たち」と直接呼びかける言葉に付された「天の召しにあずかっている」は、フィリピの信徒への手紙三章一四節に「神がキリスト・イエスによって上へ召して」と似た表現がある以外は、ここにしか現れない表現である。

ヘブライ人への手紙三章一四節、六章四節にも現れるメトコイ（あずかっている）は、神の救いへの召しに応えた者たちを指す用語であり、「三章一節において著者は、神の臨在の中へと召されて、神にまみえる特権にあずかっている教会共同体を言い表そうとしているのである……その特権はモーセやアロンではなく、天に入られた（九・二四）大祭司イエスによる」（W・レイン、七四頁）ことが告げられる。

「〔六節で〕本書の著者がこれほど力を込めて確信とか希望の誇りについて述べているということは、この時の本書の相手の信者たちが、信仰の冷却と外部からの迫害の切迫ということから、これらのものを失いかけていたということを予想させる」（川村輝典『ヘブライ人への手紙』一〇〇頁）と川村は言う。「六節の後半に言われていることは、教会が教会であるための、形だけではなく、本質的な内容を含めての必須条件であるということなのです……教会というのはもっと厳しい条件の下にあるのです。つまりキリストに対する望みの確信と誇りがしっかりと持ち続けられないなら、そのような告白がないなら、あるいはかつては、そのような告白を持っていても今はないならば、どんなに人が集まっていても、建物があっても、それは教会ではないので、これはきわめて厳しい教会に対する試練であるのです。一つ一つの教会がそのことを問われていると言えましょう」（川村輝典『さらにすぐれた恵み』六九頁以下）。

### 参考文献

William L. Lane, *Hebrews 1-8*, Word Biblical Commentary Vol. 47A, Word Books, 1998.
Otto Michel, Der Brief an die Hebräer, Vandenhoeck & Ruprecht, 13. Auflage von Gottlieb Luenemann, 1975.
川村輝典『聖書註解　ヘブライ人への手紙』一麦出版社、二〇〇四年
川村輝典『講解説教　さらにすぐれた恵み　ヘブル人への手紙（上）』燦葉出版社、一九九六年

# ヘブライ人への手紙　三章七―一九節

高橋　誠

## テキストの響きと説教の構想

T・ロングは、ヘブライ人への手紙の著者を〈説教者〉と呼ぶ。筆者もそれがよいと思う。説教の言葉として聴き取ってこそ、この言葉がわかると思うからである。

この説教者は、危機感を感じている。この危機感は手紙全体を貫くものであり、私たちのテキストでは、それは時代に対するものであるよりもその時代のなかで〈不信仰、アピスティア〉（一二、一九節）に染められてしまいかねない聴衆の「心」であることがわかる。繰り返し使われる「心」はいずれも喜ばしい心などではなく、「かたくな」（八節）で、「迷」う（一〇―一一節）、「悪い」（一二節）心である。説教者は、かつての荒れ野の民が陥った心を、自分の聴き手たちのすぐ側に見ているのである。そこで、聴衆を何とか信仰につなぎ止め約束された安息に導くために切々たる語調で語っている。

それは、「今日」（七、一三、一五節）ということの強調とも関連している。〈今日、神を信じるひとすじの心を神に献げる〉ということが、説教者が聴衆を導きたいところと言えるだろう。神を信じる信仰の実際の場は、心なのであって、その心が神に反抗するという悪に染められたところで、信仰ということはもはや語りようがないのである。それゆえに、この説教者の言葉が書く時と読む時が隔てられた手紙という形でしたためられたものであるとしても、案じている心にその言葉が届き、心の深みに大祭司イエスが見えてくる時を――すなわち「今日」を――目指しているのである。今日、「生きた信仰」（W・L・レイン）に立つようになることをめがけて、言葉を届かせようとしている。そのように今日、神を信じることを逃せば、信仰は著しく正体を失うからである。

説教の構想を以下のように考える。一、不信仰な悪い心。二、目と心の闘い。三、福音的な条件節。

## 不信仰な悪い心

説教者の案じている心は、「信仰のない（アピスティア）悪い心」（一二節）と言われている。アピスティアは一九節にも繰り返され「不信仰」と訳される。要するに不信仰は悪いものだと説教者は言うのである。私たちが悩む不信仰も悪だというのだろうか。礼拝の席に座り込んで、身にしみて知るのは自らの信仰の弱さである。私たちはそれを悔い改めつつ信仰が強められる経験も重ねる。そうした正直で現実的な私たちの信仰の歩みを、この説教者は悪だと断罪しているのであろうか。説教者は「弱さ」（四・一五）はイエスの「同情」（同節）のまなざしに置いているから、〈「弱さ」は「同情」〉するが〈「不信仰」は断罪〉するという峻別が認められる。ここで言う不信仰の悪さとは何だろうか。

不信仰について、以下はレインが指摘することであるが、アピスティアによって括られる一二節から一九節の言葉は、先に説教者が引用した詩編第九五編の彼自身の解釈が語られているところである。その解釈とは詩編で取り上げられる荒れ野の民の心を、詩編にはない彼自身の言葉として「信仰のない（アピスティア）」と語り直しているということである。さらにこれも詩編にはない「悪い（ポネイラ）」という言葉を重ねる。この「悪い」は七十人訳のつながりをたどると五書では民数記第一四章二七、三五節で「この悪い共同体」と言われるところ以外では使われないので、説教者はこの箇所での共同体の姿を「悪い」と言うのである。その姿とは、明らかな神への反抗である。説教者は、共同体＝不信仰＝悪という判断をしているのである。つまり、荒れ野の民に表れていることからすると、不信仰というものは信仰や信頼が不足しているというようなことではなくて、神を信じることを拒んでいる民の姿なのであって、こうした傾向は当然神から「離れてしまう」（一二節）ことにつながると言うのである。それゆえ「信仰のない悪い心を抱いて、生ける神から離れて」と一続きに語られる。そうすると、問題は心の意思なのであって、はなから神を信じようとしない心が「悪い」ことなのである。

こうした荒れ野の民の傾向性は、「試み、験《ため》（す）」（九－一〇節）こととつながっている。この〈試みる〉は、エペイラサンであるが、原文では同根の言葉「試練（ペイラスムー）」（八節）がすぐ前に見つかる。こちらは神から民に与えられた「試練」である。新共同訳では、この二つの言葉はかなり離れているが、たとえばフランシスコ会訳では「心を頑《かたく》なにしてはならない。荒れ野での試みの日に、神に背いた時のように。あなた方の先祖は、その場所で、わたしを試し……」と、原文の響きを残す語順が保持されている。つまり、こういうことである。民は神の試みのなかにありつつ彼らは逆に神に試みを課したのだ、という響きを聞き取ることが許されるだろう。

この民の態度の問題は、不信仰が悪である、という説教者の断罪とも関わる。つまり、荒れ野の民の問題は自分たちの信仰の足りなさを嘆くのではなくて、神の側に不足があるではないかと逆に問い返す反抗的な態度にあるのである。そうすると、たとえば、マルコによる福音書第九章二四節の「信じます。信仰のない（アピスティア）わたしをお助けください」というあの父親の、主の助けに結びつく悔い改めの祈りと比べれば、不信仰を取り巻く様相が違うのである。信仰をあこがれつつ、心ならずも不信仰に捕らえられることを嘆きそこから祈るというような柔らかな悔い改めを併せ持つものではなく、「かたくなに」不信仰に座り込むと言えばよいだろうか。そのときに、不信仰はもはや罪に支配されているのである。確かに説教者はこう言う。「罪に惑わされてかたくなにならないように」（一三節）。罪が結果させるのは、〈かたくなさ〉である。原文では、「かたくなに」は受動態であるから、〈罪に惑わされてかたくなにさせられる〉とも言いうるだろう。かたくなさの中心では罪が主人のように動いているのである。ルターは「罪は、それが戦いの中にあって、いまだ支配者ではない限りにおいて、聖徒たちのために役立つように定められている」と言う。罪は信仰者がそれと戦おうとするときに、神への確かな呼び声を作る。しかし、ルターの「支配者ではない限りにおいて」という但し書きは、彼もまた支配者として振る舞う罪の破壊力を知っているのである。私たちのテキストにおける罪は支配者となって、こうした戦いすら放棄させるべく働くのである。戦うことをやめさせて、不平を言い募らせ、神を信じていても仕方がないというふうに心の中心に不信仰の思いを忍び込ませるように働くのである。確かに罪からきっぱりと決別するというわけにはいかない私たちである。その罪人である私たちが罪を抱えつつどう生きるかというと、真剣に不信仰を嘆くのである。神の足りなさを責めるのではない。

　ある主の日に礼拝で切実な思いで祈った筆者の祈りである。「主よ、確かに罪の心を抱えています。しかし、私どもの信仰を奮い起こさせてください。私どもが私どもの罪の確かさを信じるに勝って、週ごとに与えられるあなたの恵みの確かさ、キリストのあがないの確かさを、私どもの確かさとしていることができますように。正しく罪を悩み、正しく悲しみつつも、あなたからまなざしをそらしてしまう罪からは、いつも、すぐにでも私どもを取り戻してください」。私たちの説教で語らねばならないのは、やはりこの説教者と同じ危機感を持って、不信仰の核心で動いている罪を指摘することである。

## 目と心の闘い

　前述したような、心に不信仰が忍び込むということが、いったいどこで起こるのかについても説教者は語っている。荒れ野の反逆の民は「見た」（九―一〇節）のである。見ることは不信仰の心を克服させるものではなく、むしろそれを増長させるものであった。それに対し、説教者は聞いた「神の声」（七、一五、一六節）を受け止めるように促す。ロングはこう言う。「……耳と目の間で闘わされる闘い、一方で本当だと感じられることと、他方で忠実な証人によって報告される言葉との間で闘わされる闘いにおいては、耳に特権が与えられねばならない」。ロングが「感じられること」と言い換えているように、「見た」というのは、いずれにしても表面的な理解にとどまるということである。確かにその通りで、四十年の荒れ野の彷徨において、あてどなく見える荒れ野の道を見ること、渇きや飢えを感じることは、すぐに神の導きが絶え果てていることを意味するのである。そこでは、見えていることや感じられていることが言葉を創出する。こうした感覚、知覚から創出される言葉は、いつも「生ける神のもとから離れてしまう」ところに人間を立ち至らせるのである。旅路の歩みを支え貫く言葉を人間は創出することができない。

　これは、私たちの人生にも妥当する。私たちが見、そこで感じることが言葉をつくるのであるが、それはまさに息が詰まるような言葉である。一週間を過ごすと、目をはじめとする私たちの感覚から作り出される言葉の限界にたちまちぶつかる。神は生きておられないと想像させるのである。だからこそ、主の日に私たちは見ることから離れ、聞くことに集中する。

「聞く」ということもここでは大変興味深い。神のみ声はすでに民に聞こえているのである。「今日、あなたたちが神の声を聞くなら、……神に反抗したときのように、心をかたくなにしてはならない」（七節）という詩編の引用は、一五節で説教者によって再び繰り返され、さらに一六節でははっきりと「神の声を聞いたのに、反抗した」と言われる。神の声が聞こえていないのではないのである。言うなれば、声は確かに聞いている人々の鼓膜を揺らしているのである。だからこそ、詩編の言葉も説教者の呼びかけも、「耳を開け」というのではない。荒れ野の民であれば、モーセを通して聞こえている神のみ声があるし、この手紙の宛先の人々の教会であれば、それは何よりもこの説教者の言葉である。だからこそ、説教者は「心をかたくなにしてはならない」というのである。ほんとうの問題は、心の問題である。ロングが言うように目と耳の闘いが描かれていて、信仰に至るのは、目の経路ではなく耳の経路であるということは言えるだろう。しかし、著者の問いかけは「耳を開け」ではなくて、「心をかたくなにしてはならない」であるから、ほんとうの闘いは、〈目と心の闘い〉とも言いうるであろう。耳で聞いたとしても最終的に心ではねつけるという関連がなお残る。問題は、神の言葉を宿す声が聴き手の心に伝わるかどうかということに尽きるのである。したがって、説教者は自分が語る言葉が、耳からさらに心に入っていくことを願っているのである。そうすると、「神の声を聞く」とは、どこか遠いところにある御声が不思議にも心を開かせる瞬間を待つというようなものではない。「神の声」を携えながら、説教者は必死に聴き手に語りかけているのである。「聖霊がこう言われるとおり」（七節）というのも、説教者にとって、神の民に響く言葉というものはいつも聖霊の言葉そのものであるという彼の理解に基づく。詩編も詩人によって語られている聖霊の言葉であるし、説教者の言葉も同じく霊の言葉である。それだけに、投げかけた言葉が跳ね返ってくる経験をよく知っているのかも知れない。相手の鼓膜を揺らしつつ、しかし心が開かれない。そういう聖霊を拒む事態を知っているからこそ、「心をかたくなにするな」ということを繰り返しているのである。

やはり、問題は心なのである。そこに信仰の急所を見ているということが言えるだろう。悪い心に陥るかも知れない危険にある聴き手たちの心に、どうにかして言葉を届かせようとしている。そういう説教者の闘いは、この手紙の大きな文脈をたどれば、〈悪い心〉から〈良心〉へと言うことができるだろう。第九章に至って、良心を次のように語る。「まして、永遠の〝霊〟によって、御自身をきずのないものとして神に献げられたキリストの血は、わたしたちの良心を死んだ業《わざ》から清めて、生ける神を礼拝するようにさせないでしょうか」（一四節）。説教者が大祭司キリスト論を念入りに展開した上で、第九章までに来て「良心」を語り始めるのである。「良心」は第九章までには使われず、それで以降四回使われることを見ても、説教者の言葉の動きを知ることができる。やはり、「不信仰な悪い心」に陥る危機から「良心」へ連れて行くという説教者の意図は読めるだろう。〈連れて行く〉と述べたが、ちなみにこの良心はスネーデーシスであり、〈共に見る〉を意味する。現状をきょろきょろと見回すような目がつくる浅薄な彼らを、その心の根っこから捉えて大祭司キリストの血によるあがないを〈共に見る〉深みへと連れて行き、ひとすじの信仰の心をつくろうとするのである。そうであるとすれば、説教者にとって信仰とは、その心の根っこのところで信仰が支配するかしないか、神を信じるか信じないか、一つの心をどちらに注ぐかというような、あれかこれかの問題なのである。

## 福音的な条件節

説教者の意図を悪い心から良心へと連れて行くと読んでみたわけであるが、こうした聴き手に対する張力とでも言いうるものが、手紙には貫かれている。私たちのテキストの荒れ野の旅のタイポロジーにめぐっているものもそうである。旅というものには、すでに出発しているがまだ着いていないという状態が存在する。この中間状態が意識され、それゆえに説教者は緊張感もしくは危機感をもって語っている。彼がどう語るかが、次の結果を左右する。自身の語る言葉が危機に有効に絡むことができると信じているのである。その説教者の姿勢は、導いているのであるし、引っ張っていると言ってもよい。しかも、それが脅しや恐怖に基づくものではなく、福音に根ざす「励まし（パラカレイン）」（一三節）なのである。本書の「序論」一一頁で加藤がパラクレーシスのこの手紙における特性について「慰めつつ戒めること」あるいは「戒めつつ慰めること」というグレーサーの言葉を取り上げているが、弱さを受け入れつつもそこにある種の力をかけながら、信仰の旅を続けさせるのである。

これは、私たちの教会の課題とも言いうる。福音が、単に弱さを肯定するだけに終始し、何か新しい生き方が生まれてくることを問えば、すぐにそれは律法主義だと考えられる。確かに、律法主義から福音は峻別されねばならないが、福音自身が私たちを新しい生き方へ駆り立てるという、本来福音が備えているダイナミックな関連が見逃されるかも知れないのである。パラクレーシスにおける力ということを、改めて考えるようにテキストは促すのである。

私たちのテキストは一四節の条件文でそれを語る。「わたしたちは、最初の確信を最後までしっかりと持ち続けるなら、キリストに連なる者となるのです」。まず注意深く聞き取らねばならないのは、「キリストに連なる」という言葉が、たとえばパウロの「キリスト・イエスに結ばれて」（ローマ六・一一）というような言葉とは違う様相を持っているということである。〈連なる〉はメトコイである。メトコイを終末における主との結び合いというふうにレインはスケッチしてみせる。「しっかりと（ベバイアン）持ち続ける」という条件の後に終末において「連なる」のである。この二つの言葉（メトコイとベバイアン）とも、仕事上のパートナーに関連すると言う。こう言えるだろう。「最初の確信」（一四節）の時にすでにキリストとのパートナーシップに生き始める。それは、その感謝や喜びが苦難のなかで旅を続けるという仕事をしっかりと成し遂げさせてしまうのである。「キリストに連なる」望みは、今すでに暫定的ではあるがキリストとのパートナーシップをつくる。条件節のなかにすでに確信が混ざり込み、それもキリストとの喜ばしいパートナーシップによって築かれてゆくものとして描かれているのである。正当な説教批判のためのハイデルベルク・テーゼにおいては条件節自身が律法主義のしるしと言われるが、ここでは条件節に福音が混ざり込む、いわば福音的条件節となっていると言えるだろう。

一四節の「最初の確信を最後までしっかりと持ち続けるなら」というのは、それは一三節の『今日』という日のうちに、日々励まし合」うという仕方によってその条件が整えられるのである。しかも、今日の「励まし合い」が何を目指すかといえば、さらにその前節一二節の「生ける神」から離れないように、という内容である。要するに「今日、生ける神と共に生きるように」という勧告である。生ける神は、一定のことを学べば、それらを敷衍してどのような事態にも自分で対処できることができるようになるというような論理体系には置き換えられない。日々の相互の励まし合いに現れる生ける神との不断の生きた関わりが、信仰の実体である。その信仰の実体を生きるということが旅路を進めることができる条件だというのである。「神の約束の成就のための条件は、教会の信仰告白に従い堅く結びつくことを通して表される生きた信仰である」（レイン）。

教会で喜びに生きなければ、やはり生きた信仰を営み得ないという実に現実的な信仰の姿が言われている。説教者の思いのなかにすでにめぐり始めているのは、第一〇章二五節の「ある人たちの習慣に倣《なら》って集会を怠ったりせず、むしろ励まし合いましょう。かの日が近づいているのをあなたがたは知っているのですから、ますます励まし合おうではありませんか」ということであろう。励まし合いは、ここでは「集会」というふうにその実際の場まで語られている。この説教者が信仰の現実をどのように生きていたかを、よく知ることができる。信仰がダイナミックに動き始めるのが、「今日」であるし、礼拝の集まりにおける「今日」である。このあと旧約の幕屋の祭儀をなぞる説教者が考えている礼拝がリタージーなものであるとしても、それはすぐれて「神の声」が意識されるものである。説教者と聴き手の礼拝は、神が言葉をもって心の深みをたずねてくださるというところに生きた信仰の座を持つのである。そこで響く「励まし」が心を捕らえるようになることを願っているのである。したがって、私たちの説教も、この手紙の説教者に倣って、礼拝の聴き手に旅を続けさせる生きた霊の言葉が自分たちの教会にあることを告げるものとなる。

**参考文献**

William L. Lane, *Hebrew 1-8*, Word Biblical Commentary Vol. 47A, Word Books, 1991.

T・G・ロング『ヘブライ人への手紙』（現代聖書注解）笠原義久訳、日本キリスト教団出版局、二〇〇二年

# ヘブライ人への手紙　四章一－一一節

北尾　一郎

## 御恵みは　御恵みながら　さりながら

聖書は、「データ・バンク」のようなものだ、と言う人がいるが、本当にそうだ、と思うことがよくある。たとえば、「戦友」という言葉がフィレモンへの手紙二節に出てくる。戦争のない時代には必要のない単語ではあるが、企業戦士などという表現もあるから、当然「戦友」はいつの時代にもいるのである。「福音宣教における戦友」はまた格別である。

しかし、現在九〇歳前後の戦争体験者の中には、多くの戦友の死を目の当たりにしつつ生き残った兵士や民間人がいることを私たちは知っている。場合によっては遺骨を拾い、記念碑を建て、慰霊の行事を行いながら、彼らは、生き残っているという〝罪〟の〝償い〟をしているのだ、と考えている。それは、当然とも言えるが、角度を変えれば、戦友を失ったという経験は何十年経っても消えることのないトラウマ（心的外傷）ともなっていると考えることができよう。それは悲惨である。戦争というものは、幾重にも人間を悲惨に陥れる。

さらに、私たちの世界には、いわば「霊的トラウマ」とでも言うべき事態が存在する。その多くは、第一世紀以来、今日まで、キリスト者ないしは求道者の間に見ることができる。形はさまざまであるが、信徒や求道者であることをめぐって受ける〝不当な抑圧〟、「迫害」とか「弾圧」とかいわれるものとの「戦い」の中で起こるトフウマである。あらゆる意味で勝利を収める人々もいるが、不当な扱いを受けて苦しむ人々がいることも事実である。いつの時代でも、説教者は、会衆と自分自身を慰め、励ますために、その職務を与えられているにもかかわらず、意識するとしないとにかかわらず、慰め、励ますことができないばかりか、繊細な魂を〝傷つけ、悩ます〟ことすらあるのである。教会の「教義」がそのような負の役割を果たす場合もあった。中世末期には、そのような霊的状況が顕著であったと考えられる。十六世紀の宗教改革は、そのような状況から人々の魂を救い出すためのものでもあった。救いの喜びと確信を回復し、本来の福音を明らかにしようとしたのである。

しかし、宗教改革の精神が、うまく受け取られなかった側面があることも否定できない。その一つは、「信仰義認」である。これは「行為による義認」と対照的な理解であり、正確に言えば、「恵みによる、信仰を通して神から受け取る義認」ということである。ところが、プロテスタントの多くの人々の中に次のような二つの方向の誤解が、どこかで生じ、一般化したと思われる。

①「信仰＝行為」という誤解

「信仰」が何か知的な形で「表明」（告白）されなければならないと考えられる場合、「信仰」は人間の「行為」の一つになってしまう。結果として、人間が「救い」の鍵を握ることになるのである。

②「信仰＝無行為」という誤解

前項の誤解とは逆に、「信仰によって救われる」のであるから、人間の善い行いはなくてもよい、むしろない方がよい、という方向での誤解である。「救い」は「信仰を通して」与えられるのであるが、「信仰によって」救われるのではない。「信仰」は「救いを受け取る」ものであり、神の「恵み」が救うのである。そして、「信仰」は「救われるために」ではなく、「恵み」によって救われたことに対する深い感謝から、自発的に、あるいは意識することなく善い行いをしていくのである。

ところで、一茶の一つの句が思い出される。

露の世は　露の世ながら　さりながら

これを、次のようにもじることをお許しいただきたい。

御恵みは　御恵みながら　さりながら

つまり、神の恵みによって救われる、ということを重々承知しながら、なお人間の側のあり方を問うてみようとするとき、私たちは二つの方向のどちらかを選択してしまうものである。すなわち、その一つは、「さりながら、行為も必要だ」という方向であり、もう一つは、「さりながら、いや、さすればこそ、どんな行為も不必要なのだ」という方向である。

そして新約聖書は、全体としてこのような二つの方向の行き着く所が、誤りであり、「信仰義認」の誤解であることを明らかにしている。

## 今日のテキストの課題

私たちが与えられている今日のテキスト（ヘブライ四・一―一一）も、このような「永遠の課題」に取り組んでいる、と言うことができよう。

まず、四章一節で、この手紙の著者は、この手紙の最初の読者たちが置かれていた霊的状況――「いつまでも続く迫害、教会内における弛緩、そして教会が生きる世界の状況」（本書八頁）――を鋭く見定めつつ、次のように呼びかける。

だから、神の安息にあずかる約束がまだ続いているのに、取り残されてしまったと思われる者があなたがたのうちから出ないように、気をつけましょう。

そして、著者は「神の安息」というモティーフについて、実に独創的な論述を行った後、次のように再び勧告するのである。

だから、わたしたちはこの安息にあずかるように努力しようではありませんか。さもないと、同じ不従順の例に倣って堕落する者が出るかもしれません。（一一節）

著者は、「神の安息にあずかる」という「福音」を鮮明に告知しつつ、それから「取り残されること」、すなわち、「不従順」のゆえに「堕落すること」のないようにしよう、と念を押しているのである

ここで著者が警告している事態は、少なくとも教会の一部において現実となっていたものと考えられる。「念を押している」のは、そのためである。その事態が、「福音」の誤解に起因するものであることを著者は承知していた。だからこそ、著者の語る福音、すなわち「神の安息にあずかる」という「恵みの福音に読者の魂を導いているのである。言ってみれば、実に、「ヘブライ書著者による福音書」がここに存在するのである。

この手紙の最初の読者たちが直面していた「課題」は、前述した「誤解」の第②に相当するものと考えられる。すなわち、「信仰＝無行為」という福音誤解である。三章で、既に読んだように、荒れ野を放浪していた民の「不従順」（反抗）は、実に「不信仰」をその本質とするものであった、と著者は言う。

もちろん、民の「反抗」は、いわば極限状況の中で起きたことであった。詩編九五編を引き合いに出して、著者は、荒れ野の民の渇きという悲惨な状況と、著者の時代の教会が直面していた状況とを重ね合わせる。詩編九五編には、私たちの著者が、敢えて引用する必要がないとしたものと思われる前半の讃美と信頼の歌がある――「わたしたちを造られた方、主の御前にひざまずこう。共にひれ伏し、伏し拝もう。主はわたしたちの神、わたしたちは主の民、主に養われる群れ、御手の内にある羊。今日こそ、主の声に聞き従わなければならない」（六―七節）。

実に、「主に養われる群れ」であるにもかかわらず、主を信頼しないで主を「試した」（三・九）のであった。創造主、支配者、「今日」の救い主、言い換えれば、自然と歴史と今日の「主」を信頼する信仰をこの歌は求めているのである。そして、これこそ、ヘブライ人への手紙の著者が、その時代のキリスト者、新しい神の民に求めているものである。

私たちは感じ取ることができる、著者の教会の民に対する深い愛を。そして、その愛の炎から散る重ねての勧告を。そして、今日、説教台に立つ私たちも、会衆の魂に対する燃えるような愛を表明するべきである。その際、注意しなければならないことは、その愛が伝わるように語ることである。消えそうになっている灯心を消すことのないようにすることである。もちろん、警告はしなければならない。しかし、福音の声が聞こえなくなるような、裁きと脅かしの宣告者になってはならないのではなかろうか。ヘブライ人への手紙の著者はそうなってはいない。次のペリコペー（四・一二―一六）に、彼の主旋律はさらに明らかに歌われている。私たちと同様に試練に遭われた主イ

エス・神の御子・キリストと出会うために、「恵みの座」に大胆に近づこうではないか、と。

## 「神の安息」にあずかる恵みの福音

彼の主旋律は、今日のテキストの主要部分（二―一〇節）にフォルテで響いている。

著者は、詩編九五編を、三章で引用したが、今日のペリコペーにおいても、再び引用する。この詩編は、既に明らかなように、出エジプト記一七章の故事に基づいている。それは、メリバ（不平のつぶやき、反抗）またマサ（試み）と表現されているとおり、神を試みるという「不信仰」そのものの出来事であり、モーセがカナンの地を目の前にしながら、渡って行けなくなった原因とも考えられている。それにしても、この歴史上の出来事が、これほどに新約聖書の中で〝雄弁〟なのは、なぜであろうか。それは、言うまでもなく詩編九五編がこのエピソードを取り上げているからである。

しかし、詩編九五編とヘブライ人への手紙三、四章との間にもう一つのプロセスが介在する。それが、旧約聖書のギリシア語訳（七十人訳）である。ヘブライ語本文で、「わたしの憩いの地」と書かれているところを、七十人訳は「わたしの安息」としている。この翻訳によって、ヘブライ人への手紙の著者は時空を超越することができた。すなわち、創世記二章二節にある「第一創造物語」の結びの節を詩編九五編一一節と結びつけるという独創的な旧約聖書解釈が生まれ出たのである。これによって、「約束の地」における「憩い」と、創造の七日目の神御自身の安息に基づく、神の民の「安息」とが重ねられた。つまり、「安息」というものが、本来、創造の御業《みわざ》において「既に出来上がっていた」と言うのである。

天地創造の時に与えられた「安息」は、ヨシュアによる約束の地への安住という課題が、モーセ時代の民の神への反抗のゆえに「未完成」のものに終わっても、根本的に失われることはなかったのだ、と著者は言う。「安息」は「残されている」のである。このポイントに著者は必死に〝ぶらさがっている〟かのようである。このポイントを「慰めと希望」の拠点にして、彼は次のように言うわけである。

それで、安息日の休みが神の民に残されているのです。（九節）

だから、わたしたちはこの安息にあずかるように努力しようではありませんか。（一一節）

このようにして、読者あるいは教会の会衆は、「安息日」の「祝い」、「休み」という実践の中で、動的な「安息にあずかる」という福音の深い意味を知らされるのである。

## 救済史と創造論

今日のペリコペーの中で、著者は、出エジプトという救済史から始めて創造の意味に至る、という神学的構造を明らかにしている。いみじくも、それは、旧約聖書自体が持っている構造である。「歴史」において自らを啓示された神こそ、「自然」の創造者また支配者である、という認識である。

筆者は、そのことを承知していながらも、第一創造物語にある「第七の日」について、何となく腑に落ちない感じを持っていた。創造には「業」と「休み」が必要であり、「祝福」されることによって「被造世界」が本来最善であったという理解をしてはいた。しかし、創世記の「第七の日」の記述は出エジプト記二〇章の「安息日を聖別せよ」という戒めの伏線である、という受け取り方をしてきた。そのために、創造物語自体にある「神の安息」の意味を十分に理解できず、「創造」の話の中に「安息」という〝人間的な〟概念が持ち込まれることによるある種の〝違和感〟を解消できなかったのである。

ところが、ヘブライ人への手紙四章三節ｃの次の一文に改めて出会うことによって、私の持っていた違和感は氷解した。

もっとも、神の業は天地創造の時以来、既に出来上がっていたのです。

ここで言われている「神の業」は、天地創造の時には「既に出来上がっていた」というのは不思議ではある。「神の業」は、創造において始まってはいるが、時々刻々、常に新たになされているのであり、「初め」は「終わり」の時を目指して、ひたすらに進行しているからである。「創造」における「完成」は、実に終末論的な意味で理解されるべきである。

したがって、新約聖書の時代という「時」は、「初め」の時に「既に」始まっていて、完成に向かっていた。また、ヨシュアの時代にも同様であったし、詩編九五編（ダビデ）の時代にも同じく終末論的な事柄であったのである。すなわち、「既に」始まっている神の仕事は、神においては「完成されている」ものであり、同時に、時々刻々進行し、「やがて」世界と歴史において完成される、そのような性質の事柄であった。

しかも、創世記の第一創造物語が文書として成立するより前に、出エジプト記の第二〇章の十戒は書かれていたとするならば、「神の安息」というモティーフが両文書において文書化されていることは自然なこととなる。言い換えれば、「救済史」の基礎の上に「創造論」が成立しているのである。もちろん、第一創造物語には、ユダヤ暦の「週七日」というシステムが表現されていることは言うまでもない。しかし、その「第七の日」に「神の安息」という意味を与えることには、単なる暦制を超えたものがあることを否定できないと思う。「安息したもう神」は、実に「働きたもう神」であり、「自らを歴史の中で啓示したもう神」であるからである。

詩編九五編それ自体、「創造者」への讃美を四―六節で雄弁に歌い上げ、七節以下に「歴史の支配者」として「わたしたちを養われる主」に対する信頼を告白している。詩編九五編の八節以下をくりかえし引用するこの手紙の著者にとっては、取り立てて言うほどのことではなかったにちがいない。さらに、当面の主題に直接関係を持つ事柄ではない、とも言える。しかし、著者は、前述のように、「安息」という一つの接点に私たちの注意を引きつけ、創世記の「創造物語」と詩編九五編の「荒れ野における歴史的経験」とを見事に結びつけているのである。

この「創造論」と「救済論」との関係は、一般の説教壇ではメジャーのアプローチにはなっていないように筆者は見ている。しかし、「自然」は、日本文化はもちろん、すべての人類に共通のカテゴリーであり、理解の仕方が多様であるだけに、キリスト教信仰との接点になり得るものである。アニミズムから道教、さらには仏教に至るまで、そこにある「洞察」の中には、聖書との対話となり得るものが豊かに横たわっていると考える。そのような意味において、プロテスタント一般の「説教」より「聖書」自体の方が、はるかに対話的なのではなかろうか。

## 「安息」は「新しい創造」の場

そのような「対話」にとって、「安息」というモティーフは格好のテーマである。たとえば、日本文化の伝統においても、「休み」は、かなり重要な位置を占めている。「年中行事」という発想は、日本文化を支配している諸要素の一つである。私たちは、日本列島の民衆の「季節の風物詩」に対する自由で柔軟な行動様式に、正直驚かざるを得ない。「赤鼻のトナカイ」、「ジングル・ベル」、「クリスマスは誰にもやって来る」とどこに行っても聞くことができる季節が、一二月二六日には、「もういくつ寝るとお正月」の世界に早変わりするという「風物」に、外国人でなくても驚くはずであるが、「もの分かりのよい日本人」には、どうということはない現象なのである。おそらく、その理由の一つは日本文化に伝わる「祭り好き」である。

日本の人口の約半数の人々が、「初詣」に行くという。ハイテクノロジーの象徴のようなパソコンのための「お守り」さえ売られている。「幸せ」を、非日常的な、人間を超える存在（「尋常ならざるもの」であるカミガミ）に祈り、その加護を期待する宗教・文化的行動は、人間というものが、宗教を卒業してはいないことを示唆している。そして、それ自体、「非難されるべきこと」ではあるまい。

むしろ、民族的・国民的行事としての「祭り」が、農業社会において発達したことも併せて、旧約聖書のイスラエル文化の主軸の一つである「三大祝祭」をめぐる行動様式と全く無関係であるとは思えない。「エルサレム巡礼」と「お遍路さん」との間にも何か重なるものがあるのではないか。

しかし、「安息」は、「毎週の安息日」という実践において受け取られる恵みである。単純計算をすれば、百万人の会衆が年間五十回の「安息日」を守るとすれば、初詣をする人々の数と同じレベルになるわけである。初詣の参拝者たちは、宗教施設の持つ、さまざまな象徴言語や行事の持つメッセージを感じ取ることもあろう。しかし、基本的には、一方的な祈願に終始するように思われる。それに対して、「安息日」は、聖書という「文書」が、生きて働く「説教」となって、「共同体」の中で霊的交流を引き起こす「場」を創造する。実に、聖霊なる神が、スピリトゥス・クレアトールとして、「新しい創造」をなしたもう。「この安息にあずかろうではないか」。

**参考文献**

小林　稔訳『新約聖書Ⅴ　公同書簡ほか』岩波書店、一九九六年

# ヘブライ人への手紙　四章一二―一三節

石井　佑二

## 一　私訳

一二節　というのは、生きているからだ！　神の言葉は‼　そして熱情に燃え、どんな両刃の剣よりも鋭く、精神と霊を、また関節と骨髄を切り離すほどに刺し通し、心の思いと志とを裁くことができるのだ。

一三節　この神の言葉の前で隠れおおせる被造物は一つもなく、すべてのものが神の言葉の目には裸であり、さらけ出されているのだ。このことに対して、私たち自身の存在を語りつくそう。

## 二　文脈

トマス・ロングは第三章七節―第四章一三節を「今日、休むことを学ぶ」と題して解説している。それは第三章七―一一節で引用されている、詩編第九五編七b―一一節の説教であるという理解に立ち、そして第三章一二節―第四章一三節を著者の説教の言葉として「三つのポイントと一つの詩」とに区分している。その三つのポイントとはこうである。

一．第三章一二―一九節。著者は過去におけるイスラエルの失敗の指摘と、会衆に対する警告を与える。詩編第九五編で語られているように、イスラエルは、神に対する不信仰の故に「安息」を失った。そのことを受けて、「信仰のない悪い心を抱いて、生ける神から離れてしまう者がないように注意しなさい」（三・一二）と警告し、「キリストに連なる者」（三・一四）として「罪に惑わされてかたくなにならないように……日々励まし合いなさい」（三・一三）と言うのである。

二．第四章一―五節。著者は会衆に対し「神の安息にあずかる約束がまだ続いている」（四・一）ということを想起させ、この目的地に到達できないことがないよう注意を与える。イスラエルもまた、安息に与れないはずはなかったのである。なぜなら「神の業《わざ》は天地創造の時以来、既に出来上がっていた」（四・三）からであり、七日目の安息について聞いている故に、それを信じることができたはずだからである。

三．第四章六―一一節。著者が語るのは、そのイスラエルと同じ過ちを犯す誘惑に、キリスト者たる会衆もさらされている、ということである。キリスト者は記憶を新たにし、神の声を聞かねばならない。神の声は「今日」告げられる（この終末論的な「今日」については、加藤常昭が記している本書「序論」④を参照)。この約束を信じる者は、あの安息を経験することができる。その前提に立ちながら、著者はこう語る。「だから、わたしたちはこの安息にあずかるように努力しようではありませんか。さもないと、同じ不従順の例に倣って堕落する者が出るかもしれません」(四・一一)。

この三つのポイントを持った説教の締めくくりとして第四章一二―一三節は語られるのである。不信仰で、意気消沈しているイスラエルに語りかける神は、同じく迫害、困難によって神への不従順に堕落し、意気消沈しているキリスト者、教会に向けて語りかけている。そしてその慰めと励ましが、如何に真実で揺らがないものであるかを、この箇所で明らかにしようとしているのである。

## 三 「神の言葉」

第四章一二―一三節の黙想にあたり、まず一二節で言われる「神の言葉」について、ヘブライ人への手紙が、それを如何なるものとして捉えているか、ということを明らかにしなければならない。加藤常昭が本書「序論」⑤で記していることであるが、与えられたテキストにおいて重要であるので確認をする。第一三章七節に「あなたがたに神の言葉を語った指導者たちのことを、思い出しなさい。彼らの生涯の終わりをしっかり見て、その信仰を見倣いなさい」とある。迫害の中で死んだ、教会の指導者たちのことを思い起こせ、と言う。悲惨なる死の姿であったことであろう。しかしヘブライ人への手紙は、すぐに続けてこの指導者たちが何を信じて死んでいったかを語る。「イエス・キリストは、きのうも今日も、また永遠に変わることのない方です」(一三・八)。この永遠なるイエス・キリストに「確信と希望」(三・六)を指導者たちは抱いていた。このような指導者たちこそ「神の言葉を語った」人々なのである。ヘブライ人への手紙が捉えている「神の言葉」とは、まず何よりも、指導者たちが語った言葉のことである。この説教者たちの言葉が「神の言葉」として聞かれたのである。この説教者たちは旧約聖書の言葉を説いた。そして加藤はミヒェルの言葉を紹介し、「このとき旧約聖書の言葉は終末論的に理解されていた……。つまり、聖書の言葉は、キリストによって成就したものとして理解されたのである。旧約聖書の言葉はイエスの言葉とみわざに支えられて光を放った」と言う。そして「そのようにしてキリスト論的に理解された旧約聖書の言葉と、イエス・キリストを語る言葉が読まれ……それに続いて説教が語られた」と言う。

このように「神の言葉」が聞かれていたと捉えるとするならば、ヘブライ人への手紙における「神の言葉」とは、旧約聖書とイエス・キリストと著者も含めた指導者の説教の言葉、それらが一体となったものとして捉えることができるのではないだろうか。ヘブライ人への手紙の著者の、説教者としての言葉を聞く聴衆は、まさに「今日」、ここで、旧約聖書を成就し給うイエス・キリストの言葉を聞く。意気消沈している教会は、この時、本当に生きた「神の言葉」を聞かされているのである。

## 四 「神の言葉は生きている」

イスラエルの不信仰の姿を通して、神への不従順に堕落してしまっている教会は、この著者から、そのようであってはならない、と説教をされるのである。なぜであろう。「というのは、生きているからだ！　神の言葉は‼」（四・一二、私訳）と語っている。ギリシア語で見ると「生きている」が真っ先に語られている。この一二節において、「神の言葉」は「どんな両刃の剣よりも鋭く……」とあることから、不従順な者への裁きの厳しさが語られている、ということが分かる。しかしそれよりも著者が強調して言いたいのは「神の言葉は生きている」ということである。「生きている！」。旧約聖書の時代、イスラエルの不信仰によって成就されなかった神の「安息」に与るという恵みは、イエス・キリストによって成就される。そしてその恵みは、「今日」、今ここで語られている説教としての「神の言葉」によって、あなた自身に起こっている事柄、抽象的な観念ではなく、生きた真実の出来事として起こっている。あなたの命に対して、「神の言葉」は「熱情に燃え」（私訳）、その心に至るまで裁くことができる。だから神に対して、キリストに対して、不従順であってはならない、と著者は言うのである。

さらに一三節は、重ねて「神の言葉」の生き生きとした姿を語っていると見るべきであろう。加藤常昭がこの聖書の箇所を、一九九一年に鎌倉雪ノ下教会で説教した際、このように言っている。「『更に、神の御前では隠れた被造物は一つもなく、すべてのものが神の目には裸であり、さらけ出されているのです。この神に対して、わたしたちは自分のことを申し述べねばなりません』。興味のありますことに、この『神』と訳されている言葉は、原文では代名詞です。……私が最も信頼するドイツの学者は、ここで興味深いことを言っています。なぜ皆がここで、これは神のことだとすぐに考えるのだろうか。『神の言葉』と読んでも良いのではないか。一二節に『神の言葉は生きている』と書いてあるではないか」。まずこのように言う。しかしそうとするならば、この一三節の言葉の中に「神の言葉の前で」とか「神の言葉の目」という、一見奇妙と思える訳語が出て来てしまう。しかし続けて加藤はこのドイツの学者の言葉を紹介してこう言う。「その生きている神の言葉が目を持ってなぜ悪いのか。ここで語られている神の言葉は目を持つほどに生きていると、この手紙は語っているのではないだろうか」。なるほど、と思わされる。「神の言葉」は決して抽象的なものではなく、旧約聖書で語られている恵みの約束を成就するイエス・キリストであり、また「今日」、今ここで、まさに具体的な体を持って、目の前にいる説教者の言葉そのものであると言うのならば、そのように私たちに現実的に肉薄するものとして「神の言葉」を捉えるべきであろう。

こういう「神の言葉の目」が、私たちの全てをさらけ出そうとしているのである。聖書の約束の成就が目の前に迫っている。その時私たちは一切の建前は取り除かれ、真実の意味でその約束に与るか、それともそれを否む不従順に堕落するか、ということが問われているのである。

## 五　終末論的裁きが語る、慰めと試練

「生きている神の言葉」が、著者の説教を通して、会衆に裁

きを語りかけている。しかしこの裁きの言葉は、「神の言葉」がそうであるように、終末論的、キリスト論的裁きである。このことについて加藤常昭は本書「序論」⑥で記している。一一章一節以下で、主の来臨が近いという希望と、神が都を準備されているという将来的な「天の故郷」に対する希望。この矛盾するかとも思われる望みが共在する終末論である。

現在的にして将来的。こういう緊張感を持った終末論的な裁きが、第四章一二—一三節では語られている。一方で、あの「神の言葉」が「生きている!」と語るということは、旧約聖書で約束された恵みをイエス・キリストが、今こそ説教者を通して、聴き手の現実において実現しようとしておられる、と言うことができる。迫害の困難と意気消沈の中にある教会にとって大きな慰めである。しかし他方で、このように「生きている神の言葉」であるからこそ、「熱情に燃え」、心の奥底まで貫いて、その目を持って、聴き手の全てをさらけ出させて、その上で、いまだ行われていない完全なる裁きを行うというものでもあり、その試練に対する忍耐が求められている。

ここで語られている、主によって与えられる慰めと試練、そしてそのことへの忍耐の求めは矛盾するものではない。むしろ一つのものとして捉えてこそ、この慰めと試練は、私たちにとって双方とも、生きる力を与えてくれるものとなる。

このような意味での慰め、または試練を考察しようとする時、どうしても思い起こすのが『ハイデルベルク信仰問答』問一である(『ハイデルベルク信仰問答』吉田隆訳、一九九七年)。

問一「生きるにも死ぬにも、あなたのただ一つの慰めは何ですか」。

このことについてカール・バルトはこういうことを語っている。「慰めという言葉において、人が一般に理解するのは、〈困難な状況の中にあって、人間がそれとは逆のことをする重大な、否、さし迫った誘因がありながらも、それにもかかわらず堪え忍び、それにもかかわらず勇気を懐き、それにもかかわらず喜びを持つという、人間の根底をなす・人間に与えられる・一時的な・しかし有効な・約束に満ちた・助け〉である。他の人を真に慰める者は、そのような『それにもかかわらず』を基礎づける助けを、その人に提供するのである」。「人間の生活は、一つの終末論的な縁《ふち》を持っている。それは、一つの限界を持っている。すなわち、やがていつか死ぬということが、人間には定められているのである。この限界において、人間の現存在についての決定が行われる。有か非有かについての決定が、行われる。そして、人間が非有によって脅かされているということが、人間の状況を、このように困難にし、このように慰めを必要なものとするのである」。「このような陰の下に、人間の生は、立っている。すなわち、それは、死に向かって進んでゆくのである。そして、この事こそ試練であって、この試練の中において、福音は、人間を慰め、したがって、人間に、それにもかかわらず堪え忍び・それにもかかわらず勇気を懐き・それにもかかわらず喜びを持つ根底を、与えるのである」(『カール・バルト著作集9』宍戸達・久米博・井上良雄訳、新教出版社、一九七一年、三四七—三四八頁)。すなわち、真実の慰めは、人間が死ぬべき存在であること、裁かれねばならぬ存在であること、その試練を明確に見つめながら、「それにもかかわらず」、その試練に忍耐し、生きる勇気と喜びを福音によって与えられる、と言うのである。真実の慰めにはこういう力強さがある。

第四章一二―一三節で語られる「神の言葉は生きている」ということで語られる慰めと試練、または忍耐が求められるということは、まことに一つのことなのである。この厳しき裁きの試練と忍耐の求めの中に、真実の慰めが語られる。また、イエス・キリストが「安息」の約束を成就してくれるという慰めの中に、厳しき裁きの試練と忍耐の求めがある。骨太の慰め、喜びの試練が語られているのだ。

## 六　審判者にして弁護人。試練の真実への気付き。

第四章一三節の最後に、著者は説教の中で聴き手に「このことに対して、私たち自身の存在を語りつくそう」（私訳）と勧めている。この言葉は、すべてをさらけ出させ、裁きを下す「神の言葉」に対して消極的に、自分の事を語らなければならない、と言っているのではない。これまで語られてきた、キリスト論的・終末論的裁きの言葉は、そのような解釈は生み出さない。

ここでカルヴァンの『ジュネーブ教会信仰問答』の裁きについての問答を見てみよう（『ジュネーブ教会信仰問答』外山八郎訳、一九六三年）。

問八六　「イエス・キリストがいつの日にかこられて、世をお裁きになるにちがいないということは、われわれに何か慰めを与えますか。」

答　「はい非常な慰めであります。彼が現れなさるのは、われわれの救いのために他ならないことを、われわれは確《かた》く保証されているからであります。」

問八七　「それゆえ、われわれは最後の審判を、恐れおののくべきではありません。」

答　「まったくです。われわれの出頭すべき審判者は、われわれの弁護人であり、われわれの訴訟を弁護するために引き受けて下さった、そのお方以外ではないのでありますから。」

このことについて、今一度カール・バルトの言葉を借りたい。バルトは、陰気で気難しい人であったとされるカルヴァンが、最後の審判をこのように恩寵に満ち溢れたものとして表現するとはどういうことだろうか、とユーモアを込めて語る。そして言う。「カルヴァンは聖書を解釈したのです」。それは明らかに、最後の審判をただ人間を恐怖に陥れるだけのものとしてしまった当時の教会への批判がある、ということである。「ミケランジェロの『最後の審判』図を考えてごらんなさい。再臨のキリストは拳をふりあげているではありませんか。しかも歴代の法王はこの絵の下で選ばれたのです。けれどもこれはキリスト再臨のキリスト教的考え方ではありません」。そうではなくて、キリストによって私たちは裁きを慰めとして受け止められるのである。「キリストは私たちのために、神のみ前に立たれます。もし私たちが審判を受けるなら、私たちのために弁護してくださるのは、やはりキリストです」（『カール・バルト著作集9』二八一頁）。私たちは、自分自身が、如何に神の前で不信仰で、不従順であるか知らされている。しかしにもかかわらず、私たちはこの裁きに希望を抱き続ける。なぜなら、ヘブライ人への手紙第四章一二―一三節の言い方で言えば、私たちの全てをさらけ出させる裁き主ご自身が、完全なる弁護人となってくださる、とカルヴァン、バルトは言うのである。

イエス・キリストはこのように審判者でありながら、弁護人である。大きな慰めである。しかしここまで言うと、先に語ったもう一方の面、「生きている神の言葉」が私たちに与える試練ということはどうなるのであろうか。主イエスが弁護してくださると言うのであれば、私たちの試練と忍耐というものはあり得ないのではないか、という問いが生まれるかもしれない。しかしそうではないであろう。

トマス・ロングは言う。「神の言葉はあらゆる人間の生の覆いを剝ぎ取り、神の目の前で裸にする。神はごく平凡な日を捉えて『今日』となす。ありきたりの瞬間を捉えて危機と決断の時となす。日常的な出来事を捉えて神の栄光の舞台となす。日常の生活を捉えて聖化へと呼び出す。人間が望んでいるのは、日劇のリハーサルをサボること、劇から早くに退くこと、幕間にロビーをうろうろすること、結末を書き直すことである。生きて働く神の言葉は、望みを新しくし確信を回復させる。神の言葉は、さまよえる人間を、神の贖いという壮大な物語の主役へと変える」。つまり、イエス・キリストの裁きによって救われた者は、同時に神の栄光を言い表すべく、神の物語の中に巻き込まれ、（私たち自身にとっては）新しい、その使命が与えられると言うのである。そしてその者は神の贖いの業を世において言い表すもの、その物語を語る主役へと変えられる。つまりは自ら世における十字架を背負う試練と忍耐へと遣わされる者とさせられる、ということである。

だが、それはもはや慰めに満ちた試練であり、喜びの中で、世における忍耐の業に派遣される、ということである。ヘブライ人への手紙の説教の聴き手も、そう聴き取ったに違いない。いや、この説教から会衆が聴き取ったこととは、自分たちが置かれている苦難と迫害、試練と忍耐の連続の中で、しかし実は、そこにこそ力強い慰めが溢れているという真実であったのではなかろうか。その意気消沈する「日常的な出来事」が「神の栄光の舞台」とされている。あなたがたこそ、この神の物語の主役だ！と「生きている神の言葉」は語るのである。

「生きている！　神の言葉は‼」。その事実は、意気消沈しているキリスト者を、そして私たち自身を、大胆に神の前に立ち上がらせる。説教者の説教を、「神の言葉」の出来事に対して、「私たち自身の存在を語りつくそう」と勧め得るものとする。「神の言葉」は「生きている！」。だからこそ「神の言葉」は、私たちを生かすことができるのである。

**参考文献**


川村輝典『聖書註解　ヘブライ人への手紙』一麦出版社、二〇〇四年

T・G・ロング『ヘブライ人への手紙』（現代聖書注解）笠原義久訳、日本キリスト教団出版局、二〇〇二年

加藤常昭『ヘブライ人への手紙1』（加藤常昭説教全集22）教文館、二〇〇五年

# ヘブライ人への手紙　四章一四―一六節

髙橋　重幸

## 新約の大祭司職の二大特質――忠実さと憐れみ

ヘブライ人への手紙の著者は、第二章一七節以下からイエス・キリストの祭司職について論じ始めるのであるが――この節で初めて本書の中心テーマである「大祭司（アルキエレウス）」という語が登場する。そしてこの節の中で筆者がとくに焦点をあてるのはイエスの祭司職の二つの特質、すなわちその忠実さ（私たちの信頼をけっして裏切ることのない忠実さ、信頼するに足るという意味の忠実さ）とその憐れみ深さである。

著者は言う。

「それで、イエスは、神の御前において憐れみ深い、忠実な大祭司となって、民の罪を償うために、すべての点で兄弟たちと同じようにならねばならなかったのです」と（二・一七）。

神のみ前において忠実で憐れみ深い大祭司、私たちはこの句の中に新約の大祭司イエスの持つすばらしい二つの特質を見ることができる。

## レビの祭司職とアロンの大祭司職

旧約聖書の中には、レビ族がどんないきさつでイスラエルの他の部族をさしおいて、祭司族、すなわち祭司職を果たしそれに専任する部族として選ばれたのか、その理由を伝えている箇所がある。それは出エジプト記第三二章である。

モーセに連れられてエジプトを脱出し、シナイの山のふもとに到着したイスラエルの民は黄金の牛を拝むという大きな罪を犯してしまう（現代の聖書学者の中には、牛そのものを神として拝んだのではなく、この牛が神の玉座になっていたのだという説をとる人もいる）。いずれにしてもモーセは「おのおの、剣を帯び、宿営を入り口から入り口まで行き巡って、自分の兄弟、友、隣人を殺せ」と命じ、レビ族の人たちがモーセのこの命令に従って三千人の同胞を殺害したことを伝えている。この時モーセは次のように言ったという。

「おのおの自分の子や兄弟に逆らったから、今日、あなたたちは主の祭司職に任命された」と。

そのことばかりではなく、聖書は民数記の中で祭司アロンの孫で、「エルアザルの子ピネハス」が大祭司職を果たす家系として選定されたそのいきさつについても語る（民数記第二五章）。それはピネハスが、神と同じ熱情をもって、イスラエル人とその相手となったミディアン人の女を殺害したからであった。その時神はモーセに言われる。「見よ、わたしは彼にわたしの平和の契約を授ける。彼と彼に続く子孫は、永遠の祭司職の契約にあずかる」と（民数記二五・一二）。

この出来事は後世になってもシラ書〔集会の書〕の中でも記念されている。

「主の栄光を担う第三の人物は、エルアザルの子ピネハスであった。彼は主を畏れ敬う熱心な人で、民が背いたときには、勇敢にも立ち上がり、イスラエルのために罪の赦しを得た。それゆえ、主は彼と平和の契約を結び、彼を聖所と民の頭とされた。こうして彼とその子孫は、永遠に大祭司の職を継ぐ者となった」（シラ書〔集会の書〕四五・二三―二四）。

このように旧約においては、神に対する忠実さ（忠誠）と、人びとに対する憐れみとは必ずしも両立するものではなかった。しかしながらヘブライ書の著者はイエスにおいてはこの二つが見事に両立すると言うのである。「それで、イエスは、神の御前において憐れみ深い、忠実な大祭司となって、民の罪を償うために、すべての点で兄弟たちと同じようにならねばならなかった」と。

そしてすぐに続いて、「事実、御自身、試練を受けて苦しまれたからこそ、試練を受けている人たちを助けることがおできになるのです」と（二・一八）。

今回のテキスト四章一四―一六節は、いわばそれ以前の章の中で著者が展開してきたイエスの大祭司論の総決算とも言うべき箇所である。と同時にそれは、著者が当時のキリスト者に与えた切実な勧めとなっている。忠実で憐れみ深い大祭司がわれわれキリスト者に与えられているからには、われわれも、公に宣言している信仰をしっかりと保ち、大胆に（「パレーシア」をもって）恵みの座に近づこうではないかと。私たちも著者の考えを追いながら、イエスの大祭司職の偉大さとその憐れみ深さについて考察していくことにしよう。

## イエスの大祭司職の偉大さ

著者はまずイエスの大祭司職の偉大さを種々の表現を使いながら強調する。まずイエスを「偉大な大祭司」と呼ぶが、すでに「大祭司（アルキエレウス）」という語自体の中にその偉大さが含まれている、アルキエレウスは祭司たちの頭という意味である（「アルキ」はトップを意味）。著者はその語にさらに「偉大な（メガース）」という形容詞をつけている（邦訳でも「偉大な大祭司」と「大」という語が二つ重ねられている）。著者はさらにこの大祭司の偉大性を示す二つの表現を加える。まずイエスは

――「もろもろの天を通過された」方であり、

――その上さらに「神の子」ご自身であると。

ヘブライ書の著者は、このように大祭司イエスが旧約の大祭司たちとは比較にならないほど偉大な方であると、その偉大さを強調してから、キリスト者だけが表明する信仰をしっかりと保ち続けるよう励ますのである（すでに三・一四で「わたしたちは、最初の確信を最後までしっかりと持ち続けるなら、キリストに連なる者となるのです」と言っている）。

しかしながらこの箇所では、大祭司キリストの卓越したこの偉大さはけっして私たちとイエスを隔てるものではないと断言する。これほど偉大な方、天高く挙げられた方は、地上に住む私たちに目もくれない「雲上人《うんじょうびと》」となられてしまわれたのではないかという疑問を一掃するかのように、著者は言うのである。「この大祭司は、わたしたちの弱さに同情できない方ではなく、(罪だけ除いて) あらゆる点において、わたしたちと同様に試練に遭われたのであり、それだけにわたしたちに対する同情に満ち溢れた方である」と。

著者がこの箇所で使用する「同情する（スンパテオー）」は、現在日本語でも使われている「シンパ」の元となった語である。語の本来の意味は「共に苦しむ」である。例を挙げれば、医者は自分自身が病気にかかった時、患者に対してさらに理解を深め、一層優しく接するようになると言われている（私自身、病に倒れた女医さんからこのような証言をいただいたことがある）。

なお「同情することのできない方ではない」という二重否定文は、「同情そのものである」という強い肯定的な意味を持つ。福音書の中で私たちは、罪人に対するイエスの同情に満ち溢れた、幾つもの例を見ることができる。

ヘブライ書の著者にとってイエスのこの偉大さは、決してイエスと私たちを分け隔てるものではない。なぜならイエスは、「その肉の日々において激しい叫びと涙をもって願いと嘆願を神にささげ、その畏れ敬う態度のゆえに神に聞き入れられた」からである（ヘブライ五・七参照）。このような事実は、私たちに無限の信頼心を吹き込むものとなり、その結果私たちは全く大胆に神に近づく者になりうるのである。

## 大胆に恵みの座に近づく

著者は、キリスト側からの愛による私たちとの同化、すなわちその受肉、その十字架上の死、その復活と昇天などが私たちに聖なる大胆さ（パレーシア）を与える。こうして私たちは「はばかりなく」（明治のフゲ訳）神に近づくことができるものとなると断言する。

「パレーシア」という語は、本来はアテネの民主的な国家で使われ始めた法的な意味を持つ用語であった。「パレーシア」は「パン（『すべて』を意味する）」に「レーマタ（語られた言葉）」が結び合わされた語である。パレーシアはアテネの市民たちが全く自由に集会の中で自分の意見を発表できる権利、つまり「言論の自由」を指す語で、この「パレーシア」はアテネの自由市民にのみ与えられている権利であった。それでたとえ奴隷がどれほど教養があったとしても（このような奴隷は当時かなりいたようであるが）彼らには与えられていなかった。アテネではこの言論の自由がなければ健全な民主主義は育たないと考えられていたのである。またどんなに高名な学者がアテネ以外の地からやって来たとしてもパレーシアは与えられていなかった。

このようにパレーシアは、自由人にのみ与えられた特権であった。そして本来は法律用語であったこの「パレーシア」という語が七十人訳のギリシア語訳聖書の中で使用されたことによって、ついには新約聖書の中でも重要な意味を持つ用語となったのである。その歴史的な発展をまずたどることにしよう。

## 旧約聖書の七十人訳聖書におけるパレーシア

まずシラ書〔集会の書〕の二五章二五節に「パレーシア」が見出される。この節では、パレーシアの本来の意味で使用されている。「水槽の水漏れをほうっておくな。悪妻に言いたいほうだい言わせるな（パレーシアを与えるな）」。

さらにレビ記二六章一三節の七十人訳ギリシア語聖書の中では、神との信頼に満ちた関係を示すために使用されている。ヘブライ語の原典では神はイスラエルの民に向かってこう語られる。「わたし（神）はあなたたちが奴隷にされていたエジプトの国から導き出したあなたたちの神、主である。わたしはあなたたちの軛《くびき》を打ち砕き、あなたたちがまっすぐに立って歩めるようにした」と。この「まっすぐに立って歩む」（直訳だと「頭を上げて歩む」）を七十人訳は「パレーシアをもって歩む」と訳出している。つまり神は、奴隷の身分におとしめられていたイスラエルの民を解放し、頭を高く上げて神に向かって威風堂々と進んで行く自由な民とされた、まさにパレーシアを持つ民とされた、と言うのである。

このように神との深い信頼につちかわれた親密で全く自由な関係を示す「パレーシア」という語が新約聖書の中でも使用されるのはごく自然ななりゆきであった。

## 新約聖書における「パレーシア」

まず使徒言行録では「パレーシア」は本来の意味、つまり臆することなく全く自由に自分の意見や考えを集会の中で述べるという意味で使われている。使徒たちは聖霊降臨の日に、「炎のような舌」の形で一人ひとりの上に現れた聖霊（二・三）を受けると、「〝霊〟」の語らせるままに神の偉大な業《わざ》を語り始める（二・一―四、一一）。

ルカは使徒たちのこのような宣教を「パレーシア」をもって行動しかつ話したという表現を使って何回も言い表している。

「議員や他の者たちは、ペトロとヨハネの大胆な態度を見、しかも二人が無学な普通の人であることを知って驚（いた）」（使徒四・一三）。

初代教会の信者たちも熱心にこのパレーシアのたまものを神に求める。使徒ペトロとヨハネがユダヤ教の最高法院から無事に解放されたことを知った信者たちは、「心を一つにし、神に向かって声をあげて」（使徒四・二四）祈る。

「『主よ、今こそ彼らの脅しに目を留め、あなたの僕《しもべ》たちが、思い切って大胆に御言葉を語ることができるようにしてください。……』祈りが終わると、一同の集まっていた場所が揺れ動き、皆、聖霊に満たされて、大胆に神の言葉を語りだした」（使徒四・二九、三一）。

この箇所は、信徒たちの上に聖霊が降《くだ》ったので、「第二の聖霊降臨」と呼ばれている。使徒言行録では、使徒とキリスト者たちのこの宣教をとくに聖霊による「パレーシア」と呼んでいる。

ダマスコへの途上でイエスと出会って回心したパウロは、主イエスを力強く宣べ伝える。

「バルナバは、サウロ（使徒パウロの回心以前の名前）を連れて使徒たちのところへ案内し、サウロが旅の途中で主に出会い、主に語りかけられ、ダマスコでイエスの名によって大胆に宣教した次第を説明した」（使徒九・二七。なお、同一三・四六参照）。

使徒言行録は、ローマに監禁されたパウロが「自費で借りた家に丸二年間住んで……全く自由に（パレーシアをもって）何の妨げもなく、神の国を宣べ伝え、主イエス・キリストについて教え続けた」という句で結ばれている（同二八・三〇―三一）。

時が経つと、このパレーシアがキリスト者と神との親しい間柄を示す用語として用いられるようになる。旧約聖書においては、たとえば大祭司ですらも神に自由に近づくことはできなかった。ただ「贖いの日＝贖罪日」に、年に一度だけ大祭司は垂れ幕の向こう側（至聖所）に安置されている「契約の箱」（神が臨在する場所と考えられていた）に近づくことが許されていた。だが、その前には種々の清めの儀式を行うことが求められていた（レビ記一六・一―三四）。ヘブライ書の著者も九章一節以下でこのような旧約の規定について言及している（九・一―一〇）。神に近づくことは、いのちをかけた重大事だったのである。しかしながら、イエスの十字架上の犠牲によって今や天に達する道がキリスト者のために大きく開かれるようになる。

旧約の種々の規定がある限り、つまり第一の幕屋が存在している限り、人びとは全く自由に神に近づくことはできなかった。契約の箱の安置されていた第一の幕屋には年に一度、大祭司だけが入りうるが、そのためには種々の清めを行い、大祭司自身のためと民の過失のために献げた動物の血を必ず携えて行かねばならなかった。ヘブライ書は言う。「このことによって聖霊は、第一の幕屋がなお存続しているかぎり、聖所への道はまだ開かれていないことを示しておられます」と（九・八）。そして著者はこのことから重大な結論を導き出す。「この幕屋とは、今という時の比喩です。すなわち、供え物といけにえが献げられても、礼拝する者の良心を完全にすることができないのです」（九節）。

それればかりではなく、著者は、旧約のこれらの規定は否定的な面を際立たせるだけの効果しかないと指摘する。「ところが実際は、これらのいけにえによって年ごとに罪の記憶がよみがえって来るのです」と（一〇・三）。

つまり、罪を贖うための犠牲や種々の規定は、罪の赦しをもたらさないばかりではなく、むしろ「罪の記憶をよみがえらせ」、私たちが罪人であることを思い知らせるだけなのであると。

罪を贖うために神が定めてくださった規定が、どうしてこのように否定的なものになってしまうのか。著者が示す理由はこうである。つまり旧約の種々の規定や犠牲は、罪とは無縁の新しい人を造り出すことができなかった、聖書的な言い方をすると、完全に清められた心を持つ新しい人を造り出すことができなかったのであると。

それに対してイエスはご自分の犠牲によって全く新しい人、「心の清い人」つまり「聖霊に満たされた人」を造り出してくださった。

「しかしキリストは、罪のために唯一のいけにえを献げて、永遠に神の右の座に着き……唯一の献げ物によって、聖なる者とされた人たちを永遠に完全な者となさったからです」と（ヘブライ一〇・一二、一四）。

「イエスは……御自分の肉を通って、新しい生きた道をわたしたちのために開いてくださったのです。……わたしたちには神の家を支配する偉大な祭司がおられるのですから、心は清められて、良心のとがめはなくなり、体は清い水で洗われています。……真心から神に近づこうではありませんか」と（一〇・二〇―二二）。

なおここで著者が言う「良心のとがめはなくなり」とは、現在で言ういわゆる「良心の呵責＝罪を犯した後に覚える良心の痛み」のことではない。著者の言う「良心」とは、人間全体のあり方、つまり全人格的な存在そのものを意味している。イエス自身の祭司職、つまりその犠牲によって人間の人格そのもの、全人間的な存在そのものが神に方向づけられ、その日々の行い、その一つ一つの歩みを通して父である神に向かって「威風堂々」つまり「頭を高くあげて」進んでいくのである。こうして神の民全員が「隊列を整えて」神に向かって行進していく。

このように著者の言う「大胆に恵みの座に近づく」ことは、イエスの犠牲によってキリスト者全体に与えられた最大の特権、最大の恵みとなる。それで著者は、私たちが「憐れみを受け、恵みにあずかって、時宜にかなった助けをいただくために、大胆に恵みの座に近づこうではありませんか」と言うのである（四・一六）。

## 「憐れみ」と「恵み」と「助け」

神がキリストによって私たちに与えてくださるたまものを、著者はこの三つの用語によって表現している。この三つは「たまもの」の同義語、もしくは「たまもの」の三つの面を示すものと考えられよう。いわば神が人間に与えてくださる恵みの総称とも言えるであろう。

「憐れみ」は、特に人間の罪、そして罪によってもたらされた人間の弱さに対して示される深い同情であろう。憐れみは、父のもとに帰ってくる放蕩息子を見て父親が覚えた感情である。「ところが、まだ遠く離れていたのに、父親は息子を見つけて、憐れに思い、走り寄って首を抱き、接吻した」（ルカ一五・二〇）。

使徒パウロもローマの信徒への手紙の中で、神は私たちを「憐れみの器」としてくださったと言う（ローマ九・二三以下）。そして神の一切の計画の中にその憐れみを認め、それを讃えて言っている。

「神はモーセに、『わたしは自分が憐れもうと思う者を憐れみ、慈しもうと思う者を慈しむ』と言っておられます。従って、これは、人の意志や努力ではなく、神の憐れみによるものです」と（ローマ九・一五―一六）。

# ヘブライ人への手紙　五章一―一〇節

浅野　直樹

## 説教書簡

本書はその性格と目的を把握しておくと全体が理解しやすい。特徴的な文体と旧約からの豊富な引用、そしてユダヤ教神学と祭儀的用語から、特定の人々を対象として書かれたことは明らかだからである。詳しくは「序論」を参考にしていただき、ここでは最低限触れておくべきことを取り上げておきたい。

本書は著者も執筆年代も特定するのが困難である。内容からして、過去に厳しい迫害を受けた教会と思われること、そして執筆当時も迫害が続いていたかもしれないことから、手紙を受けとったのはヘブライ人を中心としたローマの教会、執筆時期は八〇年代以降の一世紀末と考えられている。文体は、最終章の挨拶文を除けば極めて手紙らしくなく、Longによれば、シナゴーグでラビによって語られた「勧めの言葉」（一三・二二）、すなわち初代キリスト教会の説教そのものという。

問題は、なぜこの手紙形式をとった説教が書かれ読まれる必要があったのかであるが、五章一一節以降から見えてくるのは、信徒の教会生活と教会活動が危機に陥っていたのである。信仰の低迷、指導者不足といった深刻な事情を抱えていたために、著者は彼らに説教して励ましたのだ。

## 手紙の趣旨

信徒が教会を離れた最大の原因は迫害だったと思われる。キリシタン迫害の歴史では、弾圧にも負けない殉教者たちの強い信仰や、あらゆる手段を講じて信仰を密かに守り通した隠れキリシタンたちの逸話が信仰の証として語られるが、一方で死に怯え易々と踏み絵を踏んでしまう、『沈黙』のキチジローのようなキリスト者のほうが、実際にはずっと多かったはずだ。命惜しさに信仰を捨て、教会を離れていったのである。それと同じことがローマの教会でも起こっていた。

それでもなんとか教会に踏みとどまった人たちはどうか。心は決して穏やかではなかっただろう。「いつになったら主はわたしたちを救い出してくださるのか」と、祈っても答えを示さない神に対して苛立ちが募り、我慢ならなくなり、「これでいいのだろうか」、「アブラハムの神のほうが救ってくれるのでは」、そんな不満とつぶやきが教会の中で囁かれていたのではないか。危機に瀕した教会に向けて、「キリスト者としての信仰告白への新たな確信をもって、教会に留まるよう彼らに説得すること」（リンダース）が、本書が書かれた目的と考えられる。

## 大祭司イエス

ヘブライ書著者がイエスに附した「大祭司」という称号は、イエスに関する中心的使信を一言で言い表した、極めて重要なキーワードである。大祭司イエス論は、二章で端的に触れた後、四章五章へと連続する。「民の罪を償う」（二・一七）という、大祭司固有の職務だけを述べるのであれば多言は不要である。けれどもそれではイエスの独自性を説明しきれない。そこで著者は敢えて何度も述べるのである。イエスならではの大祭司、旧約時代には誰一人登場しなかった類い希で「偉大な大祭司」（四・一四）を、イエスの中に見出したからである。そしてその偉大さというのは、権力者大祭司のイメージに反して、イエスの憐れみ深さや同情心にあった。

手紙の読者はローマ在住のヘブライ人中心の教会と推測されるが、そもそもこの手紙が書かれた背景にあるのは、先述したように教会の存亡にも関わる深刻な内部事情である。もっと端的に言えば、信徒の教会離れである。もう一度イエスへの信仰に立ち返ってもらおうと、著者はこれを書いたのだ。それが容易ではないことは、今日の我々には痛いほどよくわかる。かつてキリスト教ブームに沸いた日本の教会は、今や信徒の高齢化と激減に苦しみ、同じ問題を共有しているからである。著者はユダヤ教神学と歴史を踏まえつつ、大祭司イエス論を語ることでイエスへの回帰を果たそうとする。

五章一―一〇節は、そうした目的のために修辞法を用いて巧みに組み立てられている。Long によれば構成は以下のとおりである。

A　大祭司の役割　　一節
B　人間としての大祭司　　二―三節
C　大祭司の任命　　四節
c　大祭司イエスの任命　　五―六節
b　人間としての大祭司イエス　　七―八節
a　大祭司イエスの役割　　九―一〇節

これをみると、一―一〇節が交差対句形式で書かれていることが明瞭にわかる。一般的な大祭司と大祭司イエスをこのように並べて比較してあり、両者の違いを浮き立たせている。アロンと同様、イエスも自分でこの栄誉を得たのではなく、神から召されて大祭司となったわけであるが、さらにそれに加えてふたつの聖句を引き合いに、イエスには予型論的解釈を試みている。これによってイエスがアロン以上の大祭司であることを聖書的に証明しようとする。

「神からメルキゼデクと同じような大祭司と呼ばれた」（一〇節）。メルキゼデクは、アブラハムが甥のロトを救出し帰還したとき、彼を出迎えてパンとぶどう酒をもって祝福した祭司のことである。アブラハム（当時はアブラム）を祝福した祭司メルキゼデクはその後も語り継がれ、詩編一一〇編四節に「あなたはとこしえの祭司、メルキゼデク（わたしの正しい王）」と讃えられる。この詩編で特徴的なのは、祭司メルキゼデクに対して、永遠《とこしえ》という神の属性をかぶせたことであろう。著者はそれを踏まえて、大祭司イエスのことを、アブラハムを祝福し永遠の祭司とされたメルキゼデクに匹敵すると述べ、祭司アロンをも寄せ付けない大祭司として描く。

「あなたはわたしの子、わたしは今日、あなたを産んだ」。引用のもうひとつの詩編二編七節は、イエスが洗礼者ヨハネから洗礼を受けた際、天から届いた神の召命の言葉でもあるのだが、これもイエスが祭司アロンとは別格であることを示す根拠となっている。なぜならば、「あなたはわたしの子」のひとことで、イエスが神の子であり、その直系としての権威を有していることを告知するからである。かくしてイエスは旧約時代の大祭司以上の大祭司として、倦怠期に陥ったヘブライ人たちの教会に説得力をもって、紹介されたのである。

## 憐れみ深い人間イエス

修辞法を駆使して示した大祭司イエスが神の子だという論旨と、皮肉にもまったく正反対の側面が、交差式対句で見えてくるもうひとつの論旨である。それは、イエスが神の子であるにもかかわらず、同時に人間だということである。そしてこの人間性の強調こそが、著者がヘブライ人たちの群れに訴えたかった重要な使信であると筆者は理解したい。今日、わたしたちがここから説教する場合、福音はここから響いてくるのではないかと思われる。

七―八節で語られる、イエスが肉において生きていたときの「激しい叫び声」と「涙を流しながら」ささげた「祈りと願い」は、人間イエスを示すに十分である。永遠性を具有するいのちには、本来激しい叫び声も涙も祈りも起こりえない。これらはいずれも有限にして、ひたすら永遠を希求するはかない人間の姿そのものである。

ここでひとつの疑問が生じる。そもそもなぜ著者は、イエスの人間性を強調したかったのであろうか。イエスが神の子であること、アロンでさえ及ばない永遠の大祭司であることが伝われば、それでヘブライ人たちは再度教会につながり、迫害や厳しい試練といった終末期の状況下をくぐり抜けるための強固な信仰に戻れると考えなかったのだろうか。

実際、イエスが人間であることを力を込めて説教しても、ヘブライ人の宗教離れを食い止めるための何ら手立てにはならない。それどころかそんなことをしたら、たとえ大祭司といえども人間であるために、それがイエスの弱点となりメシアとしての存在に疑問を生じさせかねないからだ。自身の論理の崩壊を招きかねない。にもかかわらず、著者はなぜイエスの神性を保持しようとしなかったのか。

教勢が縮み、礼拝出席者が減少し、信仰生活に緊張感がなくなってしまった会衆に向かって、著者が訴えた核心のメッセージ、それは手紙の冒頭から心を込めて述べてきたイエスの「憐れみ深さ」（二・一七）、「わたしたちの弱さへの同情」、「試練に遭われた」（四・一五）ことであった。「大祭司は、自分自身も弱さを身にまとっているので、無知な人、迷っている人を思いやることができるのです」（二節）。大祭司も人間なのだから弱い、けれども自身の弱さ故に、同じく弱さを抱える多くの人々のことを理解できるのだと述べる。それは共感の力である。

二〇一三年、DJポリスが話題となった。サッカー日本代表がワールドカップ出場を決めた日の夜、この警察官は若者たちであふれかえる渋谷の交差点でマイクを通して呼びかけた。「怖い顔をしたおまわりさんも、実はワールドカップ出場を心から喜んでいるんです。みなさんは十二番目の日本代表選手です。ルールを守ってください」。これが功を奏して、群衆は暴徒化することなく整然と駅に向かうことができた。DJポリスが和らいだ空気を現場に流すことに成功したのだ。後日、NHKの「クローズアップ現代」がこれを取り上げ、「共感力が人を動かした」と報道していた。ヘブライ書著者もイエスの共感力を会衆に訴えた。弱さを身にまとっているからこそ、イエスは弱い人を思いやることができる。迫害を恐れて教会に来なくなった人がいる。キリスト者として規律正しく信仰生活を送る難しさに、もはや限界を感じ始めた人がいる。罪の姿と人間的弱さがこぼれ出てきた教会の人たちに向けて、著者はイエスの人間性と共感力で迫る。

## 叫び声と涙

イエスの弱さは七節でも高く評価される。ところで激しい叫び声と涙を流して祈り願うイエスから思いつくのは、ゲッセマネの祈りであろう。事実リンダースは、これがゲッセマネの祈りへの言及だと考える。しかしながらもしそうだとしたら、七節の帰結「聞き入れられました」がうまくつながらない。イエスはゲッセマネにて「この杯をわたしから取りのけてください」と祈ったにもかかわらず、この祈りは聞き入れられなかったからである。「イエスがご自身の人間的な躊躇を父なる神の御意志に委ねることで、苦しみによる人間的な躊躇を克服された」というリンダースの解釈は、仮にイエスにおいてそうであったとしても、「弱さを身にまとった」わたしたちにとって、これをもって祈りが聞かれたと受け止めることは容易ではない。筆者はこれを説教として語るのにためらいを覚える。

イエスの何を指して激しい叫び声と涙の祈りと言っているのか。これをイエスの十字架の上の言葉とみなすのが、もうひとつの解釈である。筆者もこちらに立ちたいと思う。Long は、「わが神、わが神、なぜわたしをお見捨てになったのですか」を取り上げて、これこそ苦難のただ中における神への叫び声だととらえ、以下のように述べる。「イエスはその苦しみによって、祭司としての牧会的務めを果たした、というのがこの説教の主題である」。

宗教改革者ルターもヘブル書講解において、これを十字架上の言葉とみなし、七つの言葉のうちのひとつ、「父よ、彼らをお赦しください。彼らは何をしているのか、分からずにいるのです」（ルカ二三・三四）を取り上げて以下のように述べている。「『彼らを赦してください』、ということの言葉によって、キリストは、哀願、あるいは、祈りを示しておられる。なぜなら、これによって、哀願されていること、すなわち、罪の赦しが、表示されているからである。しかし、『彼らは何をしているのか、分からずにいるのです』という言葉によって、うるわしくも祈りごとを示しておられる」。受難とその結末としての十字架における肉の苦しみ、引き裂かれた心に耐えかね、「わが神、わが神……」と叫ぶ声が祈りとなってあふれ出たのだ。そして最後に、「成し遂げられた」と呟いて息を引き取ったとき、イエスの祈りが聞き入れられたのだと、気づかされるのである。

### 贖罪論序説

それにしてもイエスの人間性をさらけ出し、かくも弱さを強調して説教するというのは、著者もずいぶんと思い切った語りをしたものだ。キリストは「完全な者となられ」、「永遠の救いの源」（以上九節）となり、「メルキゼデクと同じような大祭司と呼ばれた」（一〇節）と述べて、イエスの権勢と力強さをしっかりと示すその傍らで、「激しい叫び声をあげ、涙を流しながら」、「多くの苦しみによって従順を学ばれました」という具合に、一見ネガティブで、ひ弱さとも受け取れるイエスをも並行して語るのである。けれどもこうしたイエスにおける二律背反的特徴は、どちらが優勢というべきものでもない。イエスの力と弱さはいずれも譲ることのできない、この説教におけるふたつの重要使信なのだ。

救い主イエスの贖罪こそが、会堂に集うヘブライ人たちにとって、それまで耳にしたことのないまったく新しい教えだったわけであるが、救い主であるならば、その全能なる力としての贖罪によって民を救ってくれる「完全な者」、「救いの源」であり、メルキゼデク（正しい王）でなければならない。そうした頼りがいのあるイメージを受け取れるような説教を聞かせてもらって、ようやく人はイエスを信じる気持ちになっていくはず。ところが今、説教者はそうしたイメージとは正反対のイエスの人間像を、同時に提示し始めた。

著者は手紙の後半に至ると、キリストの贖罪論の独自性を何度も強調する。「このいけにえはただ一度、御自身を献げることによって、成し遂げられた」（七・二七）。「御自身の血によって、ただ一度聖所に入って永遠の贖いを成し遂げられた」（九・一二）。「ただ一度」が、このあと一〇章に至っても繰り返される。普通の大祭司が人々の罪を贖うために、日ごとに雄山羊や若い雄牛を屠って血を流していたのに対して、永遠の大祭司イエスは、たった一度だけで、過去も現在も未来の罪もすべて消し去ってくださった。これがイエスの贖罪の独自性であり、最も伝えたかった贖罪論である。

ところが興味深いことに、五章にはそうしたイエス贖罪論の独自性がまったく見られない。強調はもっぱらキリストの共感力と従順、人間的な弱さである。筆者はここに著者の鮮明な意図をみている。

この謎を解くヒントは直後の一一節にある。「このことについては、話すことがたくさんあるのですが、あなたがたの耳が鈍くなっているので、容易に説明できません」。今のヘブライ会衆にとって、イエス贖罪論の独自性を理解するのは簡単でないので、五章の時点ではそれを議論するのをどうやら控えたようである。贖罪論をのっけから展開するよりも、まずは神に従順なイエス、迫害に怯えながら説教書簡に耳を傾けるヘブライ教会の人たち同様、激しい苦しみと痛みの試練に曝されたイエス、そしてその経験ゆえに、彼らの折れそうな心を十分受け止め共感できるイエスを語ることを、著者は選択したのである。いきなり重たい話をもってきても鈍い耳には到底届かない。わたしたちの説教でも、いきなり贖罪論をやると会衆の多くはついてこれなくなってしまう。それよりも、そもそもなぜイエスが罪を贖ってくださったのかを著者は説明していく。自分自身の犠牲によって示されたイエスの深い憐れみと、痛みをも厭わない人々への豊かな愛、すべてを神に委ねる素直な信仰があったからこそ、贖罪は成就したのだ。著者にとって、五章全体に記されたイエスのこうした実存こそ福音の真骨頂であり、贖罪はその結果に過ぎないのである。

著者は贖罪論の前にまずこれを語りたかったのだ。これがなければ贖罪は起こらなかったわけだから、確かに贖罪論の神学的理解よりも優先されるべきであろう。そしてこちらのほうがより広く会衆に理解されるであろう。本書が非常に思慮深く牧会的であり、それゆえにこれは説教だと言いうる十分な根拠をここに見出すこともできる。

## 現代の説教へ

迫害こそないものの、今日、人々の教会離れは深刻である。ここに描かれている状況は、時代と環境こそ違えそのまま現代の日本にも当てはまる。我が国の場合迫害への恐れではなく、宗教という伝統的既存価値への懐疑が教会離れの大きな要因となっている。これはある意味では迫害よりももっと根深く手強い。現代人はヘブライの会衆よりも「耳が鈍くなっている」のかもしれない。「宗教なんて無意味」、「人前結婚」、「無宗教で葬儀できます」。そのような声に代表される時代精神が今の日本を呑み込んでいる。どの教えを選ぶかではない。どの宗教も選ばれないのだ。キリスト教に限らず宗教そのものを必要ないとみる傾向が顕著だ。そうした状況のなかで教会は神のみ言葉を語っていかねばならない。そういう意味でも今日、ヘブライ書が何を語りうるかを考察する意義はとても大きい。

日本人キリスト者に向かって説教者が、「いけにえはただ一度、御自身を献げることによって、成し遂げられた」と語っても心に響かないだろう。新来者や求道者に贖罪論を説くのも混乱を招くだけである。現代人に届く福音も、まずは共にいてくださり、わたしたちのことを憐れみをもって共感してくれるイエスでなければならない。贖罪論はそのあとである。信仰と理解が深まってからでも遅くない。

### 参考文献

B・リンダース『ヘブル書の神学』（叢書 新約聖書神学12）川村輝典訳、新教出版社、二〇〇二年

『ルター著作集』第二集第一〇巻、岸千年・徳善義和訳、聖文舎、一九八八年

Thomas G. Long, *Hebrews*, Interpretation, Westminster John Knox Press, 1997.（T・G・ロング『ヘブライ人への手紙』［現代聖書注解］笠原義久訳、日本キリスト教団出版局、二〇〇二年）

# ヘブライ人への手紙　五章一一節―六章一二節

飯田　敏勝

## ヘブライ書の流れの中で

直前には、キリストの大祭司論が述べられていた。そして、直接その主題が展開するのは、七章においてである。間に挿入される形で、このキリスト者の生活を語る箇所が始まる。本書の教理の中心である大祭司論を語り始めた途端、それを中断してでも、信仰者の生き方である倫理を交えて語っていく文脈であると、この部分をとらえたい。

　ここまでのヘブライ人への手紙の流れを振り返れば、まずは、神の御子としてのキリスト論から始まった。御子キリストが、預言者、天使、そしてモーセ以上の存在である、と。そして、モーセとの対比が三章で出てきたとき、それに続いて語られていることがある。エジプト脱出後の、荒れ野の経験を踏まえて、神の民があずかる安息のことが語られた。不従順によっては、その安息にあずからせはしないという警鐘も告げ知らされていた。

　神が与えてくださる救いと、それを受ける人間との、対応する構造があることをわたしたちは知らねばなるまい。時を定め、決定的な救いをこの世の中で神はもたらすが、それによって、人間を救う道が拓ける。そのとき、神の側の意図や計画をただ頭の中で理解すればいいのではない。救いの道をたどる巡礼者として、自らの生き方自体をささげることが問われている。

　救いを経験した者に、それに続いて生涯をかけて貫くキリスト者の在り方が、今回定められた箇所に説き明かされる。罪を贖う大祭司のことを語り始めたとき、それに対応するキリスト者の本来あるべき生き方というものを、この流れで語ろうとしているのだろう。

## 信仰者に対する嘆き

大祭司論を中断しなければならなかった理由は、「あなたがたの耳が鈍くなっているので」（五・一一）話が続けられなかったからだとされる。

　しかも、そこで相手にされているのは「あなたがたは今ではもう教師となっている」（同一二節）者である。諸教会に通じる職制上の教師とも考えてしまうが、ヘブライ書の中で類似した用語は「指導者」である（一三・七、一七参照）。他の人たちに信仰の手ほどきをしなければならないのに、それができないでいる者たちのことを指していよう。そして、信仰を伝えることは本来、すべてのキリスト者に期待されているであろう。なのに、いつまでも受け身的に、「再びだれかに神の言葉の初歩を教えてもらわねばならず、また、固い食物の代わりに、乳を必要とする始末」(五・一二) とまで言われている。赤ん坊扱いしなければならないような嘆きが、教会の中にあったのだ。

また、改めてヘブライ書の流れを振り返るが、冒頭に「預言者」が出てきた。啓示について語るところから、この書物は始まっている。「神は、かつて預言者たちによって、多くのかたちで、また多くのしかたで先祖に語られた」(ヘブライ一・一)。また、終わりの時代に「御子によってわたしたちに語られた」(同二節)。

神についての語りが、これまで確かにあったことを告げている。

なのに、この語りを聞いていない——少なくとも、耳にしていながらも、それに従う形で踏まえられていない——者たちが、現に教会の中にいる、という大きな嘆きが、この箇所に現れ出ている。

ただ、いたずらにこの嘆きが発せられたとはとらえるべきではないだろう。それこそ、この五章の最後の部分を引き合いに出して、身の周りの教会を批判することが、わたしたちの脳裏をかすめることもあろう。だが、このヘブライ書は公同書簡と称され、特定の教会というよりは世界に広く向けられたものと考えられる。特定の教会に宛てて書かれた歴史的事情を加味して考察するとしても、単なる私信ではなく、礼拝に関わって読まれたものであり、書物全体が説教の性質を帯びていよう。その中にこの嘆きが記されているわけだ。わたしたちの身近な例で考えれば、講壇上からの権威を借りて教会の批判をするようなことは、相応しくない。それでも、ヘブライ書はこの箇所を著している。

## 「義の言葉」が通じる世界

意図されているのは、ある人々を特定して非難することでなかろう。踏まえられていないのが、「義の言葉」(五・一三) であり、「善悪を見分ける感覚」(同一四節) であることに留意しよう。神の世界に通じるものを、信仰者は獲得しているはずなのだ。特に、ある種の言葉を身につけ、感覚を培っており、大人としてコミュニケーションをきちんと取れることが、重視されている。我にこだわり続ける子どものようでは困るのだ。

最近、面白い経験をした。

日本の携帯ゲーム機で3DS《スリーディーエス》というものがある。アメリカで売られているそのゲーム機をもらったので、少し遊んでいる。ソフトも日米共通のものがあり、既に日本製で遊んだことのあるシミュレーションゲーム (疑似生活を楽しむもの) を、英語でもやってみた。

ゲーム進行は既に経験しているので、そう難しいことはない。ただ、ゲームに出てくるキャラクターたちと、画面上の言葉で会話をすること自体を楽しむものであるが、その言葉に非常に戸惑うのだ。肯定の返事一つにしても、映画やドラマのスラングで聞き覚えのあるような表現が、書き文字で現れてくる。また、何気ない単語でも、その言葉を強調するために、文字を重ねるなどスペルを変えていたりする。

普段から学問の道具として英語は使ってもいる。また、実際に会う人や、映像ソフトを通じて日常会話、それこそ少し崩れた英語も耳にして接したりはしている。しかし、それらとは違う、書かれた言葉で非常に（面白おかしい方面に）アレンジを加えた言語表現は、初めて出会うものであった。一言一句の意味を辞書で調べようとしても、それこそスラング辞典を引いても追いつかない。それらの言葉で生み出す新しい世界に思い切って飛び込むことで、何とか対応していける。

既に日本語で遊んでいるので、このゲームの世界にも入ることは可能であったが、一から築き上げるのは困難と思えた。確固たる自分がいて、自分が把握し得るものをとらえていくだけでは、自分が有している情報や手段を駆使しても、到底とらえきれないのだ。

神の言葉が紡ぎ出す世界、それに通じることが信仰者には、問われている。

いちいち、その初歩の部分で戸惑うのでなく、深く深く、その世界に入り、堪能し、進み行くことが求められている。

## 救われた者たちの神とのコミュニケーション

救い主がいる。

それによって、自動的に救われるのではない。いや、救われる者に、功績などが求められるわけではない。ただ、悔い改めも何もなく、ただオートマティックに変えられるわけではない、ということだ。赦しの恵みを受けるときに、自身をささげる献身の姿勢が、救いと向かい合う者たちには、問われるのだ。

小鳥が精一杯声をあげる鳴き声で、花が美しさやかぐわしさで、創造主をほめたたえるととらえることもできる。ただ、それらはオートマティックな反応と言えるだろう。一方、意志を持ち、言葉を使うことのできる人間は、同様の応答では済まされない。神さまの恵みを理解し、味わったならば、その人自身を通して、応えることが期待されるのである。

自分自身の生き方を変え、動かしていく、マニュアル的な操作も問い質されるのである。

罪は、行動的にとらえられがちである。悪いことをした、犯罪のようなもの、あるいは実際の行いではないとしても心の状態が相応しくないことなどのように、まずは考えられてしまう。ただ、聖書の教える罪においては、関係性も大いに問われる。コミュニケーションがうまく取れるかが問われている。神さまとの間に、隣人との間に、世界との間に、シャロームを実現させるべきなのに、そうでない状態が、罪なのだ。

ここで本当に問われていることは、信仰に入れられた者たちが、その後、どのように歩み続けていくかなのだ。

まずは追い求めるべき「義」であり、詩編一編にも通ずるように、不適切な道ではなく、適切な進むべき道を選び取っていくことが求められる。救いを経験した人間は、自動的にレールの上を押されていくのではない。その道をたどるという歩みが、問われてくる。それが、キリスト者の生涯において不可欠なのである。

また、既存の古い人間のままその道を全うしようとすれば、繰り返される過ちも生じることであろう。神と共に――それは理念的な付け足しではなく――現に罪赦《ゆる》されて、神とコミュニケーションを取りながら、進んでいく。その信仰者の旅する群れが、イスラエルであり、教会である。

それは単に同じ志の者たちが集まっているだけではない。御自身を啓示された神の守りと導きが、その群れの中にまずは実現するところである。単に人の信念としての信仰ではなく、神との結びつきを保証する信仰が、聖礼典のように明らかに示されていく場とされるのである。

## 教会でもたらされるもの

五章から六章にかけての流れは、誤解しないように、注意して読み取らねばなるまい。

五章において、大人としては「固い食物」を食することが問われていた。自分を甘やかすように苦もなく乳で満たされるのではなく、一人前の人間として「目指して進む」動きの中に入ることが期待されている。

それは、「成熟」である。

六章一―二節に挙げられている六つの事柄は、当然ふまえねばならない。だが、「基本的な教えを学び直す」ようなことはせず、キリストの教えの初歩を離れ」ることが問われている。「キリストの教えの初歩」は、大事である。ただ、それを「離れ」ることが勧められるのは、全く覆すことではなく、当然モノにしていることである。その上での流れに乗ること、成熟していくことが立つべき点であって、学び直しに終始するのではない。

ただ、漠然と年数を経ていけば、モノにできるわけではない。川村は、この「キリストの教えの初歩」を受洗前の教理問答の内容としている（『新共同訳　新約聖書注解Ⅱ』三六三頁）。決定的な通過点は、洗礼である。それは当然、キリスト者となる契機であるが、伝道の務めに生き始めることでもある。教会は、各人に信仰を問いただすことによって、この転換を明示する。

ヘブライ書では簡潔に羅列されているので、ある程度の解説を添えておこう。

「死んだ行いの悔い改め」は、九章一四節を参照すると、生ける神との対比が想定されている。自力による業《わざ》に立つのではなく、神を礼拝するという共なる在り方に、信仰者の生き方は転換する。そのとき、肉において見えない相手とのつながりは、ただ「信仰」によって保たれる。悔い改めの目当てとして、「神への信仰」がある。

「種々の洗礼についての教え」は、福音書をふまえ当然、洗礼者ヨハネによるものや、ユダヤ教の中にもあった種々の教えをとらえよう。ただ、そうした中で、キリストの御名による一度限りの洗礼を、教会は聖礼典として守っている。

「手を置く儀式」は、わたしたちにおいては聖礼典でないが、按手礼として現在でも牧師になるための儀式として続いている。また、各教会の役員となる任職式においても、手を置く形が取られることがある。聖霊の伝達を祈る一つの形であるのだ。現代に続くこれらの務めが自力によってではなく、神と共にあってこそ就き、全うすることができるものであることを踏まえねばならない。

「死者の復活」と「永遠の審判」は、キリスト教の教理においてもそうであるが、旧約においてもこれらの関連が見受けられる。神が審判者として、創世記一八章二五節、イザヤ書三三章二二節などで挙げられるが、復活を含めた両者はダニエル書七章二六―二七節、一二章二節で結びつく。復活は、サドカイ派では否定されるなどユダヤの教えとしては一枚岩ではないが、教会の教えとしては主イエスに基づき確かである。

これらの教理を教えてもらうところに留まるのでなく、これらの教理が説き明かす神の恵みに実際に養われ、培われている自分を確認していかねばならない。教会はそのために、教えを説き明かすだけでなく、事実、儀式をもって信仰者各人と、救いをもたらし生きて働く神とのつながりを、保証するのである。

死後のことなど、知ろうとしても、知り尽くせない一面がある。だが、人間の知的把握以上に、人の弱さや限界のあることを憐れみ慈しむ神の配慮の下に、これらの教理は受けとめられていかねばならない。そして、今はおぼろげであったとしても、この世で信仰の道をたどり続けることによって、確かに新しい世界に近づき、ついにはその世界に入ることが、洗礼によって証印されているのだ。

## 「成熟」をめざす

洗礼は、始まりであり、完成でもある。この世で一生続く信仰生活のスタート地点であるが、これを受けることで、十分主の恵みを踏まえており、完全なものにされた光栄ある立場とつながりを獲得したのだ。洗礼の中に秘められている大いなる御業が、その人と共にあることになる。

だが、あくまでも自動的にその後の動きが決まっていくわけではない。

人間に意志があり、この世の時間の中で過ごすかぎり、堕落や道から逸れることは起こり得るのだ。六章三節以下に、そうした者たちへの非常に厳しい言葉が伝えられる。初代教会における事情があるにしても、「再び悔い改めに立ち帰らせることはできません」（六節）と断言し、十字架を侮辱しているとまで言う。七―八節で土地と農作物と成長を妨害する雑草のたとえが、追い討ちをかけるように伝えられる。

あたかも信仰者に失敗が許されないような厳しさが述べられている。

しかし、それにすぐ続いて、愛情に満ちた言葉が発せられていく。

「愛する人たち、こんなふうに話してはいても、わたしたちはあなたがたについて、もっと良いこと、救いにかかわることがあると確信しています」（六・九）と言う。義の言葉を踏まえ切れていない未熟さはあった。しかし、「神は不義な方ではない」（同一〇節）として、この御方と共にあるとき、人間の至らなさを覆すだけの、成熟への道しるべが与えられる感もある。

ある種、ここには矛盾もある。言葉の上での首尾一貫性には、不備もあろう。

子に対する親の愛は、単に矛盾のない言葉や思考で整えられるものでない。ただ、子が子であるがゆえに、親は限りのない愛を注ぐのである。そして、時と場合によっては矛盾する教えや言葉が発せられたりもするが、子どもの成長の度合いや、その時その時の状況に応じて、親の言動や態度も変化するものである。ただ、一貫して子のことを気にかけ、愛を注ぐことには変わりはない。

一〇節に「あなたがたが聖なる者たちに以前も今も仕えることによって、神の名のために示したあの愛をお忘れになるようなことはありません」とある。聖徒の交わりという、教会について信ずべき事柄に従事することは、神の目から見て尊く、見過ごしにできないことである。

その後の一一―一二節で、要望が示される。単に手紙の著者から宛先に向けた願いでなく、神の与えてくださる良きものに、いかに人間が応えていくかの筋道を改めて語っている。既に世にもたらされた救いの御業がある。それが神の愛に基づくものであることを、知的理解のみならず信仰者自身の人生をかけて受けとめ、信仰において体現していくのだ。そのように信仰者の在り方を整理することで、救いをもたらす大祭司をしかと受けとめる準備が整えられ、改めてその教理へと向かっていくことになる。

**参考文献**

川村輝典「ヘブライ人への手紙」、『新共同訳　新約聖書注解Ⅱ』日本キリスト教団出版局、一九九一年

# ヘブライ人への手紙　六章一三―二〇節

加藤　常昭

## 説教者は何をしているのか

私どもが説教を分析する時、よく発するひとつの問いは、ここで説教者は何をしているのか、という問いである。ヘブライ人への手紙が説教であったのではないか、という仮定に立つ時、そのように問うことは許されよう。この手紙が、もともと三つの説教であったという仮説に立つ川村は、この箇所を「告白を固守し、恵みの御座に近づこう」というメッセージを説く第二説教に属するとしている。第二説教は、第四章一四節から第一〇章三一節までであり、そのなかで、この部分は「神の約束の確かさ」を語るとしているのである。しかし、実際の注解においては、ケーゼマン、クラッパーの意見として、これはあとに続くロゴス・テレイオス（完全の言葉）を語るための準備段階であるとしている。

グレーサーは、ここでは戒めよりも、創世記第二二章一六節以下の予型論的解釈により、神学的な説き明かしをしているのだとしている。このように、ここで、手紙は、これまでの口調を変えて、より神学的な説き明かしをしているという理解は、他の諸注解書も共有しているものである。トマス・ロングは、この部分を「賛歌」と呼んでいる。なるほど的を射ているところがある。しかし、まず「説き明かし」と言うべきであろう。英語では、たとえばクラドックも exposition という表現を用いる。パウロの手紙では、教理的部分に、倫理的勧告が続くのに対し、ここではその順序が逆転していると見ることもできる。しかし、ここでは、両者を分離し得ず、両者の関係は遥かに密接であると考えた方がよいであろう。それをよく示すと共に、ここで説教者が何をしているかをもよく示すのは一八節である。

「それは、目指す希望を持ち続けようとして世を逃れて来たわたしたちが、二つの不変の事柄によって力強く励まされるためです。この事柄に関して、神が偽ることはありえません」。

私たちが力強く励まされるために、と語る。この一三節以下は、突然始まった新しい区分というわけではない。むしろ、一二節と深く結びつく。「あなたがたが怠け者とならず、信仰と忍耐とによって、約束されたものを受け継ぐ人たちを見倣う者となってほしいのです」。ここに説教者の願いがあり、戦いがあった。この手紙に一貫しているのは、この戦いであった。

「序論」で言及したが、手紙の宛先は、ローマの諸教会であったのではないかという推測がある。ローマだけではない。各地に生まれたばかりの小さいキリスト者共同体であった教会の戦いがあった。殉教者が生まれると同時に脱落者も出ていたと思われる。

ヘブライ人への手紙は文末第一三章二二節に「兄弟たち、どうか、以上のような勧めの言葉を受け入れてください」と書いた。自分の言葉を「勧めの言葉」と呼んだ。原文ではパラクレーシスであり、「慰め」、「励まし」などの訳語が用いられるが、説教をも意味すると理解される。そのためにヘブライ人への手紙はもともと説教であったのではないかという推測が成り立つのである。ところでこの第六章一八節には、「力強く励まされるため」という言葉があらわれている。「力強い励ましを持つ（イスカトン・パラクレーシス・エコメン）」であり、パラクレーシスという言葉が、既にここで用いられているのである。グレーサーは、ここでは kräftiger Trost というよりも、starker Antrieb と訳すべきだと言っている。力強い慰めというよりも力強く駆り立てる力、駆動力とも言うべきものを考えるべきだと言うのである。その意味では「勧めの言葉」というのではない。当時の教会の状況において教会が聴くべき説教の言葉は、何よりも励ましの言葉、慰めの言葉であったであろう。そのような言葉を語るべく全力を傾けていた説教者が、しかし、ここでは自分が与える励ましではなく、外から与えられる力強い励ましの言葉を必要とすると言うのである。外から与えられる駆動力とも言うべきものがどうしても必要であるし、それが与えられていると言うのである。そう言い得る根拠があるというのである。その意味では、この部分で語られているのは、これから語るべき言葉の準備であり、その序説であるかもしれないが、また慰め、励ましの言葉の根拠を語っているとも言えるのである。キリストの教会は昔も今も、駆動力を必要とする。そのために説教者が声を強めて、力ある言葉を語ろうとする。そのとき、ヘブライ人への手紙は、自分が語る言葉を支えるものが何であるかを語る。言ってみれば説教基礎論がここで語られるのである。

## 約束を受け継ぐ共同体・忍耐の共同体・教会

一三節以下の区分は、ここで新しく始まるわけではない。一二節にこうあった。「あなたがたが怠け者とならず、信仰と忍耐とによって、約束されたものを受け継ぐ人たちを見倣う者となってほしいのです」。ここで語られる説教者の願いの言葉が、一三節以下で展開されたのである。私どもが「怠け者」にならない道を求めたのである。怠け者に対立するのは自ら励む者ではない。信仰と忍耐に生きる者である。それが約束を受け継ぐ人たちにふさわしいのである。ここに登場する約束を受け継ぐ者たちという信仰共同体の自己理解は重要である。一七節でも「約束されたものを受け継ぐ人々」と繰り返される表現である。

実は私の最初の訳書は、フリードリヒ・バウムゲルテルの『約束』という書物であった。船水衛司教授の勧めで東京神学大学内の出版物として出したものである。「旧約聖書の福音的理解」という副題を持つものであり、旧約聖書、新約聖書を貫くものとして「約束」の概念を取り出したものであり、それはエレミヤ書第三一章などが語るように「わたしは彼らの神となり、彼らはわたしの民となる」（同三三節）というみ言葉に集約されるものであった。ヘブライ人への手紙は、ここでは約束されているものは何かを直接語ってはいない。しかし、このあと典型的に第一一章で語ってみせるような、旧約聖書の人びとと自分たちを結ぶものを、この約束の一点に求める。これらの人びとに「見倣う」べきものとは、要するに約束に生きるという一点に集中した。それは忍耐しつつ希望に生きるということに他ならないのである。

私がこの手紙を読む時、明確に思い起こすのは、一九四二年一二月二〇日に洗礼を受けてからの教会生活のことである。「我等の国籍は天に在り」というフィリピの信徒への手紙の言葉をこころに刻んだ時、ああ、僕は半分日本人ではなくなったと思ったものである。そして太平洋戦争中、不思議な思いで生きた。一方で国家の敗戦を恐れつつ、しかし、日本が勝ち続ける限り、教会が置かれる状況は厳しいということを思い続けた。一握りの信徒が集まる空襲下の教会にあって、教会に生きるとはどういうことかを問い続けた。それは既に、与えられる約束とは何かを思い、忍耐に生きることを覚悟することであった。

旧約聖書で既に嗣業という言葉がくり返され、それは新約聖書においても変わりはなかった。旧約聖書が語るイスラエルの民は受け継ぎ受け継がせる嗣業に生きた。新約聖書の教会もまた嗣業に生きる。だが、受け継ぐのは地上の財貨でないことはもちろん、子孫でもなかった。少々先取りすると、この点で注目すべき表現が、やはり一八節にある。「目指す希望を持ち続けようとして世を逃れて来たわたしたち」というのである。はっきりわれわれの前方に希望が置かれており、それに向かって逃亡に生きている。そのように自己を規定する。約束を受け継ぐための逃亡の旅を続ける教会なのである。「世を」という言葉は原文にはない。約束を疑わせ、希望を失わせようとするすべてのもののことであろう。怠惰に誘うものである。礼拝に生きる歩みを妨げるものである。とにかくここでは逃亡が語られる。逃れること、避難所を求め、そこに逃れることを歌う言葉は詩編に満ちている。この逃走を恥じることはない。そして、この逃走は前方に確かに与えられている希望を目指す。確かに終末の希望である。この世に属する希望ではないのである。

約束を受け継ぎ、希望が前にあることを確信して、逃れるべきものから逃れて生きる教会、キリスト者の群れ。ここに浮かび上がる教会の姿は、私どもに問いかける。二十一世紀を生きる日本の教会に問いかける。このような「前向きな」教会であるのかどうか。この逃亡の歩みは、明らかに教会の戦いを意味する。説教者の戦いを意味する。

## 神が神に誓われる

「神は、アブラハムに約束をする際に、御自身より偉大な者にかけて誓えなかったので、御自身にかけて誓い、『わたしは必ずあなたを祝福し、あなたの子孫を大いに増やす』と言われました。こうして、アブラハムは根気よく待って、約束のものを得たのです。そもそも人間は、自分より偉大な者にかけて誓うのであって、その誓いはあらゆる反対論にけりをつける保証となります。神は約束されたものを受け継ぐ人々に、御自分の計画が変わらないものであることを、いっそうはっきり示したいと考え、それを誓いによって保証なさったのです」。

一二節で、見倣おうと呼びかけたのであるから、ここで既に第一一章で語られるように、見倣うべき先輩の信仰の話をする。しかもすべての原点とも言うべきアブラハムのことである。しかし、それはまた神を語ることであった。アブラハムの信仰を支えた神の物語である。しかも強調されるのは、神がご自身に誓って約束をされたということである。ここで思い起こされているのは、明らかに創世記第二二章一五節以下の記事である。「主の御使いは、再び天からアブラハムに呼びかけた。御使いは言った。『わたしは自らにかけて誓う、と主は言われる。あなたがこの事を行い、自分の独り子である息子すら惜しまなかったので、あなたを豊かに祝福し、あなたの子孫を天の星のように、海辺の砂のように増やそう。……』」。アブラハムがイサクを神に献げた物語に続く言葉である。だがヘブライ人への手紙はそのことには言及しない。集中するのは、神の言葉である。神が「自らにかけて誓う」という言葉に集中する。

神が神ご自身にかけて誓う。少々滑稽なことかとさえ思う。少なくとも、ここに神のユーモアを聴き取る。主なる神が語られるのであるから、「わたしは言う」と言われれば、それで足りることではないか。なぜご自分に誓われるのか。説教者は、ここでそれを解釈してみせる。そこで聴き取るべき神のご意思を明らかにする。

誓い、それは何か。私どもは私どもなりに知っている。洗礼入会式に際し、信仰の告白と共に誓約をする。鎌倉雪ノ下教会では、このとき、教会員はすべて起立する。誓約の言葉を重く受け止めるからである。結婚式においても誓約する。誓約、それは真実の言葉を語る「保証」となる。自分の言葉に反対する者を沈黙させる力を持つ。誓い、それは法的な言葉である。法廷における証言は、真実を語るということを誓約することから始まる。そのとき自分より偉大な者にかけて誓うのだと、ここで説教者は言う。ここで言う偉大な者とは、自分を裁き得る者のことである。自分の言葉の真実を見抜き、裁く力を持つ。偽りであることが明らかになれば処罰し得る。誓ったとき、虚偽は排除される。一八節では念を押すように言う。「神が偽ることはありえません」。当たり前のことである。だが、神がうそをつかれることなどあり得ないではないか、という断言は、神に対する重要な信仰の言い表しである。

誓い、それは法的な事柄であるが、言い換えれば、真実な言葉によって造られる人間関係を支えるものである。西欧の小説を読むと、人間相互が交わす対話のなかによく登場する。日本語にも「天地神明にかけて誓う」という表現がある。しかし、われわれの対話の世界ではほとんど使われない。他者の言葉を信用しないと思っているのであろうか。自分の言葉を保証するのは自分であると思っているのであろうか。それは自己神化を意味するのではないか。人格と人格の関係を支えるのは、誓いがいつでも成り立つ言葉の真実である。アブラハムはイサクを献げた。しかし、神の約束を信じていた。望みを失わせる神の求めに、神の約束を信じて、従った。自分に対する神の真実を疑わなかった。生まれて間もなくのキリストの教会は、疑いのこころと戦わざるを得なかった。神との関わりが揺らぐかと思うことがいくたびもあった。だが、神がご自分に誓って約束の言葉を聴かせてくださっている。神の真実は変わらない。カール・バルトがローマの信徒への手紙第三章二一節を説いた時、そこで語られているのは、私どもの側におけるイエス・キリストに対する信仰ではなく、イエス・キリストの真実（ピスティス、信実）であると言ったが、そこで語ろうとしたのは、まさにここで言う、ご自身に誓って約束をしてくださった神の真実（信実）にほかならない。それは私どもに関わる「御自分の計画は変わらない」ということなのである。

一八節の「二つの不変の事柄」というのは、誓いと約束ということを指すと理解するのが一般的である。このふたつの事柄を改めて語り得て、ここにおける der Zielsatz（目標とした命題を語る文章）とも言い得る一八節を語り得るに至る。ロングが言う「賛歌」を歌わずにおれない神のみわざがある。ここにパラクレーシスを支える根拠があるのである。私どもを動かす駆動力、「力強い励まし（パラクレーシス）」を与える慰めの言葉・説教（パラクレーシス）を語る根拠が与えられる。それは揺らぐことがない神の言葉である。

## 魂の錨

これに続く一九節の方が、この区分において、よりよく知られている聖句であろう。希望とは錨《いかり》だというメタファーがここで語られているからである。「わたしたちが持っているこの希望は、魂にとって頼りになる、安定した錨のようなものであり、また、至聖所の垂れ幕の内側に入って行くものなのです」。

魂（プシュケー）がここで語られる。グレーサーは、プシュケーは、ヘブライ人への手紙にとって、「怯え、勇気を失いやすい危険な器官」なのだと言う。「頼りになる、安定した」という表現はヘブライ人への手紙が愛した表現であるということは多くの注解者が語ることである。揺れ動く魂を安定させる確かさ、それは確かな希望が見えている時である。この確かさは錨の確かさに似る。錨のイメージは旧約聖書、新約聖書では珍しい。メタファーとして用いられている例は、ここだけである。しかし、注解書はいずれも地中海世界では、一般に錨は安全の象徴として広く用いられていたと伝えている。そしてキリスト者の世界でもそうなったのであり、ゲルト・ハインツ＝モールの『象徴事典』では、三世紀頃までに広く用いられるようになったと言う。墓碑に刻まれたことが多かった。またよく知られているのに、ローマのカタコンベの壁に刻まれた錨がある。これは二匹の魚の口に打ち込まれた錨の絵であり、愛された構図となったようである。言うまでもなく魚は「イエス・キリスト・神の子・救い主」という文字の頭文字だけを記すと「魚」（イクトゥス）となったことから主キリストを意味した。鎌倉雪ノ下教会では鎌倉彫の聖餐食器を用いるが、そのひとつにこの図案を用いている。錨がキリスト者に愛されるようになるきっかけをヘブライ人への手紙の著者が与えたのであろうか。この説教者が愛用するメタファーであったのか。周囲のキリスト者たちが愛していたので借用したのか。それはわからない。

併せて言えば、昔からキリスト者は教会を船に譬えた。教会堂を建てることができるようになったとき、会衆席をシップと呼ぶようになった。イスラエルの民の荒れ野の旅のように、嵐の海を航海し続ける自分たち、逃亡の途上にある自分たちであると思っていたのであろう。それだけに、その危うい旅の安全と確かさを保証する錨の意味は大きかったであろう。

## 垂れ幕の内側に錨を下ろし

一九節から二〇節への展開は興味深い。これまでひたすら将来のことが語られてきた。約束と希望が語られてきた。しかし、希望が錨だと言った時、その錨はどこに投げられるのか。「至聖所の垂れ幕の内側に入って行く」錨なのである。神の臨在の事実に支えを見出す錨である。そのように言ったときに、本来のヘブライ人への手紙の主題が浮かび上がる。二〇節である。「イエスは、わたしたちのために先駆者としてそこへ入って行き、永遠にメルキゼデクと同じような大祭司となられたのです」。

これに続く第七章二〇節以下で、イエスもまた誓いによって立てられた大祭司であられることが、改めて語られる。誓いと約束に根拠を与える大祭司・主イエス・キリストの出来事があったし、それがまた将来を約束するのである。しかし、それはまた救いの現在をも確かにする。

ヘブライ人への手紙を説くときに、大祭司が仕えられた至聖所が、いつどこにあるのか、という問いは大切である。今私どもが献げる礼拝と、どのような関わりにあるかをきちんと知るべきである。それは、今ここに臨在される神と、その神との出会いの現実を、どこで知るかという問いである。今詳論する暇はないが、説教として語られた場所、これが神の誓いと約束に根ざすパラクレーシスの言葉として聴かれた場所があるはずである。主イエスが先に立って道を拓き、それ故に、今生きておられる神にお会いする場所が今ここにある。イスラエルの民の荒れ野の旅に伴われた神の臨在の幕屋が失われたのではなく、むしろ、より確かな道が備えられた。アルケーゴス・イエスがおられるところである。

### 参考文献


川村輝典『聖書註解　ヘブライ人への手紙』一麦出版社、二〇〇四年

F・F・ブルース『ヘブル人への手紙』宮村武夫訳、聖書図書刊行会（いのちのことば社）、一九七八年

T・G・ロング『ヘブライ人への手紙』（現代聖書注解）笠原義久訳、日本キリスト教団出版局、二〇〇二年

Erich Gräßer, An die Hebräer (Hebr 1-6), EKK, Benziger/Neukirchener, 1990.

William L. Lane, *Hebrews 1-8*, Word Biblical Commentary Vol. 47A, Word Books, 1991.

Fred B. Craddock, *The Letter to the Hebrews*, The New Interpreter's Bible XII, Abingdon, 1998.

# ヘブライ人への手紙　七章一―一九節

徳善　義和

## ベクトル↓と↑を付して見ると

ヘブライ人への手紙は真に「イエスはだれか」を示す説教の集成のように思える。それも旧約の使信と表象を用いて、その知識をかなりもつ聴衆の前で語られたものであろう。それは先に担当した第一章の冒頭から既に明瞭であった。そこでは「神の子」と「人の子」の記述があった。こうした記述に対して、手にする聖書の欄外にでも↓か↑のように、矢印を付けてみるといささかこうした表象の意味するところが分かってくるように思える。やはり矢印と呼ぶのではなくて、この場合も物理学のようにベクトルと呼んでおくのがよいようだ。この方向に力が働き、その力が確かな働きをもたらすことを含むからである。「神の子」の場合ならば、↓のベクトルである。この場合はイエスを通して神の働きが神から人への方向で働く。「人の子」の場合は↑のベクトルであって、イエスを通して人から神へと働く。

多くの表象の中で目下目立っているのはメルキゼデクと大祭司である。この二つの表象が交互に出てくるようだ。第五章では大祭司について語っている文脈で、突然メルキゼデクへの言及、「あなたこそ永遠に、メルキゼデクと同じような祭司である」（詩編一一〇・四）が始まる。人の子として罪人の側に立つ↑のイエスが、実に同時に、↓の神の子である、との宣言でもある。第七章はこのような、同時に↓であって、↑でもある方について語っている。

## ルターの講解は明らかにベクトル示唆

ルターの講解（一五一七―一八年）の相当箇所を読んでみた。第七章一節に字数を割き、その宗教改革的信仰の中心との密接なつながりを明らかにしている。その文脈でメルキゼデクと祭司とが同一の特別な存在であることを福音の中心としてとらえる、この手紙のこの部分に、ルター自身が注目してのことである。そこでは神からの↓を認めはするが、仲保者なしで人間の側からの↑の可能性を認め、重視する中世の理解の誤りを鋭く指摘して、↓も↑も神からの特別な恵みの働きであって、このことがメルキゼデクと祭司との一致において示されるというのである。少し長くなるがこれに注目してみよう（ルター著作集第二集第一〇巻三一三頁以下参照）。

ヘブライ語のメレクは王を意味し、同様にサレムは平和、ツェデクは義を意味する。しかし義とか平和といった言葉は、聖書においては神の義と平和についてのみのものと考えられており、義は人が義とされる恵みそのものと見なされる。

（ここに第一回詩編講義の際に鍵となった詩編三一・二と七二・二が引用される。それにしてもこれらと関連箇所でだけ突然「ツェデク」を「恵みのみわざ」と訳す新共同訳はなんとかならないものかと思う。訳し過ぎであろう。）

この関連を神の義と人間の信仰との、いわば対応の相互関係と見て、その関係の相関によって協働的に信仰の義が成立するとするスコラ神学は、この箇所をめぐるルターの宗教改革的認識によって、その対極に立つものとして批判され、斥けられる。「キリストにおいて人性が、神性との合一によってひとつの本性となり、同一のペルソナとなったように、神の義がいわば心の義となったと理解されねばならないのだ」と説く。

したがってこのメルキゼデクは、名と表象とにおいてキリストを代表する以外には、義の王となることはできなかったということになる。キリストはただひとり義の太陽であり、義の王であって、信じる者をみな義としてくださる。選び出された行為によって得られる人間的な義を脱がせてのことである。

こうしてルターは、メルキゼデクであるキリストとその祭司性についてこの第七章から、永遠性と祝福と永続性と十分の一の献げものの四点に注目する。

永遠性は、その初めが説明されていないメルキゼデクによって、キリストが予め表象されている。祝福とは、アブラハムがメルキゼデクによって祝福され、こうしてキリストを除くアブラハムのすべての子らが祝福されるということである。十分の一の献げものとは、アブラハムとレビとがなによりも価値あるものとしてメルキゼデクに納めたことである。しかし、キリストはこれをなさらなかった。永続性とは、アブラハムとレビとは死んだが、キリストは永遠に生きておいでになるということである。

さらに「レビは肉の欲についての律法によるが、キリストは霊的な愛の律法によっている」と展開していく。

メルキゼデクと祭司という旧約聖書の特別の表象を基礎にしたキリストのできごとの記述を、ルターは宗教改革的信仰の核心から見事に、起こるべからざることがそこに起こった、キリストにおける神の恵みによる救いの働きの核心へと説き進めているといってよいであろう。

## アブラハムより上位のメルキゼデク

旧約の約束の民イスラエル、ユダヤの民はアブラハムの子らである。アブラハムの末裔ということはこの民の誇りであり、誉れですらある。イエスもまた「アブラハムの子」に数えられ、マタイ福音書もその冒頭でそのように証しした。その民の一人である者は、そのように自己を認識することが大切であり、それは欠くことのできないものだった。それは「アブラハム、イサク、ヤコブの神。死せる者の神にあらず、生ける者の神」のような形で民族の信仰を支え、誇りを維持した。

　しかし詩編一一〇編（四節）を引用したのに続く、メルキゼデクについてのキリスト証言は、この神からの「義の王」、「平和の王」（二節）をアブラハムの上位に置く。アブラハムの裔《すえ》に生まれた方が旧約の預言したメルキゼデクとしてまさしくアブラハムの上位の方であることを明示してみせる。戦勝して帰ってきたアブラハムを祝福した方だからだと言う。アブラハムもこれに応えて、「最上の戦利品の中から十分の一を献げた」（四節）と加えられる。まさしく自他共に認め合う、アブラハムに対する、このメルキゼデクの上位の確認である。

　新約聖書のキリスト証言も全体としてこの信仰に立つ。とりわけ当時のユダヤ教の指導者たちの、ヤーウェの神信仰よりも、民族のアブラハム依存の姿に対立して、父なる神が罪の中に生きる人間のために世に遣わされる神の子の宣教と教えと働きを鮮やかに、しかもそれぞれの証言者にふさわしく証しし、書き残したのが福音書である。イエスご自身の口を通してユダヤ人に向けて語られる、「アブラハムが生まれる前から、『わたしはある』」（ヨハネ八・五八）は決定的であって、ヘブライ人への手紙のこの箇所や関連箇所とも相呼応していると言ってよいであろう。

## このメルキゼデクは同時に祭司

冒頭のベクトルに戻ろう。ここに、↓のメルキゼデクが↑の祭司であるというキリスト証言がある。繰り返すようだが、↓の神の子が↑の人の子であるという証言の、大胆な旧約的根拠に拠る言い換えでもあると言えよう。神の祝福を与えるメルキゼデクが同時に、民から十分の一を取って、民に代わって神の前に立つ祭司なのである。このメルキゼデクであって、祭司である方、神の子であって人の子である方において、まさしく起こるべからざる神の恵みの働きが成就するのである。

　この手紙が示しているメルキゼデクと祭司との役割はそれぞれに分担されている。先ず、メルキゼデクが戦勝して帰還したアブラハムに祝福を与える。これに対してアブラハムは戦利品から最上の十分の一を献げたのである。

　後にアブラハムの裔のレビ人が祭司となり、祭司制度が確立されると、これは律法との関連によってひとつの体系として成り立つことになった。この体系は、人がこの制度によって、すなわち律法によって完全な状態に達することができれば、という条件付きであって、これはその歴史の中でたちまち破綻し、行き詰まっていたのである。これではこの祭司制度は行き詰まりであり、崩壊であった。それは律法そのもの、律法による人間の完全、それを前提とした旧約の祭司制度全体の限界であった。この制度の枠内での律法の限界そのものを示した。イエスはその地上の生涯の日々、一方ではなお依然としてこれにしがみつく、当時のユダヤ教の宗教体制と戦ったのであるし、以後のキリスト教の歴史においても、このようにひとたびイエスによって否定され、打ち破られた律法体制がいろいろな形で頭をもたげてくる事実を繰り返してきた。人間の行いによって義とされる、という宗教体系の空しい形成と実行との喘ぎである。それは結局のところ「神なきアブラハム体制」、「律法と人間の行ない」への過信の繰り返しではなかろうか。

## メルキゼデクこそ全く新しい祭司

しかしこのメルキゼデクがイエスにおいて全く新しい方として生き、働く。確かに旧約のメルキゼデクも祝福を与える。しかしこれは戦勝したアブラハムに対する祝福であって、いわば応報の祝福である。アブラハムの戦勝の行為に対して、これを承認し、これに報いる祝福である。戦勝に至ったアブラハムの努力があり、その功績に対するメルキゼデクの祝福にほかならない。いわば、当然起こるべくして起こった祝福である。

しかし旧約の預言の成就として現れる新しいメルキゼデクはこれと異なる。この新しいメルキゼデクは、また同時に新しい祭司として現れて、アブラハムの場合のような、戦利品の優れた十分の一の奉納を受けるメルキゼデクではなく、同時に祭司である自らが神の前に立つのである。アブラハムの十分の一の献げものが転じて、律法の実行の枠組みの中で定められた十分の一税を祭司階級が取り上げ、取り扱うことは、「死ぬはずの人間が十分の一を受けている」（八節）とその限界を断じられる。これとは全く違った形で、メルキゼデクであって、同時に祭司である方がここで指し示されているのである。これまた起こるべからざることの実現にほかならない。

## 新しい祭司

この箇所はその観点で、この祭司の新しさを強調する。死ぬはずの人間の、祭司制度の枠組みの中での行為に対して、この新しい祭司においては、「生きている者と証しされている者が、それを受けている」（八節）と、その新しさが際立って語られる。

さらに本文はこの古い祭司制度と十分の一税との、古い枠組みに触れる。民には古い祭司制度に基づいて、完全な状態に達することができる道として律法が与えられていた、という。この手紙は、イスラエルの民、いや人間すべてにおける、そのような律法成就の努力の空しさと破綻を明示しているのである。ここに決定的な変更があり、全く新しい祭司が登場するという事態になれば、「律法にも必ず変更があるはずです」（一二節）と進む。この新しい祭司において、古い旧約の律法が終わり、新しい道が整えられるとの告知である。ユダヤ教徒においてモーセの十戒に始まる全律法の詳細な体系が意味するものを考えるならば、まさにヘブライ人に宛てて書かれているこの手紙のもつ、キリスト証言による挑戦性が明らかになっていると言うべきであろう。ここにまさにユダヤ教への、とりわけその保守派への、断固たる挑戦という形での証言があるからである。

そしてこの新しい祭司は、レビ人の出ではなく、他の部族、すなわち、モーセが祭司に関わることをなにも語っていないユダ族出身であることも添えられる。この新しい祭司において全く新しいできごとが生起し、成就していることがわかる。メルキゼデクと同じように、全く新しい祭司が立てられたのであり、しかも全く新しいメルキゼデクこそが同時に、全く新しい祭司であると重ねて宣言される。「この祭司は、肉の掟の律法によらず、朽ちることのない命の力によって立てられた」（一六節）と断言される。こうして、以前の掟はその弱く無益なために廃止され、もっと優れた希望がもたらされた、という。だから「わたしたちは、この希望によって神に近づく」（一九節）ことができるようになったと説くのである。律法と、それに基づく十分の一、その背後にあって十分評価される行いの成就が神に近づくことを可能にするという、古い旧約の宗教体系は、このキリストの恵みのできごとの前に全く崩壊し、すべては全く新しい「義の王」であって、同時にまた全く新しい祭司でもある方によって、救いと信仰と希望の成就がもたらされたというメッセージである。これまた起こるべからざるものが起こって、旧約の枠では成就されることのなかった救いのできごとが、神の愛の働きとして成就されたという福音宣言にほかならない。

### 神の救いのできごとの宣言

この手紙は独特の仕方で、イエスはだれか、キリストはどういう方かを証しする。旧約を熟知したユダヤ人ばかりか、旧約に親しむ異邦人にもその理解に導くために、旧約の代表的な人物や表象を次々と引いては、それを決定的に超えるイエス・キリストを指し示すのである。もしそれらが旧約のイメージの中に、あるいはその延長線上に留まっていれば、それは、たとえ顕著ではあっても、聖書の歴史の中で起こるべくして起こった一例に留まったであろう。しかしそれは旧約のイメージを超絶し、それらが指し示したところを超えた、すべて新しいことを証しするから、その方に関わるすべてのことは、起こるべくして起こることではなく、まさしく起こるべからざることが起こったことになる。だからこの手紙はこれを「エファパックス、ただ一度だけ」の神の働き、神のできごととして告げるのである。しかも神のその働きとできごとは、人間とは関係ないことではなくて、まさしく人間そのものに直接、密接に関係しているのである。それはアブラハムやモーセ、祭司や律法制度の枠組みの中で、いささかの人間の努力を期待した上で与えられる、人間の完成の、いわば神人協力の余地を残した完成ではない。百パーセント神の恵みの働きによる、人間の救いの完成である。旧約が指し示した律法の体系は、ユダヤ教の歴史の中で一直線にこの行為義認への道を歩み続け、結局その宗教組織、体系を一応完成させていたであろう。これを揺るがすものはそこでは許容されなかった。バプテスマのヨハネ然り、いわんやイエスにおいてをや、と言うべきであろう。

しかしこの手紙のこの箇所で指摘されるように、すべてが新しくなるできごとは、このイエスにおいて、その生涯に関しても、いやしや教えや宣教に関しても、すべて新しいこと、起こるべからざることの生起として到来した。イエス・キリストにおける、神の恵みによる、罪人の救いと義認のできごとである。これは神の一方的な恵みの働きによる救いの、徹底的なできごとにほかならない。

しかし人間は旧約以来なんらかの形で「神人協力」の一端を自らの救いと完成に当たって残したいのである。旧約の歴史はそのようなせめぎ合いの歴史でもある。新約の時代となり、イエス・キリストにおける神の恵みの、一方的なできごとをパウロがあれほど強調しても、「神人協力」という強いイメージはなかなか人間から消えることはない。キリスト教教理史はそのような実例を次々と伝えている。パウロ的福音があれほど強調された宗教改革の時代にも、エラスムスの説く「神人協力」の思想はまさにフマニスムス（人間主義）として広く受容された。それ以後の歴史でもこの傾向はなお続いている。「神人協力」を通り越して、「人間中心主義」に傾く姿をキリスト教と冠された一翼に見ざるをえない。それはいつしか気付かないで、福音的であろうとするわたしたち自身の身辺にも潜み込んできてはいないか。

一例を挙げよう。ルターの有名な賛美歌 Ein feste Burg の第二節の日本語歌詞を『讃美歌』（267）でも、『讃美歌21』（377）でも見ていただくとよい。ルターはこの節で、「人間はもう全くだめだ。なにもできない」と歌う。しかし『讃美歌』では「やがては朽つべき人の力」と歌うから、まだ余力を残しているのだ。だから「われと共に戦いたもうイエス」と歌い続ける。『讃美歌21』では前半は少し改善されたが、依然として「われと共に戦う主なり」と歌う。わたしが注目しているのは、この「われと共に」である。ルターの原詩では、わたしたちはもう全くだめなので、イエスのみが「われのために」、「われに代わって」戦ってくださるのである。宗教改革的福音信仰に立って、「キリストのみ」を歌ったルターの信仰から出る原詩は、こうした訳詩では（無惨にも、と言うべきだろう）、この期に及んでも、知ってか知らずにか、「神人協力」の歌にすり替えられているのである。こう気付いて以来、わたしはこの訳を歌わない（幸いにもと言うべきか、『教会讃美歌』〔450〕はこの訳詩でも他の訳文においては他の誤訳まで『讃美歌』から受け継いでいるものの、この部分では「我らのため」と歌っている）。神の一方的な恵みを証しするこの箇所を黙想しながら、これに徹することの難しさもまた痛感している。説教者の務めはまさにこの点で重いのである。

### 参考文献

ルター「ヘブル人への手紙講解　一五一七／一五一八」岸千年訳、『ルター著作集』第二集第一〇巻一九四―三八八頁、聖文舎、一九八八年
ルター「ヘブライ人への手紙序文（一五二二年）」徳善義和訳、『宗教改革著作集』第四巻一五三―一五四頁、教文館、二〇〇三年
Otto Michel, Der Brief an die Hebräer, Kritisch-exegetischer Kommentar über das Neue Testament, Vandenhoeck & Ruprecht, 1960, 11. durchgesehene Auflage mit Nachträgen.

# ヘブライ人への手紙　七章二〇—二八節

橋谷　英徳

## 一　はじめに

与えられたテキストの区分は、二〇節以下であるが、その内容は七章一節以下からの続きである。説教のテキストの区分としては、いくつかの可能性が考えられる。一つは、七章の全体を一度の説教で扱うことも、また本誌の区分のように二〇—二八節までを扱うこともできる。もう一つの可能性は二〇—二五節と二六—二八節と前後に区分して二回に分けて説教することもできよう。説教者各々の判断に委ねたい。

手元にある説教集やインターネット上の説教を調べてみたが、このテキストからの説教はほとんど見いだすことはできなかった。説教者にとっても、聴衆にとっても、馴染みのあるテキストではないことだけは確かであろう。ある人は、「ユダヤ人以外の人には理解し難いテキストである」とまで評している。しかしながら、こういう言葉にはあまり惑わされない方が良いかもしれない。そもそも理解し易いなどと言える聖書の言葉などない。ただ、このテキストを、旧約の背景、とりわけその祭司制度のことを知らずして読むことはできないことは確かであろうし、ある種の難解さがこのテキストには存在するのは事実である。ロングは七章から一〇章を「イエスの大祭司職・上級課程」と題し、まさに「乳」ではなく「固い食物」がここでは提供されていると言っている（五・一二参照）。それでは私たちに全く意味不明なこと、わからないことが語られているのかというとそうではない。私たちはしばしば困難であると思われるテキストから幸いな経験を与えられることが多い、逆に語り易いテキストであると思って近づいて痛い目に遭うこともある。聖霊によって御言葉の門が開かれることを祈りながら、説教黙想に取り組みたい。

## 二　古いものと新しいもの

このテキストを読み解く上でおそらくもっとも大切なことの一つは、旧約時代の祭司制度がこのテキストにおいてどのように位置づけられているかを見いだすことであろう。ヘブライ人への手紙は、旧約の律法を「弱く無益」（七・一八）、また「古びてしまった」（八・一三）とし、主イエスを「はるかに優れた務め」を得ている者、『更にまさった約束に基づいて制定された、更にまさった契約の仲介者」（八・六）と呼ぶ。同様にここでは祭司制度においても、主イエスはレビの系統の祭司にはるかにまさるとする。ヘブライ人への手紙はこのように語ることによって、一体、何をしようとしているのであろうか。古いものと新しいものを、対照し、その優劣を論じて、すべて古きものは過ぎ去ったものとして、破棄してしまい、無用なものとしてごみ箱に放り込もうとしているのか。決してそういうことではない。ここには非連続と連続がある。確かに非連続がある。新しいものが生じている。しかし、同時にここには連続性が存在する。このことはこの手紙が序言で語っていることからも明らかであろう。

「神は、かつて預言者たちによって、多くのかたちで、また多くのしかたで先祖に語られたが、この終わりの時代には、御子によってわたしたちに語られました」（一・一―二）。

ここで語られている神は、「同じ神」であり、語られているのは「福音」である（ロング）。そのことにおいて変わることはない。旧い契約、旧約聖書はもはや不要であるということはここでは語られているわけではない。旧約聖書なしに新約聖書はないし、契約ということにおいても連続している。ただ啓示の完成、一つの頂点は新約に、ただイエスにのみある。この手紙の主張は、終始一貫しているが、テキストの祭司についてもこの視点で語られている。祭司もまたなくてはならない必要な存在であり、神のご用を果たしてきた。ただ彼らは完全ではない。全き方は、イエスのみである。二二節には「このようにして、イエスはいっそう優れた契約の保証となられた」とある。与えられたテキストでは「イエス」というみ名が記されるのはここだけである。あとは、「この方」とだけ語られる。「いっそう優れた」ということは以前のものは無用なものであったということではない。むしろ、以前のもの、古きものはすべてこのイエスにつながっている。レビの系統の祭司たちは、イエスによって初めて正しく位置づけられるようになる。以前には、はっきり見ることができなかった、祭司の存在の意味が、主イエスによって、よりはっきりと見えるようになったのである。

## 三　祭司とは誰か？

ここに登場する祭司たちは、「多くの人たち」と呼ばれる。彼らの存在は、バトンを受け継ぐようにして受け継がれてきた。そのようにして受け継がれてきたということは、彼らには「死」があるということを意味する（二三節）。この祭司たちは、やがては死すべきものであり、「弱さを持った人間」（二八節）なのである。人間の弱さとはまさに死ぬべきものであるというところにこそある。

確かにレビの系統の祭司たちは、皆、死を迎えてきた。大祭司アロンは、ホル山で死ぬ。アロンは、約束の地を目の前にしてそこに入ることができないこと、死ぬべきことを告げられる。アロンはその子エルアザルに祭司の衣を着せて死ぬ（民数記二〇・二二以下）。さらにカナンに入ると、エルアザルも死に、ピネハスがその跡を継ぐ（ヨシュア記二四・三三）。アロンからエルサレムの崩壊（紀元七〇年）までに八十三人もの大祭司がその職に就いたとされる。

一体、ここでの祭司とは、一体誰であろうか。もちろん、直接にはレビ系の祭司たちのことである。ここでの祭司の存在は、今日の伝道者、牧師という存在と同じではないにしても、重なるところがある。それはヘブライ人への手紙が一三章七節以下で語っていることからも明らかである。

「あなたがたに神の言葉を語った指導者たちのことを、思い出しなさい。彼らの生涯の終わりをしっかり見て、その信仰を見倣いなさい。イエス・キリストは、きのうも今日も、また永遠に変わることのない方です」。

ここでは教会の指導者たちが、やはり死すべきものであることが想い起こされると共に、キリストの永遠性が語られている。死すべき人間について語られ、そこでイエス・キリストの永遠性が語られる。この論理的展開はこのテキストと同一である。「レビの系統の祭司たちの場合には、死というものがあるので、務めをいつまでも続けること」はできない（二三節）。しかし、「イエスは永遠に生きている」（二四節）。つまりここで祭司職の限界性が語られることの背後には、一三章で語られるような現実が背景に存在していたのではないかとの推測が成り立つ。だとすると、ここで祭司職の限界性が語られるのは、ユダヤ人の宗教に対しての弁証ということだけではなく、むしろ、ここには極めて現実的な牧会上の課題があったことになる。

指導者たちの死が、教会にとってどのようなことをもたらすのかは、今日の私たちにもわかることかもしれない。筆者の属している教派においても、これまで指導的な立場を果たして来られた先達たちが、次々と引退し、あるいは死なれている。また牧師や教会役員など奉仕者も不足しつつある。このような状況は、教団教派を越えた現実でもあろう。大きな変化の波が今日の教会に来ているとも言えよう。来るべくして来た事態なのであるが、そこには将来への不安が起こってくる。このような状況は、この説教がなされた教会の現実とも重なるのではないか。牧師の引退、死去だけではなく牧師は転任することがある。教会にとって牧師が変わることはさまざまな転機にもなる。そういう教会の現実とこのテキストは無関係ではない。

そういうことではなくても「死」の現実は、私たちを今も取り囲んでいる。死は一切のものを中断させ、絶ち切ってしまうように私たちには思われる。その意味でまさに私たちは皆、「弱さを持った人間」なのである。死があるがゆえにこそ、私たちは弱く、そして、この死のゆえにこそ、恐れ、先が見えなくなる。

このようなところで私たちは一体、どんな言葉を語ることができるのか。そこでこの手紙が語るのは、ひたすら「イエス」のことである。「イエスがおられる。この方は永遠に生きておられる。このイエスを見よ！」それが、この説教者の語るメッセージである。説教者はここで地上の現実を超えて、この方を見ることを求める。限られた「時間」だけに私たちは目を留めているかもしれない。しかし、そこでこの手紙は「主イエス、この方において『永遠』ということがあることをあなたがたは知っているのではないか」と言う。

私たちの務めは、バトンを渡すことである。信仰の道は、自分一人で走り切るマラソンだけではなく、駅伝でもある。駅伝では、タスキを次々に手渡して、長い旅路を走り抜いていく。

ひとりで走らなくても良い。ヘブライ人への手紙は、一一章で信仰者列伝を述べているが、このすべての信仰者たちと祭司も、牧師も、この点においてはまったく同じである。私たちは皆、このような旅路を走っている。その頂点にイエスがおられる。私たち自身には永遠性は存在しない。しかし、イエスがおられる。この方が永遠に生きておられる。このイエスは死人の中から蘇られた方である。

ヘブライ人への手紙の主題の一つは死である。死に勝つキリストを示すことである。主イエスもまた死なれた。しかし、その死人の中から復活された。すでに二章一五節でも主イエスが人となられたのは、「死の恐怖のために一生涯、奴隷の状態にあった者たちを解放なさるため」であったと語られていた。さらにこの手紙はその結びの大祭司の祝福においても一三章二〇節ではこう告げている。「永遠の契約の血による羊の大牧者、わたしたちの主イエスを、死者の中から引き上げられた平和の神が……」。この手紙の全体を示しながら、私たちは説教の言葉を語ることができるであろう。このテキストの説教はこの死からの救い、復活を告げる言葉となる。そして、このイエスの故に、限りある祭司、祭司だけではなくすべての奉仕者、およそすべての信仰者の働きは無になることはない。だからこそ私たちは「自分に定められている競走を忍耐強く走り抜」くことができる（一二・一）。ここでこそ、私たちはその疲れを癒され、慰められる。

## 四　罪の赦し

ここで課題になっているのは、このような死の現実だけではない。ヘブライ人への手紙の説教者はより根本的な問題に、私たちを導く。それは罪の赦しの問題である。ヘブライ人への手紙を読んで抱く問いは、なぜここまで繰り返して、この祭司職のことが取り上げられるのかということである。その理由は、人が生きるために罪の赦しがどうしても必要なことだからである。祭司、またとりわけ大祭司は、そのためにこそ存在する。この罪の赦しがなければ、人は「神に近づくこと」ができない。この務めにおいて、旧い祭司職は終わりを告げて、今や新しい祭司職が開かれた。この新しい祭司職を担われる方こそ、主イエス・キリストなのである。

この方によって旧い祭儀の律法は終わりを告げ、新しい仕方で神に近づく道が開かれた。この方が十字架につけられ、すべての罪を完全に贖ってくださった。この方は大祭司のように毎日、いけにえをささげる必要はない。この方のいけにえは「ただ一度、御自身を献げることによって、成し遂げられた」（二七節）。この方によって、その十字架の死によって、私たちの罪は完全に贖われた。

すでに成し遂げられたことだけではない。さらにこの手紙は、主イエスが今、何をなさっているのかについても語っている。「この方は常に生きていて、人々のために執り成しておられる」と語る。それ故に「御自分を通して神に近づく人たちを、完全に救うことがおできになります」（二五節）。

ここでは主イエスの今が語られると共に、今の時を生きる私たちへの恵みが語られている。私たちは神に近づくことができる。祈ることができる、困窮の中で神に助けを求めることができる。そして、この方にこそ罪の赦しを乞い求めることができる。ヘブライ人への手紙の説教者は、指導者を失い、弱くなり、不安の中に道に迷っている教会に、神にこそ呼びかけ、助けを求めるように呼びかけている。

「私たちの祈りは神に必ず届けられる。なぜなら、私たちには偉大な一人の大祭司がおられる。この方が私たちの願いを神に届けてくださる。だからもう一度、祈ろう！」と。今日の説教者にも、教会にも、この招きの声は語りかけられている。そして、今、この時、ここでもキリストは、「執り成していてくださる」。

この大祭司である主イエスほど、私たちが頼りにすることができる存在は他にはいない。ロングは、いささかユーモラスにこう述べている。

「その祭司は病んだり死んだりすることがない。休暇に出かけない。仕事をしくじらない。私たちの要求にうんざりしない。職務上の信用を危うくすることがない。自分の利益のために私たちを利用したりしない」。

この言葉を読んで、思わず笑ってしまったが、ロングはこのテキストが語ろうとしていることを見事に生活感のある言葉で言い表してくれている。実際、私たち説教者、牧師にすべての教会員が満足してくれるわけではない。いや、むしろ、しばしば私たち牧師が教会員にとって、あまり頼りにならない存在でもあるために失望していたり、傷ついていたりすることもあるかもしれない。あるいはまったく逆に、過度に牧師に期待し寄りかかり過ぎてしまっている。そういう人たちに向かってもこのテキストは語りかけている。聖書の言葉が、私たちの生活の現実と、こういうところで触れ合ってくる。私たちは主イエスを指し示しつつこう語ることができる。「あなたがたが本当に、頼りにすべき方はここにおられる！」と。

## 五　私たちに必要な方

ヘブライ人への手紙の説教者は、さらに二六節でこう述べる。

「このように聖であり、罪なく、汚れなく、罪人から離され、もろもろの天よりも高くされている大祭司こそ、わたしたちにとって必要な方なのです」。

気づかされるのは、このテキストでは初めて「わたしたち」という一人称複数形が用いられていることである。ここにテキストの急所があることをこのことは示している。このテキストの説教の課題は、この「わたしたち」と聴き手とが重なるようになることである。

「必要な方（エプレペン）」という言葉は、多くの翻訳では「ふさわしい方」（口語訳）とも訳されている。新共同訳聖書でも、同じ言葉が、二章一〇節では「ふさわしい」と訳されている。訳語についての詳細は、多くの注解書に記されているので、そちらを読んでいただきたい。大切なことは、「必要な方」にしても「ふさわしい方」にしても、私たちにとってある違和感をもってしか受けとめることができないことである。大祭司なるキリストは、本来、私たちの道具ではない。私たちが敬うべき方、崇むべき方なのである。まさに「聖であり、罪なく、汚れなく、罪人から離され、もろもろの天よりも高くされている」方なのである。このような方を私たちがこの方を必要であるとか、ふさわしいとか言うことなど本来、できないのである。しかし、それにもかかわらず、私たちはこの方を私たちに「必要な方」、「ふさわしい方」と呼ぶことをお許しくださる。ここにすでに恵みがある。

一八八〇年に子ブルームハルトは、父ブルームハルトの埋葬で短い感話をこのような語りかける言葉で締めくくっている。

「愛する皆さん――私たちが毎日必要としているのはこのイエスである！　そして今私たちが私たちの父を葬るとき、それは父の外被にすぎないことを考えねばならない――父自身は、勝利の救い主のもとにいる。そして父がもういないとしても――この勝利の救い主を私たちはこれからも必要とする。またこの方を私たちは持たねばならないし、持つことになるであろう！　そして私はあなたたちにこうお願いしたい、イエスこそ勝利者！　との印象と確かな信頼とを愛する父の墓から一緒に携えて行っていただきたいと。イエスこそ勝利者！　意気消沈するな！　気をしっかり持て！　すべての闇を突き破って現われ出る神の憐れみに信頼せよ！」

（佐藤司郎訳、「説教黙想　アレテイア」74号六三頁）

力強い言葉である。父の死、葬りの出来事の中で子ブルームハルトは、勝利の救い主の必要を語りかけている。ヘブライ人への手紙においても、ここまで見て来たように、指導者の死や、さまざまな不確かさの中で、このようにしてひたすら、イエス・キリストのことを語っている。子ブルームハルトの説教の言葉も、ヘブライ人への手紙の言葉も、重なっているように思う。この一致は、おそらく偶然ではないであろう。このことは私たちキリスト者が「死」という厳然とした事実の前に立ったときの牧会的必然なのである。そこではただ一人のお方のみ、主イエス・キリスト、このお方のみを私たちは仰ぐことに招かれている。聴衆の困窮に寄り添いつつ、そこでキリスト信仰に立って、ひたすらキリストを説く説教をしたい。

**主な参考文献**

加藤常昭『ヘブライ人への手紙1』（加藤常昭説教全集19）ヨルダン社、一九九四年
T・G・ロング『ヘブライ人への手紙』（現代聖書注解）笠原義久訳、日本キリスト教団出版局、二〇〇二年
安田吉三郎「ヘブル人への手紙」、『新聖書注解　新約3』いのちのことば社、一九七二年

# ヘブライ人への手紙　八章一－一三節

古屋　治雄

## 一　委ねる方がおられるという絶対的安心感

何か大きな困難に襲われたとき、私たちは苦悩の中から自分で活路を切り拓いていかなければどうにもならないと考えることがある。書店にたくさんの自己啓発本が積まれている。そして多くの人がこれらの本を求めている。重大な人生問題、言い換えると救いについて考えることと、生活上あるいは仕事上のＨＯＷ　ＴＯ問題とは同レベルのことではないが、人々がさまざまな啓発本に頼っているのは自分の問題を直接自分で解決しなければならないと考えているからであろう。自己啓発の本が仲介していると言えばそうであるが、それはあくまでも直接自分で解決するための手段であって仲介者にはなっていない。

ヘブライ人への手紙が全体を通して私たちに繰り返し畳みかけるように勧告していることは、私たちには頼るべき方がおられる、ということである。この方に頼みさえすれば、私たちは人生の根本問題である、罪の問題や死の問題に押し潰されることなく望みをもって生きることができる。いろいろなことに独りで取り組まなくてもよい。いや独りで取り組もうとする考えを止めて、委ねること、委ねさえすればもう大丈夫、ということをこのヘブライ人への手紙は私たちに呼びかけている。

旧約の民は神の救いに与るために神と民の間を仲介する役割を負う者である地上の祭司、その代表である地上の大祭司を通してその途が拓かれていたが、今や地上においてではなく天上でイエス・キリストが大祭司として執り成しのわざをなしてくださっていることがここに告げられているのである。

## 二　祭司的役割を担う教職制度の土台

今日の教会での信仰生活の中で「祭司的な働き」が私たちの中に実際どう生きているか考えてみたい。牧師の職務を祭司的職務から位置づけることにおいては、カトリック教会に比べてプロテスタント教会は消極的ではないかと思われる。確かに言葉をより重要視するゆえ祭儀的、儀式的な要素を簡素化してきたのがプロテスタント教会であるし、牧師は身分として牧師ではなく、祭司的な職務を担っているという理解が先行するからである。

しかしプロテスタント教会の牧師がまったく祭司的な働きを担っていないわけではない。牧師が自分の人格を通して牧師の職務を担っていることには違いはないし、無機質な「装置」として教会で祭司的な働きを担っているのではないからである。

地上の教会の教職制度そのものについて牧師の役割を論ずるとき、機能的に理解するプロテスタント教会においても、祭司的な役割を身分的なところまで高めて理解するカトリック教会においても、この役割は、御子イエス・キリストご自身が父なる神に対して祭司的な職能を有しておられることに決定的に基礎付けられる。この点を抜きにして教会の人々を神の前にとりなす祭司的な役割は一切意味をもたない。

## 三　旧約時代の祭司制度が根本的に更新された

ヘブライ人への手紙には、詩編、預言書やその他の旧約引用が多数みられることから、そもそもユダヤ人を対象にしてこの「手紙」が書かれたのではないかとの推測がある。その正否はともかく、イスラエルの民がその歴史の中で経験してきた祭司制度に注目して論点が展開されていることは確かである。

御子イエス・キリストがおられなかった旧約時代の祭司制度はどういうものであったのであろうか。この時代、祭司たちは自分の働きをどう自己理解していたのであろうか。神に仕える一つのシステムとして理解していたのであろうか。そうではなく、祭司としての自分の関わり如何によって民が救われもし、あるいは神に近づくことが不可能になると自覚していたのであろうか。また祭司に委ねる民たちは、祭司たちを単なる神の救済制度に用いられる一部分と理解していたのか、それとも密接な人格的な関係で結ばれ、祭司の責任が担われていたのであろうか。

イスラエルの捕囚期前つまり王国時代にはエルサレム神殿を中心にした祭司制度が確立されていた。詩編の中には神殿礼拝の様子が伝えられ、祭司の役割が見えてくるものも多数ある（たとえば詩編一二二、一三〇編など）。また預言書からは祭司たちが民を執り成す本来の働きから逸脱し、神から厳しい裁きを宣告されている言葉をみることもできる（ミカ書三・九―一二など）。

イスラエルの歴史の中で大祭司が出現するのは捕囚期後であるが、実際には祭司的というより王的な性質をもっていた大祭司の働きについても、歴史的には消極的な評価だけでなく、「それは、ローマ当局と交渉したり、サンヘドリンや神殿に関連した事柄を執行する際に大きな実際的権力を振るっただけではない。その精神的栄光や権力までも継承し、またその個人的な振る舞いのゆえに有名になった大祭司もいた」（S・サフライ）。

ヘブライ人への手紙は御子イエス・キリストが来られる前のイスラエルの祭司制度がしっかり機能していたか、そうでなかったかを振り返っているのではない。ここには根本的な問いかけと見直しが力説されている。

## 四　完全性と永遠性を実現してくださった大祭司

ヘブライ人への手紙の内容区分には「決定打」と言える区分がないと言ってもよい。ここで対象になっている八章は、全体の大きな枠で言うならば、三つに分かれる部分のうちで、おお

## (CD版) 讃美歌21による礼拝用オルガン曲集 全6巻
## 第2巻 諸式・行事暦・教会・終末《第5回》

飯 靖子／志村拓生 演奏

『讃美歌21による礼拝用オルガン曲集 第2巻』の全35曲を、曲集の編者である2人が、パイプ・オルガンやピアノで演奏した模範演奏CD。各曲の演奏に使用したストップ・リストを収録。各曲の音色の一例を知るとともに、ストップの組み合わせの実例を聴くことができる。●35曲収録・1,800円《3月発売》

## 福音の喜び 人々の中へ、人々と共に
### 2015年上智大学神学部夏期神学講習会講演集

片山はるひ／髙山貞美 編著

イエスが宣べ伝えた〝福音〟を、私たちキリスト者はなぜ〝喜び〟とするのか。また、その〝喜び〟を周りにどのように伝えてゆけばよいのだろうか。聖書学や神学、環境問題や現代日本が抱える問題等から立体的に探求する。論文10本とシンポジウムの記録を収録。●四六判・290頁・2,800円《3月刊》

## 3.11以降の世界と聖書
### 言葉の回復をめぐって

福嶋裕子／大宮 謙／左近 豊／スコット・ヘイフマン 編著

3.11以降、どう神に祈り、どう聖書を読むか。この問いを基に、震災から5年を経て結実した、聖書学者4人による論文集。震災を経験した3人のキリスト者の証言も併せて収録。現場からの証言と聖書学者の論考が響き合い、聖書理解の新しい可能性を示す。●A5判・210頁・1,700円《3月刊》

## 死者の復活 神学的・科学的論考集

T.ピーターズ／R.J.ラッセル／M.ヴェルカー 編 小河 陽 訳

キリスト教信仰の根幹である「死者の復活」。神学、宗教学、自然科学、工学など、多彩な学問領域の研究者18名が考究。科学が予告する宇宙の終末と神学的終末論の関係、体の復活の可能性、「同一人格の復活」の定義など、キリスト教神学と自然科学とを対話させる創造的相互交流。●A5判・442頁・5,600円《2月刊》

TOMOセレクト

# がん哲学外来で処方箋を

## カフェと出会った24人

**樋野興夫** 編著

がん専門の病理医である著者が提唱した「がん哲学外来」。がん学と人間学を合わせ、医療現場と患者の間の「隙間」を埋めるこの試みは、共感が共感を呼び、全国的な広がりを見せている。この外来と出会い、「言葉の処方箋」を得た24人が語る自分のこと。●四六判・160頁・1,500円《5月刊》

説教黙想 アレテイア 合本

# ヘブライ人への手紙

季刊誌『説教黙想 アレテイア』第84―86号（2014年）に連載された、連続講解説教黙想の合本。幅広く定評ある執筆陣による丁寧な文章を通して、説教をするには難しいとされる「ヘブライ人への手紙」から聖書のみ言葉の真理を導き出す。牧師・伝道師・神学生必携の書。●B5判・206頁・3,300円《5月刊》

# ルワンダ 闇から光へ

## 命を支える小さな働き

**竹内 緑**

看護師への道を歩み出した若い日にキリスト教の信仰を得て、「いかに生きるべきか」と問い続けた著者は、やがてアフリカに派遣された。間もなくルワンダで虐殺が勃発。以来20年あまり、現地の人々の苦難に寄り添い、和解を求めて働いてきた日々を綴る感動のエッセイ。●四六判・104頁・1,200円《4月刊》

# 説教への道

## 牧師と信徒のための説教学

**加藤常昭**

神学校、そして説教塾で説教を共に学んできた著者が、神の言葉に仕える人々に指し示す説教に至る道のり。神の言葉として聴かれる説教の原点を確認し、与えられた聖書テキストに向き合い説教に至るまで、その歩みの同伴者として、実際的に丁寧に解き明かす。●四六判・178頁・1,600円《4月刊》

# 新刊案内

## 2016.5

『シンボルで綴る聖書』（今橋朗著）より

日本キリスト教団出版局
〒169-0051 東京都新宿区西早稲田 2-3-18
TEL.03-3204-0422　FAX.03-3204-0457
振替 00180-0-145610　呈・図書目録
http://bp-uccj.jp
（ホームページからのご注文も承っております）
E-mail　eigyou@bp.uccj.or.jp
【表示価格はすべて税別です】

よそ四章から一〇章までに展開されている第二部に属し、イエス・キリストが大祭司としての働きを担っていることが述べられている。その中で八章は、冒頭「今述べていることの要点は」とあるように、直前の七章に述べられていること（特に二六節以下）に密接につながっている。またこの八章は、九章へと続き、表題にもなっているように、天にある聖所が地上の聖所と決定的に異なることが展開されている。

イエス・キリストが天上で神に仕える大祭司となってくださったことを宣言する、ヘブライ人への手紙の中心的使信が、この八章冒頭に宣言されている。決定的祭司制度の刷新が実現したことのキーワードの一つは、大祭司イエス・キリストが「天」におられることである。「わたしたちにはこのような大祭司が与えられていて、天におられる大いなる方の玉座の右の座に着き、人間ではなく主がお建てになった聖所また真の幕屋で、仕えておられる」（八・一―二）ことによってそれは完成した。

七章において旧約時代の「祭司制度の変更」（一二節）があり、「以前の掟が、その弱く無益なために廃止されました」（一八節）と不完全さが述べられてきた。この八章でもその論調は同じで、三節から五節までに旧約時代の大祭司の働きが想起されている。そしてこの古い制度は、「天にあるものの写しであり影であるものに仕えて」きたと述べられている。つまり「天にあるもの」によってまったく新しく塗り替えられたのである。時系列的には逆転が起こり、先にあった旧約時代の祭司制度が本当の「元」ではなく「写し（コピー）であり、影」であり、後に来た大祭司キリストが「本物」であるということである。

地上ではなく天上にて大祭司イエス・キリストが神に「仕えて」おられ、地上においてより「はるかに優れた務めを得ておられ」ることは何を指しているのであろうか。この点に関して七章にさかのぼると、旧約聖書の中にレビの子らによる伝統的祭司制度が樹立されていたただ中に、まったく異質な祭司メルキゼデクが登場していることが述べられ、そこで詩編一一〇編四節が引用されて「あなたこそ永遠に、メルキゼデクと同じような祭司である」（一七節）とはっきり述べられていた。またそれは同時に大祭司の職務の完全性をも示すものである（七・一六、二五、二八）。大祭司が完全性と永遠性をもっているということは、死と罪に対してそこから救い出す力を発揮してくださっているということである。逆に言うと、永遠性と完全性を阻んでいる力が死であり、罪であるからである。

## 五　私たちの罪を清めるために仕えてくださる大祭司

大祭司としてのイエス・キリストは第二部（川村輝典氏による区部では四・一四―一〇・三一）内だけに言及されているのではなく、すでに二章一七節に言及されている。しかもここにはその役割と使命が、「死をつかさどる者、つまり悪魔を御自分の死によって滅ぼし、死の恐怖のために一生涯、奴隷の状態にあった者たちを解放なさるため」（二・一四―一五）、「アブラハムの子孫を助け」るため（同一六節）、さらに「民の罪を償うために」（同一七節）と明確に語られている。

近藤勝彦氏はその著書『贖罪論とその周辺』の「贖罪論の再考」の中で「和解と伝道」の対応関係へと論を進め、マルティン・ケーラーが、「『キリストの死における神の和解の行為の一回性』を語りながら、同時に『高挙されたキリストが王的な支配によって歴史の経過をして、和解の提供のために仕えさせる』という思想を展開した。彼は『一回的な和解』と『過程を取る救済』とを結び合わせて理解した」ことを紹介し、さらに次のように述べている。「キリストによる贖罪は、終局的贖罪であるが、終局的贖罪はそれ自体で完結したものではなく、高挙されたキリストの支配のもとで聖霊の指導による伝道によって媒介される」と。

ヘブライ人への手紙の冒頭で御子について（ここではまだ大祭司とは言われていない）次のように語られている。「御子は……人々の罪を清められた後、天の高い所におられる大いなる方の右の座にお着きになりました」（一・三）と。ここで「罪を清められた」箇所についてほとんどの英訳聖書が過去完了形で訳出している。ここには、高挙された御子が人々の罪（複数形）の清めを完成しておられることが述べられている。

これに対して「もろもろの天よりも高くされている大祭司」（七・二六）は、「民の罪（複数）を償う」ために（二・一七）「人間ではなく主がお建てになった聖所また真の幕屋で、仕えておられる」（八・二）。つまり高挙された大祭司は持続的に罪を償うために仕え続けておられるのである。

御子であり、大祭司であるイエス・キリストは、御子としては罪の清めを成し遂げていてくださり、同時に大祭司としてはその務めを完成に向けて持続してくださっているのである。

近藤勝彦氏がキリストの決定的贖罪の出来事が「救済史の経過を通って完成へと至る」と述べていることに相通じる信仰の真理をヘブライ人への手紙での御子であり大祭司であるキリストが示している。そこからこの恵みに生きる者の伝道は、天上でのキリストの大祭司としての持続的な職務に裏付けられるゆえ、確かに完成へと導かれていると言えるのである。

## 六　大祭司は誰のために仲介者になってくださったのか

ヘブライ人への手紙の末部にみられる手紙としての挨拶（一三・二二—二五）を仮に括弧に入れて全体を説教とみて、八章を分析すると、一—二節は「説教者」による言葉、三—五節は、地上での祭司制度について語る聖書の言葉が意識されているが、ここも「説教者」による言葉となる。続く六節は、聞き手を一体化する「わたしたちの大祭司」という言葉に始まり、「はるかに優れた務め」「更にまさった約束」「更にまさった契約の仲介者」と、強調された「説教者」による言葉というより「宣言的な言葉」とみることができる。

段落が変わって続く七節は、「説教者」の言葉。八—一二節はエレミヤ書三一章の聖書の言葉であり、最後の一三節は「説教者」の言葉と分析できるであろう。

この八章には、直接説教の聞き手に呼びかける人称や勧告の言葉はない。しかしそのような中で、聞き手が見えてこないのではない。八章での人称代名詞に注目すると、冒頭説教者の言葉と分析した一節に「わたしたちにはこのような大祭司が与えられている」と語られている。同様に六節にも「わたしたちの大祭司は」と一人称複数形で表現されている。また七節以下の後半部分には、エレミヤ書三一章の引用であるが、ここの「彼ら」が登場している。これらの人称表現は、漠然とした著者の複数ではなく、ただ聖書の解説として登場する三人称複数形でもない。

ヘブライ人への手紙を聞いている人々は大きな困難に遭遇している人々である。しかも外側からの困難だけではなく、忍耐と希望をもって立ち得ず、内側から崩壊してしまう危機があった（六・九―一二、一〇・三二―三六）。「あなたがたはまだ、罪と戦って血を流すまで抵抗したことがありません」（一二・四）。末部の勧告の中にみられるこの言葉は、エレミヤが当時のユダ王国の歴史を担って歩んでいた民にそのまま当てはまり、そして実際王国の崩壊と滅亡へと突き進んだ現実を示している。エレミヤ書三一章に預言されている「新しい契約」は、ユダ王国滅亡という神の審判を受けなければならなかった現実の中に示された終末的な希望の預言であった。それは別の言葉で言うと、その時点で実現された契約ではなかった。

ヘブライ人への手紙の著者（説教者）は、聞き手の人々の現実をどうみていたのであろうか。ユダ王国で言うところの「崩壊」がすでに聞き手の中に始まっていると思える箇所もある。信仰を与えられた後にそれを否定するようなことがあった場合、ヘブライ人への手紙ではその人の罪はなお赦されるか、という問題でしばしば論議の的となる六章四―六節や、同様に「もし、わたしたちが真理の知識を受けた後にも、故意に罪を犯し続けるとすれば、罪のためのいけにえは、もはや残っていません」（一〇・二六）との厳しい勧告があることを考慮すると、すでにこの群れの中に「崩壊」が起こりつつあったのではないかと思われる。

八章一節の人称代名詞「わたしたちには」によって、そのような群れを説教者は自分の前に呼び出して語りかけている。「わたしたちの大祭司」との六節も、外側からの迫害の手に怯え、信仰そのものが崩れかかっている、「わたしたち」のために、ただ祭司という役目を負っているからではなく、「御自身を献げることによって」（七・二七）御子イエス・キリストが大祭司となってくださっていることが意味されているのである。

## 七　新しい契約の仲介者となったイエス・キリスト

八章六節と続く七節は段落が分けられているが、大祭司なるイエス・キリストが、神の契約＝約束（＝律法と受けとめてもよい）を決定的に更新したことが一貫して語られている。旧約の伝統によれば大祭司は神によって任命されるものである（七・二三）。

ヘブライ人への手紙の中で「約束」、「契約」そして「律法」が述べられるとき、その主語になりうるものはもちろん神であって、そのことは一貫している。七章二八節においても「御子を大祭司とした」のは神である。また八章末部一三節も、エレミヤ書の新しい契約を実現するのはこれを宣言された神である。しかし、このことは仲介者なる大祭司イエス・キリストを通してでなければ起こりえないのである。神が主語になっている主導的な枠組みのその中心に、六節の、わたしたちの大祭司は、「更にまさった契約の仲介者になられたからです」と、キリストご自身の出現が宣言されているのである。

最後に、最初の契約が新しい契約へと変化する時をめぐって考えてみたい。八章一〇節に示されている「それらの日の後」は、引用されたエレミヤ書三一章三一―三三節においては歴史的な時間軸を設定できない、終末論的な時である。八章一三節に「最初の契約は古びてしまったと宣言された」とあるのは完了の宣言とも理解できるが、その後の「間もなく消えうせます」は、まだ完了していないことを示している。他の箇所を参照すると、たとえば九章一一節では「キリストは、既に実現している恵みの大祭司としておいでになった」と言われている。前述の決定的転換が述べられている八章一〇節の「それらの日の後」はもはや終末論的待望ではなく、大祭司イエス・キリストが与えられて確かな転換がすでに起こったのである。

私たちは、大祭司として執り成しを貫徹してくださっているイエス・キリストとどこで出会い、その尊い働きに与ることができるのであろうか。「真の礼拝は、御子が御父にわれわれの執り成しを願い、神の民が共に主の声を聞いて地上の旅を忠実に歩む時に起こる」(E・ケーゼマン)。

大祭司イエス・キリストは、祭儀や仲介についての論議に私たちを招いておられるのではない。礼拝を通して真にその仲介の働きに与るようにと私たちを招いてくださっているのである。

**参考文献**

川村輝典「ヘブライ人への手紙」、『新共同訳　新約聖書注解II』日本キリスト教団出版局、一九九一年

Fred B. Craddock, *The Letter to the Hebrews*, The New Interpreter's Bible XII, Abingdon, 1998.

T・G・ロング『ヘブライ人への手紙』(現代聖書注解)笠原義久訳、日本キリスト教団出版局、二〇〇二年

B・リンダース『ヘブル書の神学』(叢書 新約聖書神学12)川村輝典訳、新教出版社、二〇〇二年

近藤勝彦『贖罪論とその周辺』(組織神学の根本問題2)教文館、二〇一四年

E・ケーゼマン『自由への叫び――新約聖書と現代神学』川村輝典訳、ヨルダン社、一九七三年

# ヘブライ人への手紙　九章一―一四節

小副川幸孝

## 生ける神への道

本書の構造について、これをどのように区分するかは緒論的な難解さが伴うが、本書を「説教」と理解するにせよ、あるいは「神学的書簡」と位置づけるにせよ、いずれにしても、与えられている箇所は、一四節の「生ける神を礼拝する」という言葉が示しているように、「真心から神に近づこう」（一〇・二二）という呼びかけの中にある。そして、「生ける神に近づく道」は、具体的には「礼拝」において開かれていく。

「礼拝」はキリスト者にとって欠くべからざるものである。「礼拝」をしないキリスト者という者は存在しない。四つの福音書はこぞってイエスが何よりもまず礼拝者であったことを告げるし、初代のキリスト者たちが「礼拝」を最も重要なものとして生活の中に位置づけていたことを私たちは知っている。

だが、キリスト教信仰にとって最も重要である「礼拝」について、「礼拝とは何か」という礼拝の理解には、実は多様なものがある。「礼拝」は信仰の綜合的なものであるから、その理解は多様であっていいのだが、少なくともヘブライ人への手紙の著者は、礼拝やその根幹となった旧約聖書の祭儀が神自身によって定められたものであるとの基本的理解をもっている。彼が、祭儀や祭司職に拘るのは、それが「礼拝を通しての神に近づく道」にとっての重要な意味をもつからである。著者が「契約」という言葉を用いるのはそのためである。

そして、この箇所で、前節の「最初の契約は古びてしまったと宣言された」（八・一三）ということを受けて、古びた最初の契約とイエス・キリストによってもたらされた新しい契約を対比させ、キリストによってもたらされた新しい契約によって完全に「神に近づく道」が開かれたことを論証するのである。

その対置法は極めて有効なレトリックであったし、強調点が後者に置かれていることは言うまでもないことで、それが構造的にこの箇所の全体の意味を規定している。

だから、この箇所の理解には、そうした構造理解が不可欠となる。もちろん、私たちの説教は、聖書の短い一句からでも神の言葉を聴き取ってさまざまに展開することもできるが、特にヘブライ人への手紙は、今日の私たちにはあまりなじみのない祭儀用語が用いられたり、論点が今日では意味を失ったりしているものがあるから、こうした全体の把握が不可欠のような気がしている。

そこで、著者は初めに、最初に定められた「神に近づく道」としての「祭儀」は、外的なものを成し遂げるものではあったが、それは一時的なもので、不完全であったと語るのである。

## 古い最初の契約

神との最初の契約に基づく祭儀の中心をなすものは犠牲の儀式とそれが行われる聖所であり、著者は、まず、その聖所についての記述から始める。その際、著者が一節で「地上の聖所」という言葉を使っているのは、天においてイエスによってもたらされる究極の救いの出来事との対比を示すレトリックで、聖所とそこでの礼拝が、神によって定められたものではあっても、どこまでもこの世的な限界をもつものであることが意識されているからである。

そこで、著者が聖所として詳細を記すのは、エルサレムに建築されたソロモンの神殿でもなければ、ヘロデによって再建された神殿でもなく、出エジプト記二五―二六章に記されている「幕屋」である。それは、神との契約に基づく祭儀の最も原初的な形態に遡ったものと言えるであろう。つまり、律法で規定されたとおりの聖所について記し、それでもそれが限界をもつものであることを示そうとするのである。

だが、幕屋の内部の描写において、ここに挙げられている祭具のリストは、四節の至聖所内の祭具のリストもあわせて、必ずしもヘブライ語の出エジプト記の記述に従ったものではない。

## 祭具のリスト

たとえば、「第一の幕屋」に置かれるとされる「供え物のパン」は、出エジプト記では、単に机、もしくは「供えのパンの机」とされているだけであるし（出エジプト記二五・二三―三〇）、ヘブライ人への手紙の著者が至聖所の中の祭具としてあげている「金の香壇」（四節）は、出エジプト記によれば、至聖所の前、つまり第一の幕屋の中に置かれていた（同三〇・六）。

また、契約の箱の中に置かれていたものはモーセがシナイ山で神から与えられたという十戒を記した石の板だけであるとされていたが、著者はそこに「マンナの入っている金の壺」と「芽を出したアロンの杖」を加えている。「マンナの入っている金の壺」は、奴隷の地エジプトを脱出して「神の民」として形成される荒れ野での旅で、古代イスラエルの人々を飢えから救った神の恵みの賜物としてのマンナが一オメル入れられていたものであり、「アロンの杖」は、アロンとその子孫が祭司として選ばれた者であることを示すものである。しかし、旧約聖書の中にはこれらが契約の箱の中に入れられていたという記述はどこにもない。おそらく、それらは著者が用いた七十人訳聖書に基づくものであろう。あるいは当時のディアスポラのユダヤ人の祭儀伝承に従ったものかもしれない。

その出典の問題は別にしても、著者は、これらの祭具について、それぞれの意味とそれが祭儀において果たしている役割については十分に認識していたに違いない。それらの祭具は、「贖いの座」と呼ばれた契約の箱の「ふた」とそれを覆うように置かれた「ケルビム」が神の臨在の象徴であるように、「見えない神に近づく」ための祭儀の重要な要素となっていた。

人は、祭儀における儀式も含めて、こうした外的で具象的なものに重要な意味を見出してきたし、宗教的な人々はそれを重視する傾向にさえある。宗教は、ある意味では、聖なる祭具を用いた儀式にほかならない。そこにはそれぞれの意味がある。

だが、著者は「こういうことについては、今はいちいち語ることはできません」（五節）と述べて、最初の古い契約の意義が、通常の聖所と言われる「第一の幕屋」と至聖所と呼ばれる「第二の幕屋」に聖所が分けられていたことと、そこで行われていた礼拝（祭儀）にあることに集中する。聖所には、毎日、祭司が入って礼拝を行うが、至聖所には、年に一度、しかも大祭司だけが入って贖いの犠牲を献げる。その中で著者は、ことに至聖所における大祭司の行為に集中しようとする。

なぜなら、著者にとっての関心はどこまでも「救いの達成」であり、「神に近づくこと」であり、それは最初の契約においては大祭司による「贖いの犠牲」として象徴されていたからである。そして、それが不完全なものに過ぎなかったことが明言されていくのである。

## 幕屋の祭儀と大祭司

著者は六節で第一の幕屋では、祭司が日毎の礼拝を行っていると述べ、七節で至聖所と呼ばれる第二の幕屋での年に一度の大祭司による贖いの祭儀について述べる。

第一の幕屋では、日々、当番の祭司がそこに入り、燭台に灯火をともし（出エジプト記二七・二〇―二一）、香壇で香りの高い香をたいた（同三〇・七―八）。そして、週ごとに、当番の祭司が供えのパンの机の上に新しいパンを供えた（レビ記二四・八―九）。これはどの祭司でも行うことができたが、著者はそうした第一の幕屋での礼拝の詳細については何も記さずに、第二の幕屋における大祭司について語ることへと移行する。なぜなら、それが最初の契約における贖い（救い）の基礎づけとなったからである。「何によって救いがもたらされるのか」ということこそが重要だからである。

この規定の詳細については、レビ記一六章で述べられているが、大祭司（アロンおよび彼に連なっている大祭司）は、毎年「第七の月の一〇日（現在の秋分の頃）」に至聖所に入った。その際、特別な祭儀のために用意された白い亜麻布の祭服を身につけて、最初に自分と自分の家族の罪のために犠牲の雄牛の血を携え、それを「贖いの座（契約の箱のふた）」の上と前に振りかける。次に、人々の罪のために屠られた山羊の血を携えてきて、それも同じように「贖いの座」の上と前に振りかけた。その儀式が終われば、大祭司は至聖所から出てきて、贖罪のための籤《くじ》に当たったもう一頭の山羊の頭に両手を置き、イスラエルの民の罪を告白し、その山羊を「不毛の地」に放った。これは、贖罪の山羊に罪を転嫁する象徴的な行為である。

しかし、ヘブライ人への手紙の著者は、ここではこうした贖いの日における大祭司の行為の詳細には触れないで、彼が「自分自身のためと民の過失のために献げる血を、必ず携えて行きます」（七節）と語り、雄牛と山羊の血によって罪のゆるしの贖いが行われたことに注目する。

これは、一二節でも語られているが、キリストが、雄牛や山羊の血ではなく、ご自身の血によって贖いを完成させられたことを強調するためであろう。大祭司は、毎年、これを行わなければならないのだから、この犠牲の血は永遠には有効ではなく、どこまでも一時的なものに過ぎないことが強調されているのである。

ちなみに、七節で「民の過失」という言葉が使われているのは、無知による罪のゆるしが行われることが意識されているからで、著者は故意に犯された罪はゆるされないと考えていたからであろう。

## 至聖所での祭儀の限界

著者が幕屋での祭儀や贖罪の日における大祭司の祭儀について言及する目的は、これまで述べてきたように極めて明瞭で、それが神によって定められたものではある。しかし、この世的で一時的な限界をもつものであることを示すためであるが、それを述べようとする八―九節は、釈義的にも文章構造的にも若干の難解さを伴っている。

八節は、おそらく「聖霊」という言葉を用いることで、旧約聖書に記されているこれらの諸規定が神自身によって定められたものであることと、それと同時に、その限界性もまた神によって定められたものであるということを言おうとしているのだろうと思う。

八節の構文は、いわゆる修辞技法の「くびき語法」というのが用いられており、「くびき語法」は、二つ以上の文を一つの動詞や名詞でつなぐものであるから、「第一の幕屋がなお存続しているかぎり」は、前の六―七節が主節となっていると考えられる。つまり、最初の契約に基づく礼拝では、「聖所への道がまだ開かれていない」ということになる。そこで、この「聖所への道」の理解が問題になるが、ここで言われている「聖所」を前節まで使われていた「幕屋」や「至聖所」として理解すると論理的に矛盾することになる。そこで、シュトラートマンなどは、第一の幕屋と第二の幕屋（至聖所）の対比が、地上の聖所と天的聖所の対比となり、ここでは天的な聖所として「神に直接的に近づく道」という理解の可能性があるのではないかと語っている（ＮＴＤ参照）。ヨセフスには至聖所を神によってゆるされた聖なる場所の象徴、聖所をこの世の人が近づきうるところの象徴とするような理解があり（『ユダヤ古代誌』）、「聖所への道」を「神の御座への道」と理解することができるかもしれない。あるいは単に、年に一度だけ大祭司にはゆるされているとはいえ、すべての人にとって神の御前に近づく道はまだ開かれてはいないということかもしれない。

また、九節の「この幕屋」が八節の「第一の幕屋」を受けるものなのか、それとも最初の契約における幕屋全体とそこでの礼拝を受けるのか、さらに、「今という時」と訳された言葉は、「その当時」と訳すのか、「現在の時」と訳すのかは、字義的に曖昧である。

しかし、おそらく、キリストによって神の御座への直接の道が開かれたこととの対比で、そこからすれば、地上の幕屋とそこでの礼拝が一時的なものに過ぎなかったことを象徴しているというのであろう。いずれにしても、旧約聖書に示された最初の契約に基づく祭儀や礼拝行為は限界をもつものであり、一時的で、外的なものであったと語られているに違いない。

このことはキリスト教の礼拝においても同じであろう。礼拝は一つの儀式ではあるが、礼拝が儀式化されすぎて、そこでの行為や身振りが大げさになったり、外的なことだけが重要視されたり、あるいは単なる祭儀行為になったりすれば、礼拝は、人の行為の単なる産物となり、その真の意味を失う。

ヘブライ人への手紙の著者は、さらに、地上の幕屋における祭儀は、「礼拝をする者の良心を完全にすることができない」（九節）と言う。

## 良心を完全にすることができない

礼拝は全人的な行為である。だが、最初の契約に基づく律法に規定された祭儀は、「礼拝をする者の良心を完全にすることができない」と著者は言う。これは文字通り訳せば「良心に関して礼拝する者を完成しない」とでも訳せるが、ここで言われている「良心」は倫理的な意味での「良心」ではない。パウロは「良心」を倫理的に考えたし、M・ルターもそのパウロ的理解を踏襲していることはよく知られている。フィロンも「行為を判別する魂の中の裁判官のようなもの」という理解を示している。しかし、ここでは「神に至る道」としての祭儀行為の中で使われており、その意味では倫理的要素をもたず、神との関係における内的、人格的なものを指す言葉として用いられているのである。つまり、「供え物といけにえが献げられても」、それらは外的、物質的な清めの象徴ではあっても、一時的であり、内的なものを含む礼拝者の全人的な完成をもたらさないと語るのである。

そして、さらに、旧約の律法に記されている「食べ物や飲み物や種々の洗い清めに関する」規定（レビ記一〇・一二以下、一〇・九、一六・二四―二八）は、人間の身体的な事柄だけに関わる「肉の規定」であり、内的、全人的な有効性をもたないと続ける。それらは、イエス・キリストの到来の時まではある程度の有効性をもったが、それは単に、決定的に完成に至る「改革の時」までの暫定的な古い秩序であったに過ぎないと言うのである。新共同訳聖書で「改革」と訳されている言葉は、再構成される新しい秩序を意味する言葉で、イエス・キリストによってもたらされる新しい秩序によって、今や最初の契約に基づく古い秩序が変えられたことを意味している。そこで、著者は、いよいよ、その新しい秩序をもたらす新しい契約であるイエス・キリストに目を向ける。

## 恵みの大祭司としてのキリスト

著者は、ここでまず、キリストが、一時的・この世的贖いをする最初の古い契約における大祭司とは異なり、自らの血によって永遠の贖いを成し遂げられた「恵みの大祭司」（一一節）であると語る。その際、キリストの天的大祭司性を形容する言葉として記されている「既に実現している恵みの」という言葉は、実は、写本によって相違があり、新共同訳のように「既に実現している恵み」と読む写本が多いが、「到来している恵み」と読む写本も有力である。ただ、いずれにしても、これが文脈からは、永遠の贖い、完全な救いを指していると言えるであろう。キリストは永遠の贖いを成し遂げられた大祭司であると強調するのである。

キリストは、人の手で造られたこの世に属するような幕屋ではなく、天的な「完全な幕屋」を通り、しかも犠牲の動物の血ではなく「御自身の血」によって、毎年ではなくただ一度限り真の聖所に入り、「永遠の贖いを成し遂げられた」と語る。

ここでの記述は、ほとんどすべて、最初の契約における地上の幕屋での大祭司による贖いと対比されているが、用語が吟味されて、キリストの大祭司性がそれとは比較にならない無比で永遠に有効な贖いをもたらし、それによって「恵みの大祭司」であることが強調されている。

ここで集中されているのは、言うまでもなく、イエスの十字架の血による罪の贖い、つまり、贖罪論のキリストである。それこそが「罪のゆるし」の根源であり、人間の存在を転換させる転換点であることを確信しているからである。傷のない動物の犠牲も清めの働きをしたが、それ以上に、キリスト自身も全く汚れのない状態で自らを犠牲として献げられ、全人的な贖いをもたらし、礼拝する者を「聖なる者」としていくと語る。そして、それは全人性をもって「生ける神を礼拝する」ことに至らせる。ヨハネの言葉を使って言うならば、「霊と真理をもって礼拝する」（ヨハネ四・二三、他）ことへと向かわせる。それこそが新しく開かれた「神に至る道」にほかならないからである。

## 生ける神を礼拝する

著者は、永遠に有効で比類のないキリストの贖罪における「キリストの血」が、「わたしたちの良心を死んだ業《わざ》から清めて、生ける神を礼拝するようにさせ」る（一四節）と語る。ここで言われている「良心」も、先の場合と同じように人間の内面を指す言葉で、良心は堕落もすれば清くもなり、人の良心は罪の支配下で堕落していると考えられていたものである。しかし、今やそれはキリストによって清められた。それゆえ、人は全人性をもって「生ける神を礼拝する」ことに至っている、と語る。

その際、本箇所のまとめとなることでもあるが、キリストの贖いの業（キリストの血）が人を「生ける神を礼拝する」ことに至らせるのであり、人の業や祭儀行為がこれを行うのではない。その意味で、礼拝は単なる儀式ではなく、人が生ける神を信じて生きることそのものでもある。そして、私たちの礼拝を礼拝たらしめているのは、私たちの行為ではなく、キリストである。圧倒的なキリストの恵みに目を留めること。そこからすべてが始まることを心に留めて、この箇所の説教の黙想に当たりたい。

### 参考文献

ヘルマン・シュトラートマン『ヘブライ人への手紙　翻訳と註解』（NTD新約聖書註解9）木幡藤子・関根正雄訳、ATD・NTD聖書註解刊行会、一九七五年（原著一九六八年）

川村輝典『聖書註解　ヘブライ人への手紙』一麦出版社、二〇〇四年

# ヘブライ人への手紙　九章一五－二八節

吉村　和雄

与えられた箇所を、どのような枠組みで理解するのがよいだろうか。この手紙は、皇帝ネロの迫害のような厳しい迫害を経験し、それに耐えて信仰生活を送らなければならなかった、紀元一世紀末のローマの教会を励まし、立たせるために書かれたと考えられる。まだごく小さな群れに過ぎなかった教会が、大ローマ帝国の迫害にさらされるということは、容易なことではない。そのような教会を、どのようにして励ませばよいのか。

この課題に対して、この手紙の著者は、見える現実に対して、見えない現実を対峙させるという方法をとっている。第二章八節に「しかし、わたしたちはいまだに、すべてのものがこの方に従っている様子を見ていません」とある。すべてのものが御子に従っている様子は見えない。従っていないだけではなく、むしろ御子を信じてそれに従う者たちを迫害し、命を奪っている。それが目に見える現実である。しかしながら、そのような現実に対して、もう一方の現実がある。「『天使たちよりも、わずかの間、低い者とされた』イエスが、死の苦しみのゆえに、『栄光と栄誉の冠を授けられた』」（二・九）という現実である。問題は、このふたつの現実のうち、どちらが確かなものなのか、ということである。これは当時のローマの教会だけの問題ではない。わたしたちもまた、さまざまな現実に直面し、信仰が揺さぶられる経験をする。目に見える現実よりも、イエスの現実の方が確かであるという確信が持てなければ、信仰生活を続けていくことは難しいだろう。それゆえに、この手紙の著者は、その確信をわたしたちに与えるために、全力を注ぐのである。

## 新しい契約

そのために、与えられた箇所においてまず著者が取り上げるのは、新しい契約である。キリストは新しい契約の仲介者であると述べる。新しい契約は、神の救いの歴史の中で与えられたものである。つまりここで著者は、神の救いの歴史にわたしたちの目を向けさせるのである。ローマ帝国も、あるいはわたしたちが目にするさまざまな状況も、歴史の中で起こっていることに違いない。でも聖書は、それが歴史のすべてではないことを明らかにしている。この歴史の中に、その歴史を支えるように、神の救いの歴史がある。それはアブラハムをお召しになることから始まり、神の民であるイスラエルを起こされ、そしてついに御子を人としてこの世に遣わされ、十字架の上ですべての人の罪の贖いを成し遂げさせられるという歴史である。そして御子は再び、今度はこの世の支配者として来てくださり、その救いを完成してくださるのである。この世の歴史の中に、大河のように流れる神の救いの歴史がある。これは神の確かな御心によることであって、必ず最後まで遂行されるのである。

新しい契約は、その中で生まれたものである。その内容については、第八章で取り上げられている。イスラエルと結ばれた最初の契約が、人間の罪のために、人間を救いうる力のないことが明らかになった時に、神が預言者エレミヤを通して約束されたものである。その内容は、神の律法をわたしたちの心に書き付け、もはや人に教えてもらう必要がないほどに神を深く知るようになって、それを通して、神がわたしたちの神となり、わたしたちが神の民となるという関係を作り出すことである。エレミヤはそのような新しい契約を預言したが、どのようにしてそれが結ばれるかは、明らかにしなかった。それを仲介者として実現してくださったのが、キリストである。最初の契約が結ばれてから、新しい契約が預言されるまで約六百年、さらにそれがキリストによって実現されるまで六百年である。それだけの年月をかけ、最初の契約を無効にしてまで、神はわたしたちを救う業《わざ》を、遂行してくださったのである。

ここでふたつのことが、確かなこととされる。ひとつは、キリストが、最初の契約の下で犯された罪の贖いとして死んでくださったことである。そして、それゆえに、召された者たちが、既に約束されている永遠の財産を受け継ぐということである。この「永遠の財産」とは、何よりもまず、神の民とされること、神を自分たちの神として礼拝することができることと理解される。しかし同時に、それは「地を受け継ぐ」（マタイ五・五）ことにもつながるだろう。この世界を受け継ぐのは、ローマ帝国ではなく、召された者たちであるわたしたちである。本来、この世界を支配し、治めるべきなのは、わたしたちである。そういう意味も、この中に見いだすことができる。

## 遺言

次に著者が取り上げるのは、遺言である。これは一五節において「財産を受け継ぐ」という言葉が出てきたので、それとの関連で取り上げられていると考えられるが、ギリシア語においては、「契約」と「遺言」は同じ言葉である。したがって一六節の「遺言」と一五節の「契約」とは、同じ言葉である。もともと、神が民と結ばれる契約は一方的な約束であるので、遺言の性格を強く持つものである。ここで著者は、神の契約の遺言としての性格を取り上げることによって、一五節で言われている「キリストが死んでくださった」ことが、新しい契約の仲介者の業であり、そのようにしてキリストが新しい契約を確かなものとしてくださったということを、明らかにしようとするのである。

遺言については、これは世界共通のことであるが、第一に、遺言は遺言者の死によって初めて効力を得るものであり、第二に、遺言は重んじられるべきものであって、確実に実行されるものである。つまり、キリストが死んでくださったことによって、この新しい契約がわたしたちのものになったことは、確実なのである。

　ここで、遺言者の死が問題になるが、この場合の遺言者とは、約束の与え手のことであって、それは神に他ならない。しかしながら、死は人間のことであって、神の死はありえない。ここで、主イエスが、真の神にして真の人であるという信仰が意味を持ってくる。キリストは、真の神として約束の与え手であり、同時に真の人として死を経験し、その約束を遺言としてくださった。それによって、新しい契約が、確かにわたしたちのものになったのである。

## 血による清め

　遺言と遺言者の死の問題に続いて、血による清めが取り上げられる。新しい契約の仲介者でいます主イエスは、単に死なれたのではなく、血を流されたのであった（ヨハネ一九・三四）。そして過越の食事の席上、「これは、多くの人のために流されるわたしの血、契約の血である」（マルコ一四・二四）と言って、聖餐を制定された。この契約の血は、最初の契約においても流された。それは「血を流すことなしには罪の赦しはありえない」（ヘブライ九・二二）ことを明らかにしている。

　一九―二一節において、出エジプト記第二四章一―八節の、最初の契約締結の記事が取り上げられる。そこで「モーセが律法に従ってすべての掟を民全体に告げたとき、水や緋色の羊毛やヒソプと共に若い雄牛と雄山羊の血を取って、契約の書自体と民全体とに振りかけ」たと言われる。実際にそこで用いられたのは雄牛の血のみであって、他のものは用いられてはいない。水や緋色の羊毛、ヒソプは、レビ記第一四章四―六節と民数記第一九章六―八節において、清めのために用いられると書いてあって、ヘブライ人への手紙の著者は、これらの記述を取り入れることがよいと判断したのであろう。また雄牛の血と雄山羊の血については、レビ記第一六章一一―一六節において、雄牛の血は祭司の罪の贖いのため、雄山羊は民の罪の贖いのために用いられるとある。それらの記述が、今回のヘブライ人への手紙の箇所に、付け加えられているのである。それがふさわしいと判断したのであろう。

　また出エジプト記第二四章の記事では、契約の書自体に血が振りかけられたとは書かれていない。契約の書も人の手をもって書かれたものであるので、血による清めが必要であると考えられたのであろう。同様に、今回の箇所の二一節にある「幕屋と礼拝のために用いるあらゆる器具にも同様に血を振りかけました」という記述は、出エジプト記第二四章にはない。これは出エジプト記第四〇章九―一一節、レビ記第八章一〇―一一節にあることで、それがここに付け加えられているのであるが、しかしそこで用いられているのは聖別の油であって血ではない。後のユダヤの伝説では油と共に血が用いられているようになっているので、それがここに反映されているのであろうと言われる（有賀鐵太郎）。もっとも今回の箇所では、油については何も言及されておらず、血だけが取り上げられる。そのように、ここにおいては、旧約聖書の記事が正確に引用されているとは言えないが、著者の目的は、清めには血が必要であること、それゆえに契約には血が流される必要があったことを、聖書を通して立証することである。

血が清めに用いられるのは、血が命であるとの考えがあるからである。レビ記第一七章一一節には「生き物の命は血の中にあるからである。わたしが血をあなたたちに与えたのは、祭壇の上であなたたちの命の贖いの儀式をするためである。血はその中の命によって贖いをするのである」とある。主イエスが十字架の上で血を流されたのは、遺言者の死によって、遺言である新しい契約が確かな効力を持つものとするためであると同時に、その血によってわたしたちの命の贖いを成し遂げるためであった。まさしく「血を流すことなしには罪の赦しはありえない」ことは、旧約聖書の時代から確かなことであって、それゆえに、主イエスが血を流されたことは、わたしたちの罪の赦しが確実なものであることを、明らかにするのである。

## 天上の礼拝と地上の礼拝

さて、これまで旧約聖書の記述をもとに、新しい契約、遺言、血による清めについて語ってきた著者は、次に天上の出来事と地上の出来事を対比させて語り始める。神の救いの歴史が、一貫してこの世の出来事の中に貫かれていることを述べ、それを通してわたしたちの救いが確かなものであることを語ってきたのであるが、これからは、この地上の出来事が、単に地上の出来事として存在しているのではなく、天上の出来事とのつながりにおいて存在していることを論証しようとする。そのようにして、わたしたちの目が、この地上の見える現実にだけ奪われてしまうのではなく、もっと高く、また広く、天上の出来事からこの地上の出来事を見るように、導こうとするのである。

二三節の「天にあるものの写し」という言葉によって、これまで述べてきた清めのことがらが、単に地上のことがらではなく、また地上で完成することがらでもないことが、明らかにされる。それらは、天上で行われていることに呼応して存在しているのである。地上においては大祭司が年ごとに自分のものでない血を携えて聖所に入り、罪の贖いの儀式をする。しかしながら天上においては、キリストが、人間の手で作られた聖所にではなく、天そのものに入り、雄牛や雄山羊の血にまさったいけにえによって、すなわち御自身の血によって、そこにあるものを清めてくださった、というのである。

しかしながらここで、天にあるもの自体を清めるとは、どういうことだろうか。天にあるものが、清めを必要とするのだろうか。恐らくこのことは、わたしたちの礼拝と関わりがあることだろう。地上の清めの儀式は、わたしたちが神の御前に出ることができるように、それにふさわしくわたしたちを清めるものであった。また地上の幕屋や、礼拝に用いられるすべてのものの清めは、神がわたしたちに会ってくださるために用いられるそれらのものが、その用途にふさわしくされるようにするものであった。そのようにして、この地上において、わたしたちが神を礼拝することができるようにしたのである。

そのように考えたときに、天上における清めとは、つまりわたしたちの礼拝が、この地上の出来事でありながら、同時に天における出来事と直結するものとして、用いられるということであろう。旧約の時代においても、人間は神を礼拝することができたし、礼拝してきたのであるが、神の子でいますキリストがこの地上に来てくださり、御自分の血によってわたしたちの罪を完全に贖ってくださった後には、より直接的にわたしたちは神を礼拝することができるようになっている。二四節に、キリストは、わたしたちのために神の御前に現れてくださったとある。神の御前とは、正確には「神の顔の前」である。神はかつてモーセに対して「あなたはわたしの顔を見ることはできない。人はわたしの顔を見て、なお生きていることはできないからである」（出エジプト記三三・二〇）と言われた。その神の御顔の前に、キリストは御自分を現され、神に見られるものとなった。それは神に知られるものとなったことであり、神に愛されるものとなったことである。そのことを、キリストは「わたしたちのために」、すなわちわたしたちの代表者として、してくださった。つまりわたしたちもまた、キリストと共に神の前に姿を現すものとなったのである。キリストと共に神に知られるものとなり、神に愛されるものとなったのである。

## 一回だけの、完全な犠牲

このように、わたしたちの礼拝を、天上の礼拝に直結するものとしてくださったキリストの犠牲とは、どのようなものであるだろうか。二五節以下に、そのことが示される。まず第一にキリストは、大祭司が年ごとに自分のものでない血を携えて聖所に入るように、度々御自身をお献げになることはなさらなかった。ただ一度、御自身の血を携えて聖所に入り、永遠の贖いを成し遂げられたのである（九・一二）。大祭司が自分のものでない血、すなわち雄山羊や雄牛の血を携えるのは、自分の血を献げることができないからであるが、同時にそのことは、わたしたちが自分で自分の贖いを成し遂げることができないことを、表している。「血を流すことなしには罪の赦しはありえない」（二二節）と言われるとき、それは自分の血ではなく、自分以外のものの血である。自分以外のものの命が注ぎ出されることなくして、わたしたちの罪の赦しはありえないのである。だからキリストは、御自分のためではなく、わたしたちのために、御自身の血を携えて聖所にお入りになったのである。

その犠牲は、ただ一度のものであった。ただ一度のものとは、完全なものとの意味である。もしそうでなければ、天地創造の時から、つまり、アダムとエバが罪を犯した時にも、カインがアベルを殺した時にも、その度ごとにキリストは死なねばならなかったはずである。しかし実際は、キリストは世の終わりに一度だけ、罪を取り去るために、現れてくださった。このことは、キリストの贖いが完全なものであることを、示している。

ここで「罪を取り去る」とは「罪を無効にする」という意味である。罪がまだ残っていたとしても、それは無効になっているのである。さらに「世の終わりに」は正確には「世々の終わりに」である。キリストが来られるまで、人間の歴史はいくつもの時代から形成されてきた。しかしそれらは結局、ひとつの「この世」として来たるべき時代に対立するものであった。そしてキリストが来られたことが、この世を終わらせたのである。キリストにおいて、世は終わっている。ローマ帝国がいかに強大に見えようと、その支配は終わっているのである。

最後に著者は、人間がただ一度死ぬことと、その後に裁きを受けることを、取り上げる。人間はただ一度死ぬ。これは誰もが知っていることである。しかし、それだけではなく、その後に裁きを受けることもまた、定まっているのである。ローマ皇帝であろうと、この定めから自由ではない。この地上を生きるどんな人間も、一度死んで、裁きを受けるのである。しかしながらキリストは、このことにおいても、わたしたちの側に立つものとして行動してくださる。すなわち、多くの人の罪を負うためにただ一度、わたしたちと同じ死を死んでくださったキリストは、二度目は、裁きの場を前にして、キリストを待望する者たちのために、彼らに救いをもたらすために、来てくださるのである。

今回の箇所もそうであるが、このヘブライ人への手紙を読んでいると、歴史の中の出来事や、天上での出来事が、壮大なドラマのように目の前に描き出される。キリスト者として生きている者は、この世界の中に、放り出されているのではない。わたしたちのために、歴史の中でも天上においても、壮大なドラマが繰り広げられている。それに目を向ける時、わたしたちは大いに励ましを受け、勇気を与えられる。そして目の前にある現実に心を奪われることなく、信仰者の歩みを続けることができるのである。

**参考文献**

T・G・ロング『ヘブライ人への手紙』(現代聖書注解)笠原義久訳、日本キリスト教団出版局、二〇〇二年

有賀鐵太郎『ヘブル書注解』(有賀鐵太郎著作集2)創文社、一九八一年

加藤常昭『ヘブライ人への手紙2』(加藤常昭説教全集23)教文館、二〇〇五年

# ヘブライ人への手紙　一〇章一―一八節

楠原　博行

## 一　御子の大祭司としての務め

ヘブライ人への手紙第五章一一節―一〇章三九節は御子の大祭司としての務めについて告げている。それが説教全体の、つまりヘブライ書全体の五分の二を占めるとウィリアム・L・レインは指摘している（『ヘブライ人への手紙一―八章』一二五頁）。彼によると、この箇所の段落分けは以下の通りである。

五章一一節―六章二〇節
　これからの解き明かしのために前置された、共同体が置かれている状況に対しての、形式ばった仕方での勧めの言葉

←七章一―二八節
　イエスを「メルキゼデクと同じような大祭司」と呼ぶ重要性

八章一節―九章二八節
　著者の関心の中心は「御子の大祭司としての務め」であり、五章九―一〇節にその三つの局面である、完全な者となられたこと、永遠の救いの源となられたこと、神から大祭司と呼ばれたことが示されている。八章一節―九章二八節では「完全な者となられた」（五・九）ことが解き明かしの中心にあり、それを大いに展開させている。

→一〇章一―一八節
　イエスを「永遠の救いの源」と呼ぶ重要性

一〇章一九―三九節
　共同体の状況に対して展開された洞察を適用した勧めの言葉

　これらの部分は四章一五節―五章一〇節の解き明かしから五章一一節―六章二〇節の勧めへと自然に移り変わっていくのであり、著者が五章九―一〇節で告げられた主題について議論を進めていることは、「このことについては、話すことがたくさんあるのですが」（五・一一）と述べていることからも明らかである（W・L・レイン、一二五頁以下）。

著者は七章一節—一〇章一八節で、御子の大祭司としての務めの、他とは違う特色を解き明かすことに専念している。七章一—二五節では、なぜイエスがメルキゼデクと同じような大祭司と呼ばれるかが解き明かされたが、聖書の記事によるかぎりではメルキゼデクは犠牲とは全く関係がなく、そのキリスト論的重要性は限られたものとなる。そこで七章二六—二八節で著者は、続く八章一節—一〇章一八節の解き明かしへの橋渡しのため、イエスの務めの、犠牲としての側面を論じた。そして八章一節—九章二八節では、イエスの死と高挙により示された天の聖所におけるイエスの大祭司としての唯一性、「そして、完全な者となられた」（五・九a）が、一〇章一—一八節においては、イエスを「永遠の救いの源」（五・九b）と呼ぶ重要性について論じるのである。

「この最後の部分が八章一—二節で導入された解き明かし〔われわれにはこのような大祭司が与えられていて、神の右に座し、神がお建てになった聖所また真の幕屋で仕えておられる〕を結論づけ、要約しており、ヘブライ書の中心となるキリスト論の適切なクライマックスを与えている」（W・L・レイン『ヘブライ人への手紙九—一三章』二五七頁）。

W・L・レインが指摘する集中構造はさておき、一〇章一—一八節の構造は以下の通りである。

A　一〇章一—四節
繰り返される犠牲についての戒めが与えるものでは不十分であること

B　一〇章五—一〇節
神の御意志により、繰り返される犠牲がキリストの一回限りの犠牲によって取って代わられる

B'　一〇章一一—一四節
レビ人の祭司が神の右に座す一人の祭司により取って代わられる

A'　一〇章一五—一八節
罪の犠牲がもはや不要となる、新しい契約が与える十分さ

## 二　旧約聖書テキストの解き明かし

一〇章五—一〇節で行われるのは、一—四節で告げられた、繰り返される犠牲では罪を取り除くことができないこと、それでは不十分であることを旧約聖書テキストの解き明かしを通して論じることである。

五—六節が拠り所とする旧約聖書テキストは詩編第四〇編七節である。

あなたはいけにえも、穀物の供え物も望まず
焼き尽くす供え物も
　罪の代償の供え物も求めず
ただ、わたしの耳を開いてくださいました。
（詩編四〇・七）

「あなたは、いけにえや献げ物を望まず、
むしろ、わたしのために
　体を備えてくださいました。
あなたは、焼き尽くす献げ物や
　罪を贖うためのいけにえを好まれませんでした。」
（ヘブライ一〇・五―六）

「神に仕える新しい契約に生きる共同体の清めの基盤となるのは、神のご意志の成就である、繰り返すことのできないイエス・キリストのからだを献げることである。この点を展開するために著者は、旧約聖書のテキストを引用し、解説する、説教におけるミドラシュ〔訳注：聖書解釈〕を効果的に用いるのである。彼は聖書の中で既に預言されていたことを示すため、詩編四〇編六―八節（七十人訳三九・七―九）の助けを借りる」（W・L・レイン、二六二頁）。

「ただ、わたしの耳を開いてくださいました」（詩編四〇・七）と「むしろ、わたしのために、体を備えてくださいました」（ヘブライ一〇・五）の違いは、ヘブライ人への手紙の引用はギリシア語ソーマ（体）と読む写本によるが、新共同訳聖書が準拠するヘブライ語マソラ・テキストに一致する七十人訳ギリシア語聖書テキストはホーティア（耳）と読むことによる違いである。

続く七節は同じ詩編第四〇編八節を引用する。

そこでわたしは申します。
御覧ください、わたしは来ております。
わたしのことは
　巻物に記されております。
わたしの神よ、御旨を行うことを……
（詩編四〇・八―九）

「そこで、わたしは言いました。
『御覧ください。わたしは来ました。
聖書の巻物にわたしについて書いてあるとおり、
神よ、御心を行うために。』」
（ヘブライ一〇・七）

こちらはホ・セオス（神よ）の位置以外は一致している。八節以下で、これらのテキストを「つまり律法に従って献げられるものを望みもせず、好まれもしなかった」（一〇・八）、また「第二のものを立てるために、最初のものを廃止されるのです」（同九節）と解き明かすのである。

これらの旧約聖書テキストの解き明かしにより、上記B「神の御意志により、繰り返される犠牲がキリストの一回限りの犠牲によって取って代わられる」ことが示される。これにより「わたしたちは聖なる者とされたのです」（一〇節）。

一〇章一二―一三節が解き明かすのは詩編一一〇編一節である。

「わたしの右の座に就くがよい。

わたしはあなたの敵をあなたの足台としよう。」
（詩編一一〇・一）

ここで告げられるのは神の右に座すキリストのこと。キリストは、すべての敵が御自分の足台となるまで待ち続けておられる。こうして「毎日礼拝を献げるために立ち、決して罪を除くことのできない同じいけにえを、繰り返して献げ」る（一一節）レビ人の祭司は、神の右に座す一人の祭司により取って代わられる（B'）。

そして一〇章一六―一七節はエレミヤ書三一章三一―三四節（ヘブライ八・八―一二でも）を引用する。

しかし、来るべき日に、わたしがイスラエルの家と結ぶ契約はこれである、と主は言われる。すなわち、わたしの律法を彼らの胸の中に授け、彼らの心にそれを記す。
（エレミヤ書三一・三三）
わたしは彼らの悪を赦し、再び彼らの罪に心を留めることはない。
（エレミヤ書三一・三四）

「『それらの日の後、わたしが
彼らと結ぶ契約はこれである』と、
主は言われる。
『わたしの律法を彼らの心に置き、
彼らの思いにそれを書きつけよう。
もはや彼らの罪と不法を思い出しはしない。』」
（ヘブライ一〇・一六―一七）。

これらのテキストの解き明かしにより上記A'「罪の犠牲がもはや不要となる、新しい契約が与える十分さ」が示される（一八節参照）。

以上のように旧約聖書テキストの引用と、その解き明かしにより議論が展開されている。

## 三　ヘブライ人への手紙第一〇章の説教

九章一一―二八節ではキリストの犠牲による客観的利益について語られた。キリストが死に、天の聖所に入られたことにより、神の永遠の贖いの業《わざ》が成し遂げられたことが述べられた。それに対して一〇章一―一八節で述べられるのは、新しい契約の祝福に入れられた共同体が受けるキリストの犠牲の主観的な利益である。キリストの死が、キリスト者への有効性というパースペクティヴで議論されている。

またW・L・レインの構造に従うならば、八章一節―九章二八節はイエスが「完全な者となられた」（五・九a）の解き明かしであり、一〇章一―一八節はイエスを「永遠の救いの源」（五・九b）と呼ぶ重要性についての解き明かしでもある。イエスがもたらす「完全な救い」を旧約聖書テキストを通して解き明かそうとしたのである。

こうして五章からはじめられた「御子の大祭司としての務め」についての議論が閉じられる。これらすべての議論は、続く一〇章一九―三九節の共同体に対する勧めの言葉のために備えられたものである。

大祭司キリストが紹介された。この方はただおひとりのお方であり、完全な者となられ、永遠の救いの源と呼ばれる。今やキリストの共同体は危機の中に置かれている。こうして一〇章の終わりまで、厳しい苦しみの戦いの中にある聴き手に対して、著者は勧めるのである。「神の御心を行って約束されたものを受けるためには、忍耐が必要なのです」（三六節）。その支えとなるのは「もう少しすると、来るべき方がおいでになる。遅れられることはない」（三七節）である。一方で「わたしの正しい者は信仰によって生きる。もしひるむようなことがあれば、その者はわたしの心に適わない」（三八節）と、厳しくも響く励ましの言葉が告げられる。

確信の言葉で一〇章は閉じられる。「しかし、わたしたちは、ひるんで滅びる者ではなく、信仰によって命を確保する者です」（三九節）。そして続く一一章からはじまるのは有名な「信仰とは、望んでいる事柄を確信し、見えない事実を確認することです」（一一・一）であり、これも旧約聖書テキストを傍らにおいての昔の信仰者たちについての解き明かしである。

ヘブライ人への手紙第一〇章一九―二五節がアドヴェント第一主日の説教テキストとされたので、それについてのドイツ語の黙想が記されている。アドヴェントの説教について、この箇所の黙想の中でK・G・シュテックが記している。客観的に記される聖書の終末待望とキリストとその再臨とに結びついた、生き生きとした、豊かな未来への希望と、それが教会の中に欠けていることとの間に矛盾が生じていると言う。そしてこの世界はわれわれの時代の苦境を耐え抜かねばならず、われわれの説教もそのような聖書の言葉に向き合わねばならない。


それゆえ教会のアドヴェントの説教はこれらの苦境に対しての特別な指針となり表明となる。しかしもしかしたらその説教は伝統的に逃げ道を示しているだけなのではないだろうか。説教は三重の意味を持つキリストのアドヴェントについて語るだけで、説教者はそのどこに力点を置くかの選択を聴き手に委ねてしまう……説教者は教会暦を助けにして、ひとつの目標へと向かう聖書に記されたキリストの出来事のはずなのに、（まったく異教的な）同じ事の永遠の繰り返しにしてしまい、それによりキリスト信仰を自然宗教へとおとしめてしまう。

固有のリズムを持つ教会暦というものは、本来の福音理解に基づいた終末論的な緊張が失われたところから生じたのではないかと疑わざるを得ない。そこには本当の抜け道は開かれないのである。


（K・G・シュテック、『主よ、私の唇を開いて下さい　4』二頁以下）

さらにH・オーベンディエックはヘブライ人への手紙第一〇章三二―三九節の黙想で、ヘブライ人への手紙の著者が読み手に求めること、そのすべては「待ち望むこと」を目指していると言う。

「教義学的内容のパラグラフに、実践的、牧会的に展開された勧めの言葉が続けられている。これらはただ一つだけのことを目指している。それはイエスに対する信仰を堅く守ること、そしてキリストによる救いを信じて、堅く忠実であることを呼び覚ますこと、これらを最も力強く強調するのである」（オーベンディエックによるG・メンケンの説教からの引用）。……

このテキストを次のように短く、言葉を換え言い表すことができるだろう。「あなたがたは大きなことをやり遂げた。《耐え忍びなさい》。決定的な時は間もなく訪れる」（オーベンディエックによるヴィンディッシュの引用）。その口調は音楽を奏でる。説教者はこのテキストに基づいて、どのような口調で語らねばならないかを知ることができるのである。「耐え忍べ、耐え忍べ、シオンよ。あなたの忠実を守れ」。

（H・オーベンディエック、
『主よ、私の唇を開いて下さい　4』五一六頁）

## 四　旧約聖書を読む喜び

最後に旧約聖書テキストの引用についての本書冒頭に記された加藤常昭先生のヘブライ書序論の言葉を参照して欲しい。われわれの箇所でも詩編テキストが用いられるのは、ただ議論のための必要によるだけではない。ヘブライ人への手紙は詩編の引用を好む。礼拝でよく用いられていたのかもしれない。詩編を歌って礼拝することを喜びとしたに違いない。「旧約聖書の言葉は終末論的に理解されていたと言う。つまり、聖書の言葉は、キリストによって成就したものとして理解されたのである。旧約聖書の言葉はイエスの言葉とみわざに支えられて光を放った」（一〇頁）。親しみ深い詩編の言葉を口ずさみ、またイエス御自身が語られた言葉として聴き、またその言葉を信仰の戦いの中の励ましの言葉としたのであろう。

### 参考文献

William L. Lane, *Hebrews 9-13*, Word Biblical Commentary 47B, Word Books, Dallas, 1998.
Karl Gerhard Steck, in Hg. Georg Eichholz, Herr, tue meine Lippen auf, Band 4, S. 1ff., Emil Müller Verlag, Wuppertal-Barmen, 3. unveraenderte Auflage, 1961.
Harmannus Obendiek, in Hg. Georg Eichholz, Herr, tue meine Lippen auf, Band 4, S. 516ff., Emil Müller Verlag, Wuppertal-Barmen, 3. unveraenderte Auflage, 1961.

# ヘブライ人への手紙　一〇章一九―二五節

高橋　誠

## テキストの響きと説教の構想

私たちのテキストの言葉の流れが目指すのは、「近づこう」（二二節）という勧めである。こうした勧めの語り口にこの手紙が説教と考えられる性質を如実に見ることができる。この「近づこう」というテーマは、同じ形の呼びかけとして第四章一六節ですでに語られている。「偉大な祭司イエス」が同章一四節に語り始められ、その後念入りに展開されていきつつ、〈大祭司イエスは人を神に近づける〉というテーマは、全く保たれている。「ハイデルベルク・テーゼが提唱する説教分析において、すべての説教の言葉が、それを語りたいがために語られる、終極の目標とされている文章、あるいは命題を、Zielsatzという言葉で言い表し、これを重視する」（加藤常昭『説教批判・説教分析』六六頁）。少なくとも私たちの断片において、あるいはさらに大きな区分においても、ツィールザッツは二二節後半に語られる「神に近づこう」であろう。そこで、私たちのテキストにあらわれているツィールザッツに向けた言葉の流れをたどってみると、以下の順序で語っていることがわかる。

①神に近づくための準備はイエスが（一九―二〇節）

②偉大な祭司イエスがつくる確かな信仰（二一―二五節）

上記二点のつながりを記せば以下になるだろう。①においては、迫害によって信仰の弛緩を経験し、「弱さ」を気に病んでいる聴き手たちがなぜ神に近づけるのかという、彼らに対しての説得のために、すでに準備されている事々（「イエスの血」一九節、「垂れ幕」二〇節、「新しい生きた道」同節）が語られている。つまり自分で資格を問えば、弱さを数え上げるほかない聴き手たちであるからこそ、事柄は〈神の招き〉に集中する。すでに神に近づくための準備はイエスによってなされていることが告げられている。

②では、それを受け「更に（カイ）」でつながれ、「神の家を支配する偉大な祭司」（二一節）イエスが語られる。神の招きに答えるのは、ひとすじの信仰を神に献げることであるが、それすら主イエスが作ってくださると語るのである。「信頼しきって、真心から」（二二節）と重ねて呼びかけられているのは、どちらも一途さ、と言ってよいが、その信仰の一途さを生むのも神の家を支配する偉大な祭司イエスの働きなのである。その

ように聴き手たちの現実の「集会」（二五節）は「神の家」を宿しており、説教者が集会に向けてイエスのみわざを語るその言葉に、神の家の偉大な祭司の働きはあらわれている。だからこそ、「集会を怠」ることは信仰そのものが存在するか否かに関わるほど本質的なのである。

こうした本テキストの構成を説教の構造として、実際の説教に向けた黙想を進めることにする。

## 一　神に近づくための準備はイエスが（一九—二〇節）

説教者は、聴衆があまりよい信仰の状態にないことを配慮している。したがって、「近づこう」という説教者の呼びかけは、むしろ、神に近づくことに対しての引け目を感じている聴衆の心に向けたものである。その心とは、「恥」（一二・一一）、「弱さ」（四・一五）と、この手紙のはじめから語られていた。この「恥」も「弱さ」も、まなざしが自分自身に向いてしまっていることを表している。自分の側で条件を満たしているか、あるいはそうした資格があるかを問うているのであり、根拠を自分に見出そうとする態度と言ってよいだろう。その聴き手が勝手に決め始めている信仰の根拠を、正しく入れ替えさせようとしている。信仰の根拠の入れ替えは、〈自分の準備〉から〈神が準備してくださっているもの〉へというものである。キリストによる神の準備の完了は、この前の部分で「なぜなら、キリストは唯一の献げ物によって、聖なる者とされた人たちを永遠に完全な者となさったからです」（一四節）と宣言されている。この完了の宣言の響きのなかで、地上の聖所がキリストの贖いの予型であったことが、ここで手短にふり返りつつまとめられている。そのようにして、聴き手たちが神に近づくことの根拠を、自分自身にではなく神の側での招きに置くようにという意図のもとに語られている。語り口を「確信しています」（一九節）、「開いてくださったのです」（二〇節）とたどってみれば、これらの言葉が今現在備えられているものを聴き手たちに思い起こさせるために語られていることがわかる。

はじめに呼びかけられている「確信（パレーシアン）」の主語は、「わたしたち」である。確信を失っている聴き手にそう呼びかけてその真実の姿を改めて描いて見せている言葉である。「確信すべきである」でも、「確信しなさい」でもない。この言葉は、問題にされているのは今現在の聴衆たちが自分自身をどのように考えているかというような、彼らの心の持ちようではない。前述したあまりよくない彼らの状態を語り直したところで、何も起こらない。そうした彼らの現状はほんとうの姿などではない。説教者は聴き手たちの霊的な現実——神の霊にあって彼らに与えられている現実——を先立って見ているのである。そこで、説教者は聴き手に対しての望みを失ったり、現状を責めつつ律法主義的に命令するというところに陥ったりしない。「わたしたちは確信しています」というときの、「わたしたち」には、もちろん、説教者自身が入っているわけであるが、教会に与えられている霊的な現実を正面から信じる語り手によって語られる言葉が、聴き手の霊的な現実を正しく思い起こさせる。そのようにして彼らの霊が聖霊に捉えられるということが起きるのである。〈わたしのパレーシア〉が〈わたしたちのパレーシア〉を生み出すのである。これは、今においても説教が説教者論から考えられなくてはならないことと重なっている。教会の成員の一人である説教者が霊的な現実を後ずさりせずに語る。聖霊の働きは、こうした説教者自身の確信と深く結びついている。このパレーシアは聖霊が説教者に与える勇気となり、聴き手に届けようとしている説教者の言葉を、単なる言葉ではなく、聖霊の働く言葉へと変える。

予型論的にはじめに語られるのが「垂れ幕」（二〇節）である。大変興味深いのは、「つまり、御自分の肉」と語られていることである。私たちのイメージはほとんど追いつかなくなる。それだけに、一度聞いたら忘れないほど印象深い。もちろん、これは聖所の隔ての幕を言っている。これに関しては、標準的な訳のように「御自分の肉」が「垂れ幕」にかかるのではなく、そのあとの「生きた道」につなげ「御自分の肉体の道」とするべきという主張がある。この主張には、キリストの人性が人を神に近づけるという文脈で、逆にキリストの肉を人から遠ざけ隠す「垂れ幕」と見なすというのは、矛盾であると捉えるのである（B・F・ウェストコット）。要するに、近づける垂れ幕などというものは存在しないというのである。しかし、改めて考えると、キリストの肉を近づける垂れ幕として語るというのは、聴き手たちが実際抱えていた心に寄り添うものともなったのではないかと思う。共観福音書のあの裂けた神殿の幕ということともやや違う意義を持っている。この説教者が福音書の裂けた神殿の幕を知っていたかどうかについては、F・F・ブルースは保留する。いずれにせよ、福音書の幕が裂けるという描き方で、取り除かれるべきものという考えと、垂れ幕を改めて聴き手たちの前に描き出す説教者の考えは、違う様相を見せていると見てよいだろう。

いったい、聴き手にこの垂れ幕というメタファーはどのように響いただろうか。「近づこう」というアピールがなければ、近づきがたいという心を抱えている聴き手たちである。垂れ幕、すなわち神と人との間に存在する隔てを意識せざるを得ないのである。そのような彼らに、隔てはなくなったと語ることはひょっとするとその心を捕らえずに頭の上を飛び越えていくような言葉となるかも知れない。私たちが主の日の朝に主日の礼拝に向かうときに、やはり垂れ幕は出現すると言ってもよいだろう。それは自分の弱さである。たとえ忙しさのなかで神の前に立つ喜びも恐れも忘れたままであっても、礼拝の中で改めて知らされるのは、神に近づくことができない自分の姿である。ペトロが主イエスの前で、「主よ、わたしから離れてください」（ルカ五・八）と願ったあの距離は、「恐れることはない」（同一〇節）という主の招きをありがたく聞くとしても、残るのではないだろうか。主イエスから改めて何度でも「恐れることはない」と招き直されることを抜きにしては、神の前に出ることはできないのではないだろうか。この垂れ幕は神と人の間に立って、何度でも招く垂れ幕となるのである。神に近づこうとする私たちを励ます、なくてはならない垂れ幕なのである。しかも決定的なのは、第九章以降ここに至るまでの聖所に関しての言葉が「イエスの血」という言葉によってまとめられているように、主イエスご自身のいのちをもって、罪を贖ってくださったことに立脚する招きという点である。神に近づくときの障壁と思われるその地点で、いつでもすでに響いている招きを聞き取ることが許されるようになっているのである。

したがってそのようにして主イエスが「新しい生きた道を……開いてくださった」（二〇節）と言葉は進んでいく。この新しさは、エレミヤ書第三一章の「新しい契約」（九・一五）の新しさである。その新しさとは、「思いにそれを書きつけよう」（一〇・一六）という内心の思いをたずね求め新しくしてくださる新しさである。この私たちの「思い」は揺らぐものであるが、「イエスの血」の真実をもって、いつも人間の「思い」の所在をたずね出し、神のもとに連れ帰る「生きた道」となるのである。そのようにして、どの地点からも神に近づく道が開かれていることが示されているのである。

## 二　偉大な祭司イエスがつくる信仰（二一―二五節）

語り手の言葉は一のすでに準備されているものから、今現在の偉大な祭司イエスの働きへ進んでいく。これは一と同じようにすでになされている準備を語るものとも言いうるが、「信頼しきって、真心から」というような、「集会」での「励まし合い」（二五節に二度）の実態が「神の家」でのイエスの働きによるという観点からすれば、私たちのテキストの終わりにまでつながる関連を見ておくべきだろう。二二節bで聴き手に求めるひとすじの信仰の心は、生きて働きたもう御子イエスとの関わりの中においてのみ、生み出されてくるものだからである。そのことはさらに私たちのテキストの最後の部分にまで届く一つの響きとなっている。つまり、最後の部分では、集会において「励まし合おう」というのであって、それはすでにこの説教者が二二節後半以降の聴き手に投げかける言葉で行っている励ましと同種のものである。こうした励まし合いは「神の家を支配する偉大な祭司」の働く姿のあらわれなのである。

キリストの働きが神の家の中に生き生きと動き続けている。その実際の姿は、「心は清められて」（二二節）という内的な清めと「体は清い水で洗われて」（同節）という外的な洗いを一つに合わせるような働きである。後者はサクラメントとしての外的な洗いである。説教者の関心は、祭儀的な清めが内的な清めにどのように関わるのかということである。これは、第九章における地上の聖所と天上の聖所についての言葉を引き継いで語っているのだが、彼はいわゆる敬虔主義的なやり方で、内的に起こる事柄を強調することによって外的・祭儀的な手続きを予型として一時的に必要だったものとして克服する道をたどっていない。むしろ、祭儀的なものを引き継ぎ、その上で内的なものと外的なものの関わりについて教えているのである。こうした主張は、このあとの彼らにとって目に見える集会と神の家との関わりとぴったりと重なっている。彼にとって、外的に客観的なことは、決して便宜に終わるものではなく、本質を宿しているものなのである。それゆえに、集会には本質的な内的な良心をも根底から清めてしまうだけのキリストの臨在がある。集会はたしかに神の家を宿しており、それゆえ神の家において働き給うイエスが、外的な洗いを集会においてこそ良心に透徹するほど有効にしてくださるのである。

そのような神の家における祭司イエスの働きの実体は何かと言えば、この説教者がこの教会に向けて今〈語っていること〉自身である。この説教者が聴き手に対して説教者であることが祭司イエスの働きの実質である。「聖書証言の権威が効力を発揮しているところ、そこでは、……恵み深い神と罪深い人間との或る現実的な出会いが起こりうる」とバルトは言う。そして、この「反復の中で《聖霊の交わり》が起こりうる」と言う（『聖書と説教』八八頁）。つまり、聖書を語るときに今において本質的な神との出会いが反復されるというのである。それに加えて、バルトはこの聖書証言の優位性を教会の伝承や教職権の下位に置くと聖霊の交わりは消えてしまうと言うのである。教会における出来事の中核を的確に指し示していると言えるだろう。まさに私たちが手にしているこの古い説教もバルトのこうした見方を補強する。この説教者は旧約聖書を語ることの力を全く信頼しているのである。この説教者は自身が聴き手たちの旧約聖書の言葉を説き明かし投げかけることによって、「イエスの血」によるみわざによって「心は清められて、良心のとがめがなくなり」という、すでに与えられている事態が、その通りに心の深みにまで及ぶ出会いとして思い起こされることを知っているのである。

レインはこの流れを、一九節から二〇節に語られるキリストの客観的な犠牲を得ていることを強調する著者の思いが、二二節に残響しているのだと見る。たしかにこの説教者の語調をたどると、二二節後半からぐっと変わる。「近づこうではありませんか」（二二節）と聴き手にアピールする言葉をつくっている。本黙想の冒頭で、この説教のツィールザッツ（Zielsatz）はこの「近づこう」にあると見たわけであるが、たしかにここで説教者の思いは最も深い動きを見せている。この「近づこう」という言葉を中心に言葉の動きを跡づければ、Ⓐ確信：パレーシア（一九節）→Ⓑイエスのみわざの想起（二〇―二二節a）→Ⓒアピール：「近づこう」（二二b―二五節）となる。この動きは興味深い。Ⓐのパレーシアが生む動きと言ってよいだろう。パレーシアについては、この手紙で四度出てくるが、第四章一六節では「大胆に恵みの座に近づこうではありませんか」と訳されている。そこでは、Ⓐ～Ⓒが一言で語られる。つまり、〈大胆〉と〈近づくこと〉は、ひとつのことなのであり、〈大胆でなければ神に近づくことは起こらない〉と考えている。パレーシア（確信、大胆）はこの手紙を書く説教者を支えているものである。その意味では聴衆に一歩先立ったパレーシアはⒶですでに見てきたが、たしかに先立つ説教者の確信が言葉全体を引っ張っていると言える。そのように一足先にイエスのみわざを確信し神に近づいている彼が、Ⓐのパレーシアの基本色のなかでⒷのイエスのみわざを語り、聴き手に想起させる。この想起を通して、Ⓒの「近づこう」というアピールがなされることで、Ⓐの説教者の確信は伝播し、聴衆をも同じ確信に立たせ、神に近づける。そのような神に近づく心を「信頼しきって、真心から」という言葉と共に語っているが、そう語る彼がこの心に生きていて、そう生きる彼であるからこそ、相手を神に近づけるべく動かす言葉は生まれるのである。

しかし、それは単に心は相手に伝わるというような精神論的なものではない。そもそもⒶはどこから来るのかといえば、Ⓑである。説教者にとってもⒷのみ言葉の想起のなかで神の心を知らせる聖霊によってⒶの確信は作られたのである。それゆえに、Ⓑの聖書の想起によって彼らの心にも同じひとすじの信仰を生み出そうとするのである。バルトの言う〈聖書証言による出会いの反復〉は、Ⓑ→Ⓐという順序で起きる。み言葉の想起に結びつくイエスの働きによってパレーシアは与えられる。説教者は、そういった形、つまりみ言葉の働きを通して神の家を支配する偉大な祭司の働きを見ていると言えるだろう。

祭司イエスの働きは、天上の聖所と地上の教会の現実的な活動をきちんとつなぐことである。〈励まし合い〉はその教会の現実的な活動である。「集会」（二五節、エピスナゴーゲイン）を、新改訳は動詞のニュアンスを保つように「集まること」と訳す。教会の現実的な活動が天におけるイエスの働きとつながっていることを、この動きを表す言葉は語る。集会は本質を宿しているのである。私たち日本の教会は、しばしば教会の活動を集会と呼んできた。私自身は牧師の家庭で育った。幼い頃、教会の集会で父が不在であることをつまらなく思い、よく父に「今晩は集会がある?」と聞いたことを覚えている。集まりに励んでいた父と活動していた教会の姿を思い起こす。当時の、そして今日の教会の活動もまさに集会であるだろう。その集会が本質を宿している。神の家がある意味で地上にあらわれるのである。だからこそ、「かの日」（二五節）が近づくことと日々の集会に励むことが説教者には矛盾ではない。「かの日」に神の前に集められることと、今日の地上の集会は同質なのである。

「ある人たちの習慣に倣って集会を怠ったりせず」は、単なる熱心の奨励ではない。もっと根本的なことであり、「キリスト教の集会が持っているもの、そして現にあるところのもの、に対する内的無関心から由来すると考えるべきである」（シュトラートマン）。つまり、現にある集会をほかにしてバルトの言うような反復は起きないということである。集会の内容とは、相互の励ましである。「励まし」はパラカレーであり、説教者は自分がこの手紙で聖書を説きつつ告げた言葉全体を「勧めの言葉」、つまりその語の名詞形のパラクレーシスと呼んでいる。つまり、この手紙の説教にあるのと同じ言葉が集会では語られるのである。聖書を語りつつ、愛と善行へと向けられた倫理的な勧告を含む言葉が語られるなかにこそ、神の家を支配する祭司イエスはあらわれてくるのである。

**参考文献**

William L. Lane, *Hebrew 9-13*, Word Biblical Commentary Vol. 47B, Word Books, 2000.
ヘルマン・シュトラートマン『ヘブライ人への手紙　翻訳と註解』（NTD新約聖書註解9）木幡藤子・関根正雄訳、ATD・NTD聖書註解刊行会、一九七五年（原著一九六八年）
F・F・ブルース『ヘブル人への手紙』（新約聖書注解）宮村武夫訳、聖書図書刊行会、一九七八年
K・バルト『聖書と説教』（バルト・セレクション1）天野有訳、新教出版社、二〇一〇年

# ヘブライ人への手紙　一〇章二六―三九節

北尾　一郎

## 動的展開を持つ「説教」がここに

思えば、旧新約聖書の基本的使信の構造は、すぐれて「動的」である。それは、「楽園」→「失楽園」→「復楽園」という方向を持っている。このような「動的」な展開は、聖書全体のプロットだけではなく、ディテールにおいても同様に見られる。したがって、「説教」もまた、そうでなければなるまい。なぜなら、説教は聖書に奉仕する「業《わざ》」であるからである。

ところが、私たちには、歴史的な神学や敬虔の伝統の中で、意識すると意識しないとにかかわらず、合理主義的傾向や道徳主義的傾向が身についてしまっているのではなかろうか。もとより、これは筆者自身に向かって言っているのである。そのことを改めて考えさせてくれるのが、当該テキストである。筆者は一〇章二六節以下の「警告」を読み直して、霊的な当惑を感じた。その上、三二節以下の「勧告」を読むにつれて、「警告」の内容との関係は何であるのかと思案した。そして、その原因が、自分が掛けている「モラリズム」という〝眼鏡〟にあることに改めて気づかされた、というわけである。日本の読者・聴衆の中には、筆者と同じように反応する人が少なくないのではなかろうか。

もし、このような眼鏡を掛けたままこの本文を読むと、読者は、言いしれぬ恐れを感じ、心の奥で、自分はこのような者ではないと、自分の罪を否定し、自分を弁護してやまない、ということはないであろうか。さらには、自分が「罪人《つみびと》」であることは認めるものの、それは「肉」の弱さのゆえの罪なのだ、と〝言い訳〟をしようとさえするのである。たしかに、二六節の「故意に罪を犯し続ける」（「わざわざ好き好んで罪を犯し続ける」小林稔訳）という言葉が示すとおり、「肉の弱さゆえに犯してしまう罪」が問題になっているのではない。特に、ギリシア語本文で、「故意に（わざわざ好き好んで）」と訳されているヘクースィオースという副詞が文頭に出ていることは注目されるべきである。しかし、それでも、心から素直にテキストに聴くことができないとすれば、その原因は何であろうか。それは、この箇所が語っていることが、いわば「構造的メッセージ」であるからである。言い換えれば、前後関係をしっかり見渡して理解する必要がある、ということである。

## 「構造的メッセージ」

筆者の同僚であり、宣教における戦友であるK牧師には生涯続けている、もう一つの活動がある。それは「切り絵」の制作である。福音書のエピソードを題材とするものを中心に、その作品は多彩である。最近、彼の作品を眺めながら、改めて気づいたことがある。それは、切り絵の基本の「キ」なのであろうが、切り抜かれた「白」い絵が、「黒」い用紙の上に重ねられる、ということである。「白」は「黒」との対照の中で、初めて鮮明な像形として浮かび上がる。重ねた瞬間は実に感動的である。

当該テキスト（ヘブライ一〇・二六―三九）で言えば、この箇所だけを眺めている限り、前述した〝当惑〟を解消することができず、そのメッセージを素直に理解することができないということになる。この箇所の「警告」は、「真理の知識」、「真理の認識〔という恵み〕」（小林訳）の上に重ねられているからである。

初歩的な手続きではあるが、この「真理」とは何かを確認することから始めなければならない。それは、一〇章の一節以下に論理的に叙述されている。

第二のものを立てるために、最初のものを廃止されるのです。この御心に基づいて、ただ一度イエス・キリストの体が献げられたことにより、わたしたちは聖なる者とされたのです。（九b―一〇節）

罪と不法の赦しがある以上、罪を贖うための供え物は、もはや必要ではありません。（一八節）

約束してくださったのは真実な方なのですから、公に言い表した希望を揺るがぬようしっかり保ちましょう。（二三節）

これが、「真理の知識」であり、小林訳がいみじくも邦訳上必然となるような敷衍部分として挿入したように「真理の認識〔という恵み〕」なのである。「罪の贖いのための供え物」として、御子イエス・キリストの肉の体が献げられたというのは、幕屋と神殿の贖罪のシステムを知っていた「ヘブライ人」と呼ばれる読者たちにとって、どれほど強力なイメージを伴うメッセージであったことか。しかも、それは神からの一方的な「恵み」なのである。したがって、この「希望」を「揺るがぬようしっかり保」つということは、当然のことであり、そうしないではおれないことである。

二六節以下の「警告」は、以上の「勧告」（一―二五節）のメッセージの〝ダメ押し〟であると理解することができる。

## 接続詞「ガル」のニュアンス――福音と律法

ギリシア語底本には、新共同訳には訳出されていない接続詞がある。ヘクースィオース（故意に）という副詞の次に書かれているガルという接続詞である。小林訳は「なぜなら（……からである）」と訳出することによって、直前のペリコペーとの論理的関係（理由）を明示している。ガルの意味は、そのとおりであろう。

ここで、敢えて考えを巡らすとすれば、この接続詞には、多少のニュアンスの幅があるので、「まことに」というような意味合いで味わうこともできるのではないか。すなわち、前述のように、贖罪の恵みを受け取る当然の態度についての〝ダメ押し〟のための接続詞として理解するという意味である。

それにしても、この「警告」の語調は鋭く、その内容は厳しい。ここで、使徒パウロや改革者ルターが教えていることを背景に、考えを展開してみよう。それは、「律法」と「福音」を、キリスト者の精神を構成する「旧《ふる》い人」と「新しい人」と、どのように関係させるか、という課題である。すなわち、次のように理解するべきであると思われる——贖罪の恵みによって生まれた「新しい人」に対しては福音をこそ聴かせる必要があり、律法によって威嚇したり、救いの確信を揺るがし不安に追い込むようなことをしてはならない。逆に、地上に生きている限りは肉の弱さを伴わざるを得ない「生来の」「旧い人」に対しては、律法の声を抑えてはならず、聴かせ続けなければならない。

このように考えると、二六節以下の「警告」の聴き方を、単純な〝当惑〟から救出することができるように思われる。そして、「説教」の牧会的機能を考慮するとき、このような見通しを持って語ることは、きわめて重要である。「説教」が主の群れの魂を言いしれぬ霊的不安に導いて、そのまま放置することがあってはならず、また同時に「旧い人」に律法を適用することを怠り、「旧い人」の勝手を許してはならないからである。

筆者は、信徒としての自分自身の経験を含め、少なからぬ信徒・求道者が、この問題でかなり深刻に悩んでいたことを知っている。そのようなケースの多くは、福音を聴かせ続けるべき「新しい人」に「律法」を聴かせることによって生じた問題である。また逆に、「旧い人」に律法を聴かせることを忘れてしまうことによって、自由と放縦との区別が曖昧になる、というケースである。そして、どちらかと言えば、前者のケースの方が多い、と考えている。

## 三位一体論的倫理として

ヘブライ人への手紙第一〇章の範囲で考えると、二五節まではいわば〝福音〟であり、二六節以下が〝倫理〟（キリスト者の生き方）である。その相互作用については前述したとおりであり、〝倫理〟は〝福音〟に基づいている。

二六節以下の「警告」は、「修徳」とか「霊性（スピリチュアリティー）」とか言われるものと理解することもできよう、しかし、個人は「独り」で生きているわけではなく、必ず、人倫関係に及ぶことは言うまでもない。そのような意味で、やはり「倫理」という言葉を用いることにしたい。

ところで、この箇所を、〝三位一体的倫理〟という、ある神学者の言い方を参考にして、もう少し考えておくことにしよう。

神の本質と位格の関係を整理して築き上げられた「三位一体論」を、倫理の領域においても応用するということである。すなわち、三つの位格は等しく神の位格であると同時に、第一、第二、第三という順序が三つの位格の間にあるとされている。それは、啓示における順序でもあり、各位格にまず帰せられる御業としての区別でもある。つまり、「創造」の御父、「贖罪」

(赦し)の御子、そして「きよめ」の御霊(聖霊)という、使徒信条の組み立て方に示されていることである。英語で表現するならば、クリエイション、リデンプション、サルヴェイション、ということになろう。どれ一つを取っても、まことに素晴らしい御業であり、讃美のほかはない。しかも、それが、個々に区別されつつも、同時に別々ではなく「一つ」の御業であると知らされるとき、私たちは、無限の讃美に加わるほかないのである。

この構造を、「倫理」にあてはめれば、第一位格は「戒め」に、第二位格は「赦し」、そして第三位格は「癒し」という働き方において、私たちに関わりたもう、ということになる。

第一に、「戒め」である。「十戒」という要約的かつ断言法的律法として、単純に脳裏にインプットしておくべきものである。それは「さばき」が行われるに際して基準になるだけでなく、神の「正義」がどこにあるかを私たちに示し、私たちが悪と滅びに陥らないように、また「命の道」がどこにあるかを教えるものである。「戒め」は、神の「御心」を示すものであり、その意味で「聖」なるものである、そして、道路の標識にもたとえられる。また、事が起こったときに、自己弁護と責任転嫁にやっきとなる私たちの真実の姿を写し出す〝鏡〟にもなり、さらには危険を知らせる〝ベル〟にもなる。自分の隣人の命を救うための避難警告また指示・命令になることもある。なぜなら、「戒め」は、本来、神の父としての慈しみと愛から出てきたものだからである。

この三位一体論的なキリスト教倫理を教えた米国の神学者がその日本講演において挙げた「たとえ」を思い出す。彼がハイウェイを自分のクルマを運転して走っていたときのことである。夜間の道に突然ひとりの男が出てきた。あっと気づいたときには、その人をひっかけていた。その道を走行していたクルマはほかになかった。一瞬、教授はそのまま走り去ろうかと考えた。その時である。教授の脳裏にインプットされていた「戒め」のベルが鳴ったのである。運転者の義務を瞬間的に思い起こした教授は、クルマを止め、その男に駆け寄り、然るべき処置をしたが、幸いにも特別の怪我はなかった、という話である。この経験について教授は言った――「もし、あのベルが鳴らなかったなら、私は犯罪者になっていたところである」と。

第二は、「赦し」である。人は所詮、人に過ぎない。過ちを犯すものである。完璧な人間はいない。だからこそ、「罪の赦し」を必要とする。そのことを、当該テキストの著者は、直前のペリコペーにおいて、十字架の血による贖いという神の恵みについて繰り返し論を進めているのである。この手紙の最初の読者たちについて著者は、「真心から神に近づく」ための「新しい生きた道をわたしたちのために開いてくださった」十字架のイエスによって「聖所に入れると確信している」と語っているのである。これは、彼らが「恵み」として受け取ったものであり、この恵みなくしては、救われることはない。

第三は、聖霊なる神による「癒し」である。「きよめ」という表現にしてもよいであろう。すべての人のために用意された恵みの賜物を、一人ひとりの魂がしっかりと受け取り、それによって生かされ、希望の信仰告白を公にし、この救いの確信を揺るがぬように保ち続ける、ということは、信仰者が行うことでありながらも、実は聖霊なる神の御業である。そのことを私たちは経験的にも知っているのではないか。

以上、三位一体論的倫理について筆者なりの理解を述べた。「三位一体論」自体がそうであるように、「戒め」、「赦し」、「癒し」という三つの働きは、本質的に「一」でありつつ、具体的な場面・局面においては「三」であるとも言える。したがって、聖書の記述も、ある箇所では「戒め」しか書かれていないために、ほかの二つの要素は隠された形になっているのである。しかし、内容的にはほかの要素、すなわち、「赦し」と「癒し」を予想していたり、前提にしていたりするものである。

当該箇所（一〇・二六―三九）を、以上の考え方によって整理すれば次のようになろう。

一〇・一九―二五　　第二位格的メッセージ（前提）
一〇・二六―三一　　第一位格的メッセージ（当該箇所）
一〇・三二―三九　　第三位格的メッセージ（当該箇所）

## 福音を「前提」にする説教の意義

ここで、第一位格的メッセージが、第二位格的メッセージの後に来ていること、言い換えれば、「律法」が「福音」を前提として語られていることは、やはり注目に価すると思われる。

なぜなら、教会の説教においても、時に起こる現象であるからである。教派的伝統とも関係すると思われるが、同一教派の説教者たちの間でも、個人的傾向として観察することができる。A説教者は、「福音」を前提にしていることを、いちいち説明しないで「律法」の重要さを語るとしよう。その場合、会衆はキリスト教の教義と敬虔を「律法」として受け止めてしまい、その結果、霊的不安の中で苦しむことさえ起こる。また、B説教者は、自分の信仰歴の中で、「律法」の重荷に苦しみ、ある時から「福音」の光に照らされた、というような経緯があるとしよう。彼は、当然のことであるが、会衆も同じような経験をしているものと無意識的に思い込み、その結果、「律法」についての適切な解説を抜かしてしまいがちであり、いつも「福音」の言葉に集中するが、会衆には多少ともメッセージが上滑りしているように聞こえてしまうことにもなる。

こうした現象は、説教者自身が気づかないうちに起きてしまうことに問題がある。第二位格的メッセージを「前提」にして第三位格的メッセージを強調すると、聴く側には、「福音」の名における「律法」という話を聞くことにもなるのである。実に、説教者の務めは、結論としての「福音」を語るところにあるとするならば、この問題はかなり深刻なのではなかろうか。

私たちがこの課題に取り組むとき、最も強力な助けは、聖書自身から来る。それは、「楽園の創造」・「罪による失楽園」・「キリストによる復楽園」という、聖書全体の基本プロットからも、たとえば、当該テキストの三位一体論的構造からも与えられる助けである。

## 「慰め」の説教の「結語」

一〇章二六節以下のテキストの中で、読者は、強烈な警告を聴かされる。「審判と敵対する者たちを焼き尽くす激しい火とを、恐れつつ待つことだけです」（二七節）。「生ける神の手に落ちるのは、恐ろしいことです」（三一節）。

そして、「モーセの律法」の違反者が、二、三人の証言に基づいて、「情け容赦なく死刑に処せられ」るという、「律法」の「厳しさ」を著者は思い起こさせてから、この手紙の読者たちが、今や「福音」の契約の下にいるという現実を確認するように、と勧めているのである。この論法は、主イエスの言葉の中にもある。たとえば、マタイによる福音書一一章二〇―二四節の「悔い改めない町を叱る」という記事である。

この手紙の一〇章二九節は、「新しい契約」が、「旧い契約」を割り引きしたり水増ししたりしたものではなく、忍耐に富みたもう聖なる神が与えられる「最後の機会」であることを強調している。しかし、いみじくも著者は、「復讐はわたしのすること、わたしが報復する」という言葉を申命記（三二・三五）から引用して、「さばき」が究極的にはただ神にのみ属するものであることを述べて、人間の「さばき」の先行を警《いまし》めている。

著者は続く三二節以下で、いわば「第三位格的」メッセージを展開する。「思い出に基づく勧告」（小林訳の小見出し）である。それは「光に照らされた後」、すなわち、回心後の「苦しい大きな戦いによく耐えた初めのころのこと」を思い出すことが、今の信仰生活の「ゆるみ」と「危機」を乗り越えるために大いに役立つはずだ、というのである。現代のキリスト者の多くも、思い当たるところがあろう。「初めの愛」は、聖霊が用いられる助けの一つであることは確かである。それは、個人の信仰について言われるだけではない。教団ないし個々の教会としても、それぞれのミッションの「開設」当時の希望と信頼に満ちた「志」があったはずである。

そして、その思い出は、苦難の中にいる人々の「連帯者」となったことや、財産よりも主イエスへの信頼を優先させた、という事実が含まれているのである。私たちの間にも、そのような思い出があり、あるいは、そのような現実があるにちがいない。聖霊なる神は、今日も、そのような「癒し」と「新しい創造」の御業によって、私たちを助け導いておられるのである。

当該箇所の最後の節は、何と深い「慰め」に満ちていることか。それは「勧告」を超えて、信仰における断言である。

> しかし、わたしたちは、ひるんで（たじろいで）滅びる者ではなく、信仰によって命を確保する者です。

第三位格的メッセージは、すぐれて個々の魂に向かって語られているのである。

### 参考文献

小林　稔訳「ヘブル人への手紙」、『新約聖書V　パウロの名による書簡、公同書簡、ヨハネの黙示録』岩波書店、一九九六年

# ヘブライ人への手紙　一一章一―三節

石井　佑二

## 一　私訳

一節　さて信仰とは、望まれている事柄の本質であり、見えない事実の証拠が出されることである。
二節　先祖たちはこの信仰によって神に良しと認められたのだ。
三節　信仰によって、私たちはこの世界が神の言葉によって創造されたことを知り、その結果、私たちが見ているものは見えているものからできたのではないことを知るのである。

## 二　文脈

新共同訳聖書では訳出されていないが、原語のギリシア語では一一章一節の冒頭には「さて」とか「そして」を意味する接続詞が置かれている。それは明らかにこのテキストが、この前の文章から続けて読まれることを求めているということである。この前で言っていたこととは何か。トマス・ロング（『ヘブライ人への手紙』現代聖書注解）によれば、第七章一節から語ってきた著者＝説教者のキリスト論が、第一〇章で終わる。この終わりの時に、会衆は暗黒の疑問を投げかける。説教者はそれに答えなければならない。「あなたの言ったことが本当なら、それに応えて私たちは何をしたらよいのでしょうか」。そしてその答えは「礼拝に備えなさい」である。これこそが「大祭司キリスト」が、その血によって切り開いた聖所に至る、「新しい生きた道」（一〇・一九―二〇）に最もふさわしい答えである。この説教者はまずこう言っている、とロングは言うのである（一九六頁以下）。しかしロングはさらに言う。その勧めを語りながら、説教者は会衆に深刻な課題があることに気付いている。それは「説教者は、彼の会衆が疲労困憊し意気阻喪し、また不当な仕打ちの言いなりになっていることを知っている」（二〇九頁）ということである。ローマからの迫害によるのであろう。それとの信仰の闘い、棄教の誘惑との闘いがあった。いやそればかりではないかもしれない。ロングは後でこうも言う。「説教者の会衆は間違いなく疲れている。だが彼らは、正確には、罪に疲れているのではない。かといって、彼らは聖徒であることにも疲れている、と言うのも正確ではない。彼らが何に疲れているかと言えば、この二つの間にあって苦闘することに、である。これは、忠実であろうとすることに必然的についてまわる絶え間のない闘いである。会衆が闘っている闘いが具体的にどのようなものであったか、私たちは知らない。だが……この若いキリスト教共同体は、その信仰のためにある種の代償を払っており、そのことがだんだん彼らの希望と忍耐に大きな打撃を与えるようになっていた」（一二四頁）。説教者はこのくたくたになってしまっている会衆に「レースの終わりは近い」と語り直さなければならないのである（一〇九頁）。そしてその語り口は、「あなたたちは『信仰によって命を確保する者』（一〇・三九）、つまりは旧約聖書で証しされる私たちの信仰の先祖の仲間である。彼らの応援する声を聞きなさい。このレースの終わりが近いことが分かるでしょう」。そのように言うのである。ここには説教者の会衆に対する深い信頼と牧会的配慮がある。「信仰によって命を確保する者」、それがあなたたちの真実だ。そのことを思い起こさせようとするのである。それさえできれば、あなたたちは「ひるんで滅びる者」（同）であることなどあり得ない。そう言うのである。そのこととして、では、そこで言う「信仰」とは一体何なのだろうか、ということを、第一一章の最初で語ろうとしているのである。

「くたくたになってしまっている」教会。世俗的誘惑に抗いながら、聖徒であろうとする。その苦闘に意気阻喪し、「ひるんで滅びる者」となりかけているように思われる会衆。そのことと説教で闘おうとする説教者。この文脈は私たち現代日本の教会も同じである。この意味で、私たちはここでの説教者の「信仰」の語りに真摯に耳を傾け、文脈を同じくし、慰めと励ましを聞き取ることができるはずである。

## 三　「望まれている事柄の本質」としての信仰

一節前半を新共同訳聖書は、信仰とは「望んでいる事柄を確信し」と訳した。しかし原語のギリシア語から見ると、そのように主観的側面を強調するのとは違い、客観的側面を強調して訳すことも可能である。むしろ説教者が、疲れ切っている会衆に語りたかった「信仰」についての言葉も、そのように考えた方が鮮やかに言い表されると思う。内面的情緒に訴えて「頑張ろう！」と言いたいのではない。なにゆえに、この疲れ切ってしまう苦闘の中にあって、もう一度立ち直れるのか。その根拠を説教者は「信仰」についての語りにおいて言いたいのである。信仰とは「望まれている事柄」（私訳。原語は受動態）と言うべき客観的なものの語りにおいてまず説明されるべきものである。そして新共同訳聖書では「望んでいる事柄を確信し」と訳されている言葉の「確信」という言葉もまた、「私の確信しているところ」という、主観的信念と誤解されかねない言葉であるよりも、ギリシア語から「本質」と訳せる言葉が使われているのであり、その方が説教者の意図に即している。「信仰とは、望まれている事柄の本質であり」。会衆は疲れている。心がくたくたになっている。もう自分の信念で信仰をしっかり持っていれば大丈夫、と思えなくなっている。「望まれている事柄」、すなわち川村輝典（『聖書註解　ヘブライ人への手紙』二七六頁）によれば、「安息」（四・一、三、一一）、「天にあるもの」（九・二三）、「天のエルサレム」（一二・二二）、「永遠の、来るべき都」（一三・一四）、「来るべき世界」（二・五）、「揺り動かされることのない御国」（一二・二八）など、「来臨の時初めて実現する」ものについて、現実の苦闘の中で、今を生き抜く希望の力として、それらを正しく自分の中で位置付けることができなくなってしまった会衆がいるのである。そして会衆は、それらに対して信じ切れない自分に苦しんでいるのではないだろうか。そうして「信仰を失ってしまった」と思い込んでいるのではないだろうか。しかしその会衆に対して説教者は言う。あなたたちを救う信仰とは、あなたたちの信念の問題から考えられるのではなく、あなたたちの希望とするところのものの、本質そのものなのだ。その本質的存在があなたたちを救うのだ。まずそのことを明らかにしようとするのである。

このような信仰理解について、カール・バルトは『教会教義学』の中で、このヘブライ人への手紙第一一章一節を取って、こう言っている。「そのようなわけで信仰とは立っていることではなく、むしろ足もとの地盤なしに、持ち上げられ、かかっていることである。あるいは逆に表現するならば、信仰の中で、われわれがそのほかわれわれが立っていることだと考えていること、換言すれば（すべての道徳的、宗教的、またキリスト教的に立っていることを含めて）われわれ自身の上に立つことは、次の理由のゆえに――それが信仰の中で、実際の立つことではなく、偽りの立つこととして、単に支えなしにひっかかり、動揺し、落下することとして、見通されるがゆえに捨てられてしまうのである」（『教会教義学　神論Ⅰ／1』、一九〇頁）。私たちが本当に「立つ」信仰とは、私たちが実感できること、確信できることによって、私たちがそれを得ることができるものではない。むしろその実感できる確信が放棄されてしまっている所においてこそ、上へ「持ち上げられ」るということで私たちに言い表される。私たちの希望の本質はこのようなあり方で、「信仰」として言い表されるのである。説教者はこの逆説を言わんとしている。これまで「信仰」としていた確信が崩れ、信仰の心が疲れ切ってしまった。しかしそこにこそ「望まれている事柄の本質」が、今、現れるのだ。あなたたちを救いに導く希望の本質が、信仰が、今こそ、本当の意味で現れようとしている。そのことに思い至るよう、ここで慰め、励ましているのである。

## 四　「見えない事実の証拠を出されること」としての信仰

一節の後半で新共同訳聖書は、信仰とは「見えない事実を確認することです」と言っている。この「確認」という言葉もまた客観的側面で捉えることができる。それはギリシア語から考えれば「証拠を出す」という意味合いがある言葉であることが分かる。会衆たちが生きている時代における裁判の用語である。例えば、嘘を言っている人に、証拠を出して説得をする。人と人が争う時に、言った言わないで収拾がつかなくなる。そのような時、自分で自分について説明してもそれは証拠にはならない。証拠というのは第三者が納得できるもの、客観的でなければならない。そのような証拠があれば、裁判の場でも真実を、確かに知ることができる。その意味合いがあっての「確認」なのである。説教者は語る。信仰とは救いの希望の客観的な本質である。ではその希望の本質なるものは、どのようにして私たちが知ることができるのか。それについて説教者は、私たちは「見えない事実の証拠を出され」ている（私訳）ではないか、と言うのである。確かな証拠、それがこれまで語って来た「大祭司キリスト」に他ならない。もう一度ここに立ち返ろう。そのように語るのである。

このことについて、もう一度バルトの言葉を聞きたい。「信仰は……その実在性を、ただ神の中にのみ持つ事物を確信せしめられることである。それであるから、信じる人間、すなわちまったく啓示に信頼を寄せる人間は自分の前に神のみを持つのであって、そのほかには自分を支え基礎づける何ものも持っていない」（『教会教義学　創造論Ⅱ／1』三一一頁）。啓示である「大祭司キリスト」という、揺らがない、客観的な証拠に立ち返る者は、希望の本質たる「信仰」の何たるかを知る。そして疲れた心を立ち直せることができる、その根拠を得ることができる。そう言うのである。

そしてこの信仰は、二節、旧約聖書から語られる信仰の先祖たちもまた「この信仰によって神に良しと認められた」（私訳）、その信仰である。ヘブライ人への手紙が語る終末論、旧約聖書の救いの完成が、なお「天の故郷」に対する将来的な希望を持ちながらであるが、「今日」（本書の加藤常昭「序論」参照）、説教者を通して語られるイエス・キリスト、「神の言葉」によって成就される。この事柄を、会衆は終末論的に、今、この説教を聞くことで、共に経験するのである。この事柄が、現代の日本の教会においても、説教において、出来事として起こっているのだ、ということを、私たちは捉えなければならない。

## 五　信仰によって世界の見方が変わる……「にもかかわらず」と「慰め」の信仰

説教者は三節以降、「神に良しと認められた」、旧約聖書の信仰の物語に目を向ける。それは、ロングによれば、そうすることで、その人々の生き様を、会衆の信仰に生きる応援の声を聞くことができる、という確信によることである。そのことをレースに譬え、「レースの終わりは近い」というあり方で知るのである。ここではその最初、創世記第一章、信仰の物語のすべての基盤である、神の言葉による世界創造の業《わざ》を見るのである。ここでは神だけが働いておられ、御言葉を語られる。そうすると混沌たる世界に秩序が造られ、光が造られ、水と大地が分けられる。説教者はこのことを、「信仰によって」見て、そして知るべきだ、と語る。それはつまり、世界を、先ほどから語られている、救いの希望の本質から見つめ直そう、ということである。会衆の現実としての、目に見える世界には、混沌があり、迫害があり、誘惑がある。くたくたに疲れ果ててしまう現実がある。しかし世界が造られているその本質は、その目に見えるものにはよらない、と言うのである。「信仰によって」世界を見つめ返す時、神の言葉の響きの中で、そのこだまとしてこの世界が存在していることが分かる。私たちは見えないものによって支えられているという慰めが、この見える世界の混沌を突き抜けて、「にもかかわらず」聞こえてくるではないか。そのように説教者は言うのである。

二〇一一年一二月の東京説教塾例会において、加藤常昭が、このヘブライ人への手紙における「慰め」ということについて語る際、クリスティアン・メラーの言葉を引いて、この「慰め」“Trost”（トゥロースト）は「にもかかわらず」“Trotz”（トゥロッツ）という「抵抗」「忍耐」をも意味する言葉と深い関わりの中で語られる、と教えてくれた。そのメラーの引用とはこうである。

> 魂への配慮に生きる教会とは何か、これを生かす力の源泉はどこにあるかを尋ねる問いを重ねるところで、私は、自分にとって「慰め」という概念が何を意味するかを新しく発見したのである。もちろん私は、慰めが、偽りの慰め、甘い飴のような慰め、軽率に慰めを語る人々の言葉と取り違えられることが、いかに簡単に起こるかということは、よく知っているつもりである。そこでなお何より重んじられるべきは、チェコスロバキアのヤン・スカチェル（詩集「アンチリス」（牧草の一種）一九八九年）が語り出してくれていることである。
>
> 慰めにとって／とても重く大切なことは／値打ちのある貨幣のような言葉を見出すこと／値打ちの下がった通貨ではない／低く語り始められ／身を隠すことを知っている／静けさの陰に／世の騒音は／疲れ果てて、瀕死の状態でしかないではないか
>
> この「疲れ果てて瀕死の状態にある」（慰めの）言葉を、その本来あったはずのコンテキストにおいて改めて聞き直すことは可能であろうか。……そこで私が改めて悟ったのは、慰めと踏ん張る忍耐（「にもかかわらず」踏ん張ること）とが係り合っているということであった。忍耐して踏ん張る強さがないと慰めは泣き虫の慰めになってしまうし、慰めを知らぬままにただ踏ん張ってみても、それはただ辛いだけのことになるであろう。死に直面するところが、慰めの言葉が死に逆らって踏ん張る響きを立てるとすれば、それは甦りの響きを持つものとして聴かれるであろう。
>
> （『慰めのほとりの教会』まえがき）

これらのことを捉えた時、第一〇章三六節「神の御心を行って約束されたものを受けるためには、忍耐が必要なのです」という言葉も、新しい意味を持って来る。私たちは「忍耐」が必要なこの世界をどう見るのか。踏ん張り続けなければならない「にもかかわらず」を捉え続けることが強要される“Trotz”（トゥロッツ）の世界である。しかしそれは、信仰から、救いの希望の本質から見つめ返すならば“Trost”（トゥロースト）「慰め」がここにある世界ではないか。力強い慰めが、もうここに存在している！　このことを説教者は「信仰」を語る中で、会衆に明らかにし、苦闘の果て、くたくたになった会衆の心を立ち直らせる、立ち直ることができる、その根拠を示すのである。

## 六　私たちの下に降られた「本質」。真実の“understand”

最後にもう一度、一節で語った「望まれている事柄の本質」という言葉を見る。「本質」、それはギリシア語においては「何

かの下にある」という意味をも持つ言葉である。救いの希望の本質としての信仰は、この世界のすべての存在の「下に」あるもの、基盤、土台なのである。しかしバルトは、先に引用したように、これは上にあるもの、上に「持ち上げられ」るものとした。そのことと矛盾するのであろうか。いいや、そうではない。私たちはヘブライ人への手紙の説教の会衆と共に、そのことを、終末論的に知らされている。それはこの上にあるべきお方が、私たちの下に降《くだ》られた、ということである。ここにおいて、私たちが上に「持ち上げられ」る信仰と、私たちの「下にある」信仰とが矛盾なく一致する。すなわちイエス・キリストの自己謙卑、受肉と受難、十字架の教理である。「キリストは、神の身分でありながら、神と等しい者であることに固執しようとは思わず、かえって自分を無にして、僕の身分になり、人間と同じ者になられました。人間の姿で現れ、へりくだって、死に至るまで、それも十字架の死に至るまで従順でした」（フィリピ二・六―七）。この十字架の主イエスが、私たちの救いの希望の本質としての信仰の基盤、土台、真実なのである。

あなたたちはこの、下に立ってくださり、真実にその存在を支えてくださるキリストの上に立てられている。そのように説教者は会衆に語る。説教者はこのことを、もはやただの教理理解の勧めとして語っているのではない。その疲れ果てた会衆の心、その存在、魂に刻み付ける慰めの真実として語っているのだ。私たちもまたそのように聴くべき言葉である。私たちのことを真実に理解し、支えてくださるキリストがいる。日々の生活における苦悩、痛み、疲れ。それらすべてを理解してくださるキリストがいてくださるのである。理解する。それは英語で“understand”と言う。その人の“under”「下に」、“stand”「立つ」者こそ、真実のその人の理解者である。そしてその者こそ真実の支え手、真実の「慰め主」であられるのである。それを、下に立つキリストが果たしてくださるのである。

このキリストが私たちの救いの希望の本質である。このキリストが混沌たる世界において私たちが生きることができる、目に見えない「慰め」を私たちに与える信仰の根拠である。この、下に立って私たちを支えるキリストへ目を向け、ここに私たち自身が立つことができるのならば、私たちは世界の見方についての大転換を経験するであろう。これが「信仰に生きる」ということである！

## 参考文献


川村輝典『聖書註解　ヘブライ人への手紙』一麦出版社、二〇〇四年

カール・バルト『教会教義学　神論Ⅰ／1』吉永正義訳、新教出版社、一九七八年

カール・バルト『教会教義学　創造論Ⅱ／1』菅円吉・吉永正義訳、新教出版社、一九七三年

クリスティアン・メラー『慰めのほとりの教会』加藤常昭訳、教文館、二〇〇六年

T・G・ロング『ヘブライ人への手紙』（現代聖書注解）笠原義久訳、日本キリスト教団出版局、二〇〇二年

加藤常昭『ヘブライ人への手紙2』（加藤常昭説教全集23）教文館、二〇〇五年

# ヘブライ人への手紙 一一章四－七節

高橋 重幸

## 信仰のゆえに神に認められた人びと――信仰賛歌

コリントの信徒への手紙一第一三章がキリスト教的愛（アガペ）を歌った「愛の賛歌」だとすれば、ヘブライ人への手紙の第一一章はキリスト教の信仰について語る「信仰賛歌」と言えるであろう。著者は、キリスト教の信仰とは何であるかをのべたのち、その信仰によってキリスト者が神との善き交わりに入ることを、旧約聖書に登場する人たちの例を引き合いに出しながら論述していく。このような「昔の人たち」（一一・二）の例に訴えながら信仰を説いていく例は当時の文献の中でも数多く見られる。

たとえばシラ書〔集会の書〕第四四章は、

誉れ高き人々をたたえよう、
我々の歴代の先祖たちを。

という句で始まり、本書と同じように、エノク、ノア、アブラハム、イサク、ヤコブ、モーセ、アロン……と一人ひとりの名前を挙げながら、その人たちの信仰による生き方を称賛していく。

マカバイ記一、二章四九節以下には、ユダ・マカバイの父マタティアの遺言が記されているが、その中でも本書と同様にアブラハム、ヨセフ、ヨシュアたちの名が挙げられ、その人たちの信仰の模範が記されている。

ヘブライ書の著者が挙げるのは、アベル、エノク、ノア、アブラハム、サラ、イサク、ヤコブ、ヨセフ、モーセであり、そして最後には娼婦ラハブまで登場する。そしてそれに続いて、ギデオン、バラク、サムソン、エフタ、ダビデなどの名を連記して、その一人ひとりについて丁寧にのべるなら「時間が足りなくなる」ので不本意ながらカットさせていただきたい、と言う（一一・三二）。

しかしながら著者は、旧約の英雄たちがどんな状況のもとで自分たちの信仰を証しして生きたかを総括しながら次のように言う。

「信仰によって、この人たちは国々を征服し、正義を行い、約束されたものを手に入れ、獅子の口をふさぎ、燃え盛る火を消し、剣の刃を逃れ、弱かったのに強い者とされ、戦いの勇者となり、敵軍を敗走させました」と（三三—三四節）。

続けて著者は、この人たちが厳しい生活の中、想像に絶する苦しみの最中《さなか》でも雄々しく信仰を告白して死んでいったことを詳細にのべる。

公会議以前の典礼の中では、毎夕「晩の祈り」（晩課）の結びの交唱の中でこの「信仰によって、この人たちは国々を征服し、正義を行い……」という句が美しいグレゴリオ聖歌のメロディをつけて歌われていたので、私たちも先人たちの信仰の模範に大いに力づけられていたのを今でも鮮明に記憶している。旧約聖書の中に登場する人たちばかりではなく、北海道の寒冷地（当時は共同寝室内の各自のベッドの上に置かれていた聖水が冬季にはコチコチに凍っていたという）で厳しい生活を送っていた先輩たちの活きた模範も大きな励ましになっていた。ヘブライ書の著者が言うように「このようにおびただしい証人の群れに囲まれている」（一二・一）のであるから私たちも「自分に定められている競走を忍耐強く走り抜く」（同）ことができる。恐らくこのような「信仰体験」は一人ひとりのキリスト者、過去の人たちばかりではなく、現に今生きている私たち一人ひとりの人生の中でも強弱の違いこそあれ生起しているのではないだろうか。

とくにわが国では、昭和になってからアメリカ・ヨーロッパの国々を相手に戦いを交えたときに、私たちの先輩のキリスト教徒たちが身をもって体験した種々の出来事の中にそのことを読み取れるのではないだろうか。敵性の宗教を信じているというそのことだけで、私たち小学生も「アーメン・ソーメン・ひやソーメン」とからかわれたことがあった。でもこれは子供仲間たちのことであって決して暴力的なものではなかったが、大人の世界、特に軍隊などの中ではまた違っていたことだったろう。いずれにしても「信仰の自由」という民主主義社会に生活している現代の私たちには想像も及ばないような状況の中で当時の、そしてまたローマ時代の迫害の中で生きていた信仰の先輩たちの苦しみはいかばかりであったことか。そしてそのように苦しんでいる人たちに、使徒たちや教会の指導者たちがどのように語りかけ、どのように励ましていたかを聖書の中に読み取る必要は、いつの時代にもあるのではないだろうか。

## 首語句反復

ヘブライ書の著者は、一一章三節から始まり、三九節で終わるこの長い「信仰賛歌」の中で「信仰によって」という語（原文では「ピスティス［信仰］」という名詞の与格形）を冒頭に置いて、この語を十八回も繰り返す語法（首語句反復）——文学史上最も美しい実例と言われている——を使うので、深い印象を与える賛歌となっている。

今回の箇所だけを取り出して見ても、

信仰によって、わたしたちは分かる……（三節）
信仰によって、アベルは……（四節）
信仰によって、エノクは……（五節）
信仰によって、ノアは……（七節）
信仰によって、アブラハムは……（八節と一七節）

その後著者は「イサク」(二〇節)、「ヤコブ」(二一節)、「ヨセフ」(二二節)、「モーセ」(二三節)と名を挙げ、最後にはエリコの娼婦ラハブの名まで挙げる(三一節)。

## 信仰とは

ところでヘブライ書の著者がこれほどまでに強調している「信仰」、つまり「信じる」とは何なのであろうか。著者はすでに一一章の冒頭で「信仰とは、望んでいる事柄を確信し、見えない事実を確認することです」と言っている。

「確信、確認」とも知性の働きであって、感情的なものではない。ということは、感情(たとえば信心[賛美歌を歌うなどのような])はもちろん大切で、好ましいものであるが、それが「信仰」の本質ではないということである。信仰とは、神学的な表現を使えば、「神の啓示された諸真理が事実であることを知性によって承認すること」である。この承認は、成人の場合は、人間がその啓示の信憑性を知的に探求したのち、それが信じるに価すると判断したときに、つまり神の恵みに動かされた意志の命令でそれが真実であると認めたときに、下されるものである。これは、神の啓示する真理の全貌を理解するということではなく、誤りえない神の啓示されたことを、神の権威によってそれが真実であると認めることである。このような信仰は、神の恵みによって与えられるものである。つまりあること(たとえば、みことばの受肉、キリストの復活など)を真理であると啓示する神とそれらの出来事が偽りではなく真実であると認める人間、この二者が合流する場が信仰であり、希望であり、愛なのである。

実を言うと、筆者が深い感銘を受けたのは、ローマで神学を勉強したときに聴聞した、一教授の「信仰論」、つまり信仰についての教義神学の講座であった。人間は、神の恵みに助けられなければ、神に向かっての第一歩さえ踏み出すことはできない、神に目を注ぐことすらできない。ということは神に無限に愛されている存在であればこそ、神に近づくことができるのである。主ご自身はっきりと仰せになっている。「わたしを離れては、あなたがたは何もできない」(ヨハネ一五・五)と。であるから、人間が神に目を向け、神に向かって歩み出し、そして神に至るすべての道程は、すべて神の恵みによるのである(ローマ九・一五―一六)。使徒パウロはエフェソの信徒への手紙の冒頭で「神のあわれみ」をたたえて、こう記している。

> わたしたちの主イエス・キリストの父である神は、ほめたたえられますように。神は、わたしたちをキリストにおいて、天のあらゆる霊的な祝福で満たしてくださいました。天地創造の前に、神はわたしたちを愛して、御自分の前で聖なる者、汚れのない者にしようと、キリストにおいてお選びになりました。イエス・キリストによって神の子にしようと、御心のままに前もってお定めになったのです。神がその愛する御子によって与えてくださった輝かしい恵みを、わたしたちがたたえるためです。(一・三―六)

　さらに旧約聖書に目を転じると、詩編第一三六編は、神の慈しみをたたえた壮大な詩となっている。実に神の慈しみは、すでに天地創造の御業《みわざ》から始まって、イスラエルの民のエジプト脱出、カナンの征服という歴史の中で目に見える形で現されている。つまり地上の救いの出来事の流れの中で現れているのは、神の慈しみ（ヘブライ語では「ヘセド」）であるという主張である。「ヘセド」は単なる慈しみではなく、ご自分の約束に対する、憐れみのこもった忠実さを意味しているのである（他に「憐れみ」を意味する名詞に「ラハミーム」〔詩編二五・七、五一・三など〕があるが、これは「はらわた〔ラハム〕」から生じた語）。いずれにしても、世界の創造ですらも、詩編作者は「神の慈しみ」の表れと見なしているのはすばらしい神の啓示と言える。天地の創造、エジプト脱出を含めた神のすべての救いの御業、そして人びとに日ごとの糧をお与えになるという生き物に対する神のすべての御業は、神の「慈しみのなさるわざ」なのである。これをものの見事に取り上げたのが詩編一三六編である。


　恵み深い主に感謝せよ。慈しみはとこしえに。

　神の中の神に感謝せよ。慈しみはとこしえに。

　主の中の主に感謝せよ。慈しみはとこしえに。


と歌い始めてから、天に光、太陽、月と星を創られた神の慈しみに感謝し、エジプト脱出、砂漠における神の導きと守り、そして約束の地の獲得とその中に示された神の慈しみをたたえて、最後に「低くされたわたしたち〔民〕」を御心に留め、「すべて肉なるものに糧を与える方」に感謝をささげている。

　ヘブライ書の著者は以上のような旧約聖書の流れを、新約聖書全体、ということはイエス・キリストの生涯と新約の民の上に示された変わることのない神の慈しみとして、たたえるのである。

## 当時のキリスト教徒たちへの励まし

　ヘブライ書の著者が以上のように旧約聖書に登場する「信仰の英雄」たちを記念し、その信仰をたたえるのは、同じような試練に苦しむ当時のキリスト信者たちを励ますためであったと著者は言う。

「あなたがたは、光に照らされた後（これは『洗礼を受けてから』の意である）、苦しい大きな戦い（『苦しい』と『大きな』という形容詞を二つ重ねていることに注意）によく耐えた初めのころのことを、思い出してください。あざけられ、苦しめられて、見せ物にされたこともあり（三つの形容詞を重ねていることに注意。『見せ物にされる』は当時の死刑囚に加えられていた刑罰で、並大抵なものではなかったことが暗示されている）、このような目に遭った人たちの仲間となったこともありました。実際、捕らえられた人たちと苦しみを共にしたし、……財産を奪われ」たこともあったと（一〇・三二―三四）。

　このような状況に置かれている信徒たちの苦しみはいかばかりであったろうか。それだけにまたヘブライ書の著者の語っている説教はいかほど大きな励ましになったことだろうか。ヘブライ書の著者は最後に、最も大きな模範として主イエスを挙げるのである。

「こういうわけで、わたしたちもまた、このようにおびただしい証人の群れに囲まれている以上、すべての重荷や絡みつく罪をかなぐり捨てて、自分に定められている競走を忍耐強く走り抜こうではありませんか、信仰の創始者また完成者であるイエスを見つめながら」と（一二・一―二）。

私たちが「気力を失い疲れ果ててしまわないように」（一二・三）、片時もこのイエスから目を離してはいけないのである。これがヘブライ書の著者の言う「信仰者」の生き方、すなわち「神に認められる」人たちの生き方（一一・二）なのである。

## 昔の宣教者たちの苦しみ

ヘブライ書の著者の時代はひどい迫害の最中でキリスト者たちは雄々しく信仰を守り、信仰に殉じていったが、これはローマ時代だけに限られていたのではない。イエスが予言されたとおり、また使徒パウロの言うように、すべてのキリスト者は早晩大きな苦難にさらされることになっているのである。

「あなたがたには世で苦難がある。」（ヨハネ一六・三三）

「（パウロとは）わたし（イエス）が選んだ器である。わたしの名のためにどんなに苦しまなくてはならないかを、わたしは彼に示そう。」（使徒九・一五―一六）

このことは、イエスや使徒たちの時代に限られているものではなく、それに続くすべての時代においても同様である。

## 明治初期の宣教者たちの苦しみ

これもまた個人の体験になるが、ローマへの船旅の途中、シンガポールを出港してからマライ半島の西側を北上し（つまりインド洋に出て）ペナンに寄港した。ペナンには明治の初期に建てられたというみすぼらしい木造の建物が残っていた。それは実は当時大神学校（College General）の教室として使われていたものだという。そして明治の初期に司祭になるために神学を学ぶ必要のあった日本人の青年たちがそこに居住していた。

その神学生の中には、後に東京教区の本所教会の主任として働いておられた本城昌平《ほんじょうしょうへい》師もいらした（本城師は、私たち兄弟だけではなく、両親たちの授洗司祭であった）。私が毎朝欠かさずに師のミサ答え（侍者）をし、初聖体などの準備をしてくださったので、いわば髙橋家の専任チャプレンのような方であった。その本城師が慣れない異国で数年間も神学を学ばれたというその神学校を実際にこの目で見、古ぼけた木製の机にこの手で触れることができたということは、生涯忘れることのできない神の恵みであったと、今でもそう思い、感謝している。

当時の神学生ばかりではなく、日本に渡来した外国宣教会の司祭たちがどれほどの苦しみに耐えていたかは現在では想像もできないほどのものであったろう。

聖フランシスコ・ザビエルの時代には、ヨーロッパから日本に渡来するのに足かけ三年はかかったという。季節風にたよりながらの航海であったし、スエズ運河もなかったのでアフリカ大陸か、もしくは南米の南端をまわっての大航海だったからである。

長崎のカトリック墓地には当時の宣教師たちのお墓があるが、その中には明治時代日本に渡来する時、難船していのちを落とした二名のフランス人パリ・ミッション会の司祭の氏名が刻まれていた。そんな痛ましい出来事があったことはそれまでに聞いたり読んだりしたこともなかったので、とても驚いたことを今でも鮮明に記憶している。もしこの遭難事故についての記事があれば是非読みたいと今でも思っている。

使徒パウロも宣教における種々の苦しみを非常に具体的に記述している。

「鞭で打たれたことが三度、石を投げつけられたことが一度、難船したことが三度。一昼夜海上に漂ったこともありました。しばしば旅をし、川の難、盗賊の難、同胞からの難、異邦人からの難、町での難、荒れ野での難、海上の難……」と（Ⅱコリント一一・二五―二六）。

ヘブライ書の著者は生涯を通して信仰を証しした人として、アベル、エノク、ノアの名を挙げているが、創世記の最初に登場するこの三人は自分たちの信仰の証しを通して、私たちに信仰による生き方を教えているのである。

# ヘブライ人への手紙　一一章八―一六節

浅野　直樹

## 信仰の確信を求めて

　まずはヘブライ書が書かれ、説教として読まれるようになった背景を押さえておきたい。一世紀末、ヘブライ人が数多く集まるローマの教会では未だに迫害が止まず、信徒は厳しい試練に耐えながら信仰を保っていた。とはいえ迫害を受けた者は当然のこと、その恐怖に怯えてもはや教会から遠ざかっていた人々も後を絶たない。ヘブライ教会は、教会としての存亡の危機に立たされていた。この書簡は、そうした状況下でも礼拝にやって来る忠実なキリスト教信徒たちを励ますために語られた説教である。礼拝に集まる人も来るには来るが、迫害の恐怖心を克服できているわけではない。ほんとうに大丈夫だろうかという言い知れぬ不安は、常に心中に潜んでいた。それが彼らの信仰を、振り落とさんばかりに揺さぶり続けていたのである。

　彼らは信仰の確信を必要としていた。この先何が起こるかわからない将来への不安をなんとかして払拭したかった。自分に伝えられ、ここまで信じてきたイエス・キリストの救いの確かさを、ここで棄てるわけにはいかない。そのためにも自分の信じてきた道が間違っていないという確信が欲しい。そうした信徒の魂の飢え渇きを満たすために説教者は、一〇章後半から一一章にかけて熱くそして力強く、信仰の確信を語っていく。「それで、兄弟たち、わたしたちは、イエスの血によって聖所に入れると確信しています」（一〇・一九）。「だから、自分の確信を捨ててはいけません。この確信には大きな報いがあります」（一〇・三五）。

## 救済絵巻の扇

　著者は一一章冒頭において、そもそも信仰とは何であるかを定義的に明示する。それによって信仰の確信の本質を論理的に説き明かそうと試みる。「信仰とは、望んでいる事柄を確信し、見えない事実を確認することです」（一一・一）。この一節でまずは信仰を定義すると、そこから過去に信仰の確信がもたらした歴史上の出来事ひとつひとつを具体的に例示していく。扇子にたとえるならば、一一章一節を要として扇を広げると、扇の面に救済史の人物絵巻がひとつひとつ広がっていく。アベル、エノク、ノア、アブラハム、モーセ。「信仰によって」の書き出しを軸に、モーセ五書に登場する人物が数珠つながりに顔を出す。扇は一一章の終わりにくると、もはやたくさんありすぎて描ききれなくなる。「これ以上、何を話そう。もしギデオン、バラク、サムソン、エフタ、ダビデ、サムエル、また預言者たちのことを語るなら、時間が足りないでしょう」（三二節）と締めくくる。

当然のことだが、その後に続くモーセの場合同様、本論で扱うアブラハム物語となるとサラ、イサク、ヤコブにも言及が及び、詳細に説明がなされる。そしてそのすべてが「信仰によって」実現した救済史の一コマ一コマであり、「望んでいる事柄を確信し、見えない事実を確認」した人生の歩みの具体的な実証例なのである。

## アブラハムの信仰の旅路

八節、九節に出てくるふたつの「信仰によって」の事例から、何が生起したかを見てみたい。アブラハムは、ある日あるとき突然に、継承すべき土地へ出立せよと神に召し出される。創世記のアブラハムの召命では、「あなたは生まれ故郷、父の家を離れて、わたしが示す地に行きなさい。わたしはあなたを大いなる国民にし、あなたを祝福し、あなたの名を高める」（一二・一―二）と記し、この出来事を四節で次のように結論づける。「アブラムは、主の言葉に従って旅立った」。行き先もわからないアブラハムだったが、不安な中にも旅立ちを決意させたのは主の言葉であり、彼の信仰がそれを聴き入れ、決意するに至った。これは常識的には、根拠もなく無謀な行動と映るが、主の言葉にすべての根拠を置くアブラハムには、これだけで十分であり、この言葉が彼の案内人となったのである。大胆にもそういう行動をとれたのはなぜかというと、アブラハムが「神が設計者であり建設者である堅固な土台を持つ都を待望していたから」（一〇節）だった。目指す土地が最終目的地ではなく、地上にあっては足を踏み入れることは叶わないだろうが、やがて行き着く「堅固な土台を持つ都」を、アブラハムが「見えない事実」として望みつつ確信していた（一節）からである。そしてこの「堅固な土台を持つ都」こそアブラハムの最終目的地、「天の故郷」（一六節）にほかならない。

どこへ連れて行かれるのかわからないのはとんでもなく不安だが、一般に旅行の心配といえばそれだけではない。目的地がわかっていても初めての国となると、あれこれと注意をして出かけなければならない。スリやひったくり、病気や怪我といった心配は尽きない。まさかに備えて保険に入っておくのが、現代人の知恵であり生き方だ。運命の旅路に出かけたアブラハムは、住み慣れた故郷を離れて他国に宿り移り住むことになる。旧約時代、よその国という異文化異民族の中に紛れての生活がいかに厳しく危険を孕んでいたか、想像に難くない。事実、創世記にあるように、アブラハムは保険の対象となるような事件に次々に出くわす。旅の途上もカナンにたどり着いた後も、繰り返し危機との遭遇であり、さまざまな争いに巻き込まれていく。イサクを犠牲として献げよとの主の声にも聞き従わねばならなかった。すべて、「信仰によって、アブラハムは他国に宿るようにして約束の地に住」むことになったからである。

## 信仰の射程

神が約束した土地は、「財産として受け継ぐことになる土地」（八節）ではあったかもしれないが、それは悠々自適に暮らせる安住の地を意味しない。約束の地は、これまでに経験することのなかった波瀾万丈の舞台となった。「信仰によって」行動した結果、そういう人生を歩むはめになったという事態に、信仰者は考えさせられる。なぜならば、人は「信仰によって」、神の恵みと平安と祝福を求めて入信するからである。「信仰によって」、なんらかの救いを得るために洗礼を受けようと決意するからである。残念ながらここまでは、アブラハムの「信仰によって」は、そうした安寧をまったく保証する記事となっていない。アブラハムに限らず、カインにしてもノアにしてもモーセにしても、それはない。彼らはいずれも「約束されたものを手に入れ」なかった（一三節）のである。

アブラハムの信仰による決意は、神が設計者である堅固な土台の都、すなわち「天の故郷」に希望を置いたとき、初めて意味を持ち報われることになる。「地上ではよそ者」であり、たとえ神による約束の地カナンであったとしても、それは「仮住まい」（一三節）でしかない。見えない事実を仰ぎ望むという信仰の射程は、アブラハムにとって地上には存在しなかったと言わざるを得ない。

説教をする我々が、信仰の射程をどこに置いているだろうかと問うことはとても重要である。信仰の射程を仮住まいなる地上に置くのか、それとも「天の故郷」を見据えるのか。どちらを向くようにと会衆に語りかけるのだろうか。一概に断言できるわけではないが、ヘブライ書一一章の信仰の定義とアブラハムの信仰から学ぶとすれば、それは天の故郷を見据えるということになるのは明らかである。みことばを聴く会衆は、「今、ここで」答えが欲しいと迫ってくる。目の前の問題をなんとか神様に解決してもらいたい、と祈りつつ聴いている。説教者はそれに応えようと、現実問題に焦点を当ててそこに信仰の射程を置く。もちろんそれは必要であり、それがなければ信徒の信仰を活かし育てるのは難しい。けれどもそこだけを見ていれば信仰をすべて語り尽くせるわけでもない。信仰が本来的に志向しているのは、天の故郷なのである。

ただしこれは決して容易ではない。マルタの兄弟ラザロをイエスが生き返らせるときのマルタの言葉を思い出す。イエスが、「あなたの兄弟は復活する」と告げると、マルタはいう、「終わりの日の復活の時に復活することは存じております」。冷たいラザロの遺体を目の前にして、力が抜けて開き直ったかのようにつぶやくマルタの一言には、期待も喜びもない。目の前の事象に向き合ってみことばを語ることを避けて、説教者一人だけが「終わりの日」を告げ知らせても会衆に届かず空振りする危険は大いにあるのだ。

とはいうものの、信仰をこの世の事柄に向けすぎても過ちに陥る。「信仰を持てばあなたは今の悩みから解放され、幸福感に満たされます」「神を信じて祈ればあなたは仕事で必ず成功し、裕福になれます」。そのように語る説教がある。「栄光の神学」に留まらず、それがさらに高じた「繁栄の神学」がはびこってしまう。これは、地上の仮住まいしか視野に入れていないからだ。この世の喜悦が信仰の目指すところとなってしまっている。

神の約束は最後には実現し、アブラハムはカナンの土地を取得し財産も増えた。そして百七十五歳という長寿を全うする。このようにアブラハムは、最後には地上においても多くの祝福を得たのだが、説教者はそこだけに注目して語るわけにはいかないであろう。アブラハムは富と成功を求めてそれを目指して約束の地へ旅立ったわけではなく、ただ「主の言葉に従って旅立った」のである。ましてや富と成功が信仰の目標とはなり得ない。ヘブライ書に従えば、アブラハムが目指したのは、神が建設した強固な土台を持つ都、天の故郷なのである。

結果として富と成功が転がり込むことを目指して生きよ、と語るのが栄光と繁栄の神学とするならば、そうした結果を追い求めずに、日々生きていく中で経験する試練や葛藤、悲しみや痛みと信仰者がどう向き合って生きるかを語るのが、十字架の神学である。十字架の神学こそ、地上の問題に信仰の視座を置いて説教するときの基盤となり得る。その点でいえば、アブラハムがカナンに至るまでに味わった幾多の辛酸から、信仰者が学ぶべき知恵は数知れない。

## 信仰による喜びの声

一三節以降は終末論的解釈がわかりやすい。アブラハムをはじめ列挙した旧約の父祖たち、信仰を抱いて死んだ彼らは、「約束されたものを手に入れませんでした」。神が約束したものを、アブラハムたちは得ることなく死んだと述べる。一一章のまとめのところでも、総括的にもう一度この言葉を繰り返して強調している（三九節）。すなわち生きているうちに世の終わりが来なかったのである。待望していた終末の成就は起こらなかったのだと語る。このように語るのは、説教者とそれを聴くヘブライ人会衆たちのうちにも、同じ思いが強く意識されていたことの裏付けともいえよう。迫害の危機感を背にして礼拝するキリスト者の群れの中でも、まもなく終わりがやって来るという緊張感があったことがうかがわれる。今日もその時に至っていないので、我々も共有している「未だ」である。

アブラハムたちは神の約束を手に入れなかったけれども、「はるかにそれを見て喜びの声をあげ」た。そうできたのは他でもない、信仰によったからである。「信仰を抱いて死」んだ（一三節）アブラハムたちは、死に面しても喜びがあった。だから迫害の恐怖も、信仰によって乗り越えて喜びの声を上げよう、と会衆に向けて語りかけ励ましを与える。

では今を生きる我々には、この語りかけはどのように響くのだろうか。アブラハムの場合ともヘブライ教会とも異なるのは、今我々が生きている時代が、終末論的展望がとてもしにくい時代だという点である。終末的現象は多々ある。異常気象、覇権争いをする世界情勢、核の脅威、貧困、人口問題、そして迫り来る自然災害等、こうした問題で我々は今、終末的様相をひしひしと感じながら生きている。ヘブライ人の教会がローマ帝国の迫害を恐れていた状況とどこか似通った生活感を、現代人も多少なりとも持ちながら生活しているといっていい。

アブラハムは天の故郷をはるかに仰ぎ見て、喜びと希望を抱きつつ生きた。またヘブライ人教会の人たちは迫害が迫る恐怖の中、教会に集まり説教を聴いて励まされ希望をつないだ。では今日の我々はどうだろうか。どこまで希望を見出せるだろうか。説教者が希望を指し示し、人々がそれを見つけるのがとても難しい時代を迎えているように思う。以前より危機感が強くなったから難しいというのではない。文化的価値観の多様性、そして宗教の多元性、さらに個性を尊重する社会の中に埋もれてしまい、聖書が掲げ示す終末的希望が見えにくくなったから難しいのである。また科学技術の発展が、断片的ではあるが具体的に明るい明日の生活を示してくれるので、聖書が示すキリストに基づく希望は隅へ追いやられてしまっているのが現代ではないだろうか。あたかも新奇な価値観と科学技術が神の言葉に取って代わったかのように。人類が築きあげる文明の希望が神存在を少しずつ覆い被すかのように。

注意しなければならないのだが、科学技術が呈示する未来の価値は、病気を治癒する医療にせよ、労働力を補う人間工学にせよ、来るであろう明日をより良く生きるための手段ではあっても、聖書が示す希望に取って代わる代物ではないことを心得ておきたい。

聖書の希望を文明の希望にすり替えてしまうことのないよう、説教者は留意したい。それは信仰の射程を、天の故郷から仮住まいの地上に引きずりおろすことを意味する。キリストの十字架を語らず、人間の栄光を謳歌する誘惑は説教者につきまとう。説教者は会衆に向かってみことばを語るとき、絶えず天の故郷を高く掲げ示し続けることを怠ってはならない。ヘブライ書が語る終末論的希望は、人類文明の将来的発展の行く末にはない。終末的希望は、神による救済史の成就を意識する。そして後者は前者の延長線上には存在しない。

## 見えない事実の確認作業

アブラハムは信仰によって主に従い、故郷のハランを離れたわけだが、「もし出て来た土地のことを思っていたのなら」（一五節）とは、この決断に対して後になって悔やみ、そうするべきでなかった、ハランにとどまるべきだったと思い返したりしなかっただろうかという省察である。著者は、「戻るのに良い機会もあったかもしれません」と述べて、その可能性を十分匂わせている。すなわち思い直して後戻りしたくなるという信仰の揺らぎの問題である。信仰という「見えない事実を確認する」作業の難しさがここで表される。モーセ率いるイスラエルの民がエジプトを脱出したあと、荒野の旅路のなかでたびたび繰り返した不平、「エジプトの国で、主の手にかかって、死んだ方がましだった。あのときは肉のたくさん入った鍋の前に座り、パンを腹いっぱい食べられたのに」（出エジプト記一六・三）もそうだった。見えない事実を見切れない難しさである。これが科学的思考に慣らされた現代人の意識に重々しくのしかかってきて、信仰へと突破しきれない。

ルター派の神学的立場を表す「Finitum capax infiniti（有限は無限を容れる）」という言葉は、この問題に対してひとつのヒントを与えてくれる。これはもともとは、ルター派神学者が改革派とのキリスト論や聖餐論で用いた用語だが、終末論にも有用である。有限なる天地の創造は、無限なる神の介入によって成った。そして創造のわざから人類の歴史が誕生する。創造の後にも無限なる神は有限なる人類の歴史に介入し続け、とうとうイエス・キリストを遣わした。このように有限なる歴史の中に、無限なる神の介入のしるしをいくつも見出すことができる。やがて歴史は次の神の介入によって、新たな有限なるエポックを迎え、終末が訪れ完成へと向かう。このように神の介入は、この世にあって常に見える形をとって起こる。聖書は、いわばFinitum capax infiniti を証する書物である。

この理解に従えば、見えない事実を確認しようとするとき、見える実体はそれを運ぶ手段として用いられ得るのである。有限なる実体を神の恵みを運ぶ手段とせずに、信仰をどこまでも理性的に頭で理解しようとする立場もある。しかしながら今日、実証科学的手法や論理的思考で神を語ろうとするのは、どうしても無理が生じる。実証科学の論法で信仰を語るのというのは、他人の土俵で相撲をとることに等しく、むしろ避けるべきであろう。

一方、神の見えない事実が自然界には至る所で確認できるというような、汎神論的説明も避けなければならない。神の言葉に基づいて、教会でおこなわれるサクラメントの中に限ってそれを見ていくとき、Finitum capax infiniti の神秘は信仰者にとって有益に働く。現代人キリスト者が危機的不安を抱えながら日々を生きるとき、信仰を守り続けて、終わりのときまで見えない事実を確認し続ける最も確かな方法は、洗礼と聖餐なのである。神の言葉に励まされつつ、やがて教会で洗礼を授かり、繰り返し聖餐の恵みをいただくことで、現代のキリスト者はアブラハムたち信仰の父祖やヘブライ人教会の会衆同様に、見えない事実をその都度確かめることができる。そして彼ら同様、天の故郷を仰ぎ望む。

最後に、見えない事実を確認するという信仰を可視化するもうひとつの方法について簡単に触れてみたい。現代ユダヤ人哲学者エマニュエル・レヴィナスが引用した、あるべき人間の生き方のモデルはアブラハムである。故郷から行く当て知らずで旅立ち、ひたすら神の召命を信じ抜いて歩き続けるその姿には、自分のためでなく他者のために生きる自己犠牲の生き方があるのだという。神を信じて見えない事実を確信しながら生きるという信仰の道とは、自己のためではなく、さまざまな顔をした他者とつながり、その他者に対して責任を負って生きていくことなのである。東日本大震災は終末的様相を日本人に見せたが、そうした状況の中にあっても、ほどなくして世界中から復興支援が届き、被災者と支援者がつながっていった。そのとき広がった言葉が「絆」だった。他者のために責任を負いつつ生きるとは、見えない事実を確認するためのもうひとつの信仰者の生き方なのである。

## 参考文献

川村輝典「ヘブライ人への手紙」、『新共同訳　新約聖書注解Ⅱ』日本キリスト教団出版局、一九九一年
宮本久雄、武田なほみ編著『信とは何か――現代における〈いのち〉の泉』日本キリスト教団出版局、二〇一四年

# ヘブライ人への手紙　一一章一七―四〇節

飯田　敏勝

## 信仰とは

信仰とは、何か。

多分に現在の宗教集団を想定しているのであろうが、『広辞苑』では、次のように述べられている。「信じたっとぶこと。宗教活動の意識的側面をいい、神聖なもの（絶対者・神をも含む）に対する畏怖からよりは、親和の情から生ずると考えられ、儀礼と相俟って宗教の体系を構成し、集団性および共通性を有する」。ちなみに、名詞「信仰」に対して、動詞「信ずる」は、「①まことと思う。正しいとして疑わない。②信仰する。帰依する」となっている。そこに出てくる「帰依」も「神・仏などすぐれた者に服従し、すがること。……」とあり、①と併せ、こうした辞書的意味では、人間の主体的側面に強調があるように思える。人間の内心と関わる信仰（信じること）を、他と共有し得る形で捉える一つの常套手段であろう。

ただ、ヘブライ書では「信仰とは、望んでいる事柄を確信し、見えない事実を確認することです」（ヘブライ一一・一）と定義した上で、「昔の人たちは、この信仰のゆえに神に認められました」（同二節）として、旧約の登場人物たちの事例を挙げていく。

この信仰は、単に個人の信念ではない。川村は言う。「《望んでいる事柄》は文字通りには『望まれている事柄』であって、人間の側の態度とは関係なしに存在する客観的なものを意味する」（『新共同訳　新約聖書注解Ⅱ』三八〇頁）。わたしたちが教会で語り明かす信仰は、それによって神に認められるもの、更に言えば「心で信じて義とされ、口で公に言い表して救われる」（ローマ一〇・一〇）ものである。わたしたちの間においては、大いなる救いの御業《みわざ》をなす神こそが、信仰において外せない点である。

## 族　長

さて、一一章前半で既に族長についても語られ始めている。一六節までの、神に従い移動していくという拡張傾向に対して、一七節以下は神に選ばれ与えられた祝福が継承されていくことに関心が向けられているように思える。それは、この族長に関する部分だけではなく、今回の聖書箇所全般にわたり、旧約の時代を通じて言える。

まず、アブラハムが「試練」として、イサクを献げた一件が言及される。創世記二二章に語られることだが、聖書中でも、理不尽と思える箇所である。なぜ、一人息子の命を神に献げなければならないのか。ヘブライ人への手紙は「約束を受けていた者が、独り子を献げようとした」と語り、続けてその子孫繁栄の約束が他ならないイサクにおいて実現するのだとの理解を明らかにする。

創世記自体の流れも、また然りである。

アブラハムとサラの老齢の夫婦には、子どもがなかった。自然の成り行きではもはや望むこともできなかった。なのに、神は子孫繁栄の約束をアブラハムに与えた。「アブラハムは神を信じた。それが、彼の義と認められた」と、ローマの信徒への手紙四章三節でも言及されている。だが、単に素直に純真に信じられたわけでは決してないであろう。「そんなことはあり得ない」と、人間としての常識では分かっていた。可能性が認められるから信じられたわけでは、決してなかったのである。

これに近い状況としては、ルカによる福音書の最初の弟子たちの召命の場面が考えられる。漁師として一晩、当然すべき作業はし終わったが、漁の成果はまるで上がらなかった。そこに見ず知らずの人が口を挟んできた。おそらくは素人の言葉に、プロの漁師がすぐに納得できたわけではなかっただろう。だが、「しかし、お言葉ですから、網を降ろしてみましょう」（ルカ五・五）というペトロの台詞の背後には、ダメで元々、損はないから試しにしてみよう、といった思いが見え隠れする。必ずしも純真に、最初から主の言葉を鵜呑みにしたとは限らないであろう。しかし、その言葉に従ったとき、出来事が起こった。自分たちに近づいてきたイエスという者が、ただならないことを信じることのできる出来事が起こったのである。

アブラハムも、この後経験する出来事で、義と認められる信仰を実践していくことになる。最初に聞いた祝福の約束の言葉は、下手をしたら、内心で舌を出すような思いで聞き入れたのかもしれない。それでも、ただ人間的常識を盾にして神の言葉を無下にするのではなく、とりあえず彼自身のところにおいて、神の言葉を現実の出来事とするために、自分自身を献げるのである。

アブラハムにとって、子孫繁栄の約束を受け止めるため、その後も困惑が続く。

夫婦共に神の約束を実現させるために、彼らなりに模索し、奮闘する。側女に子が与えられ、この子こそ、約束の子だと受け止めようとした。だが、それは神ご自身によって否定される。サラに子ども誕生の予告があったが、笑う他なかった。その笑いに追及もあり、サラは思わず否定したが、予告どおりに念願の子どもが与えられた。その子の名が、笑いを意味するイサクであることは、これまでのアブラハムとサラの人間的思惑よりも、神の約束の言葉が強いことを、証ししている。創世記の綿々と続く物語をふまえれば、この子は、人間的可能性によって生まれたのでなく、神こそが与えてくださった、と言わざるを得ない。読者にとっても、アブラハムにとっても、そうであろう。

だが、二二章の物語は、やはり理不尽に思える。一瞬のうちに、そう思える自己中心性を、わたしたち人間が持っていることを露呈する。

　ヘブライ人への手紙は「アブラハムは、神が人を死者の中から生き返らせることもおできになると信じたのです。それで彼は、イサクを返してもらいました」（一九節）と、コメントする。この点は、創世記自体に帰るよりも、ローマの信徒への手紙四章一七節（「『わたしはあなたを多くの民の父と定めた』と書いてあるとおりです。死者に命を与え、存在していないものを呼び出して存在させる神を、アブラハムは信じ、その御前でわたしたちの父となったのです」）などを参照したほうがよい。

　レイリングは言う。

> （ヘブライ書の）筆者にとって、これはもう一つ深い意味合いのことである。つまり、イサク救出は『影絵』の性質があったのだ。彼はパラボレーというギリシャ語を使っていて、これは九章9節と全く同じ意味である。イサク救出は影絵である、つまり、神がなさり得ることの事前描写、あるいはやがて時の終りになさること、つまり甦らせなさることの事前描写なのである（ヨハネ一一・24）。これによってアブラハムの信仰の試みは間接的に終末論的展望のうちに置かれる。筆者はキリストの復活のことは考えていないと思われる。彼にとってキリストはまず高挙の大祭司であられるからである。

特にイサクを献げる「試練」について、説教者も聴衆も、様々な思いが湧くことであろう。ただ、ヘブライ人への手紙の流れの中で捉えるとき、それを単に過去や現在の視点でなく、救いが完成する時点に向かう視点で捉える必要がある。

　アブラハムへの約束は、二〇節からの族長たちにおける継承においても、全うされる。イサク、ヤコブ、ヨセフといった各族長における様々なエピソードに、わたしたちも思い入れがあり、言葉を足したいことがあるかもしれない。ただ、ここでヘブライ書の著者の最たる関心は、祝福において、先代に与えられた恵みが、次の世代にも引き継がれていくことである。

　二一節の「杖の先」は、翻訳を素読しただけでは、意味を捉えられない。レイリングによる解説を引用しておく。

> 　ヤコブによるヨセフの子らの祝福に、筆者は創世記四七章31節からの言葉を七十人訳によって加えている。ヘブライ語本文では「床のかしら」〔新共同訳「寝台の枕もと」〕でとあって、ヤコブは死にゆきつつこれによりすがって神を礼拝している（むしろヨセフの息子たちの祝福ではそれ以外は言われていないのだ）。「床」と「杖」はヘブライ語では同じ子音なのだが母音が違う。
>
> 　ヘブライ書筆者がこれらの事例を結び合わせたのはなぜかは明らかにされていない。おそらくヤコブの礼拝行為を報告することで、彼が「信仰によって」行動したことを強調したつもりなのであろう。「杖」のことを報告することでは創世記三二章10節〔新共同訳11節〕にあるような他所《よそ》者性《ものせい》を思わせようとしたのであろう。

そして、これが他所者性《よそものせい》を示すのであれば、モーセへと話がつながる要素ともなる。

## モーセ

モーセはアブラハム同様、旧約を代表する人物である。ただ、ヘブライ人への手紙においては三章で述べられたように、手紙冒頭の天使と同様に「キリストより劣った方」の意味合いがある。

アブラハムより後の族長たちについてもそうであったが、手紙の著者のエピソードの取捨選択に注目せざるを得ない。正直、モーセと言えば紅海渡行の奇跡というイメージがわたしたちには強いが、ここでは「同じように渡ろうとしたエジプト人たちは、おぼれて死にました」（二九節）という結びにつながる形で述べられるのみである。単純に奴隷からの解放の御業で神をほめたたえるといった論旨ではない。

このモーセの箇所に含まれる意図を探ろう。

まず幼児期の、ファラオが発した男児殺害の命令に背いた理由は、モーセの「美しさ」（二三節）であるとされる。それは外見のみならず、信仰の健やかさを伝える。神の支配の下でシャロームを全うしていることに通じる形容である。赤ん坊であったモーセが何か立派な働きができたわけではない。それでも、彼の人生において現れ出る神の御業があり、そのために彼自身を献げる美しさがあったのだ。当然アブラハムにもあっただろうし、聖書でこの美しさが明記されているのはダビデである（サムエル記上一六・一二）。容姿に目を向けるなと言われた直後の、美しさや立派さへの言及は、その身において御業を現す献身に基づくものである。

さて、一人前になったモーセは、特にエジプトとの関係において、悩み多き者であったと想定されることが多い。二つの祖国や、良かれと思ってしたことが同胞に非難されたり、アイデンティティ・クライシスのネタが豊富にある。脚色された映画の表現を見ても、古くは『十戒』（一九五六年）、近年のアニメ『プリンス・オブ・エジプト』（一九九八年）にしても、義兄弟との間の確執などで眉間にしわを寄せたり、後ろ髪引かれる思いを垣間見せたりしている。

ただ、ここでのヘブライ書の著者の解釈で、エジプトに対する態度は明瞭である。退けるべきものなのである。「王女の子」としての立場を拒み、エジプトの「快楽」や、ファラオの「怒り」を避けていく。

そして、見ないものに従う仕方で、長子の災いが語られていく。神に従う信仰の道において、この世のエジプトを捨て去り、次の段階の歴史に進みゆく。ヘブライ人への手紙三章では荒れ野を踏まえているので、知らないわけではない。ただ、ここでは言及されず、続いてはエリコの征服が出てくる。そこにラハブという異邦人女性の名も差し挟まれていることは、マタイによる福音書の系図同様、救いが開かれていることを暗示しているようである。

一点だけ新約とのつながりを言及すると、二六節でキリストとの結び付きが出てきて、モーセを通して示されることは常套的な律法授与ではなく、コリントの信徒への手紙で言われている「十字架の愚かさ」に立つことの先取り（Ⅰコリント一・一八）であると思われる。

## 士師、王、預言者

三二節から、士師などの名前が挙げられる。士師記の順序通りでないが、ここに出てくるギデオン（士師記六・一一―八・三二）、バラク（同四・六―二四）、サムソン（同一三・二四―一六・三一）、エフタ（同一一・一―一二・七）についてはそれぞれの旧約の箇所を参照。

続いて、ダビデ、サムエル、預言者たちが挙げられる。使徒言行録二章三〇節では「ダビデは預言者だった」との記述もある。サムエルも、最後の士師とも称されるが、預言者だという理解もあり（サムエル記上三・二〇）、三者が一つのまとまりと考えられる。

ただ、現代の聖書学的カテゴリーに当てはめるよりも、続いて述べられる「信仰によって、この人たちは……正義を行い、約束されたものを手に入れ」（三三節）た事例を挙げるために、著名な旧約の信仰者たちの名前が挙げられた趣がある。

更に続く記述の中、聖書箇所を特定しうるものもある。

三三節「獅子の口をふさぎ」は、サムソンが獅子を裂いたこともあるが、ダニエル書六章のダニエルの事例が直接対応するものと考えられる。三四節「燃え盛る火を消し」は、実際に火を消したわけでなく、その火の勢力から守られたのであるが、ダニエル書三章のシャドラク、メシャク、アベド・ネゴの事例。「剣の刃を逃れ」は、エリヤ（列王記上一九・一〇）やエリシャ（列王記下六・三一―三三）の事例、またダビデもサウルの投げた槍を免れた（サムエル記上一九・一〇）ことなども想定される。三五節「女たちは、死んだ身内を生き返らせてもらいました」は、サレプタのやもめ（列王記上一七・一七―二四）やシュネムの婦人（列王記下四・一八―三七）の事例。

また、詳細を探り得ない記述も含まれる。ここで挙げられている事例を、ダニエル書に関するものとすることも、時代錯誤になるのかもしれない。ただ、何より重要なのは、士師や預言者たちがその時の状況に応じて救いを明らかにしたことである。循環的構造を持つと見える士師記は、救済史の直線的歴史を歩む中、例外的にも見える。ただ、王国期は確かに、社会的状況の変化に伴い、それまで王を必要としなかったイスラエルが、王を持つことになる。それに伴う信仰的見解も変えていくことになる。その訓練というか備えの時期が、士師の時代であると取ると、このピースがパズルを埋め尽くすように当てはまる。

具体的危機に際し、神の救いを経験する。その積み重ねをイスラエルは歩んできた。大きな流れもあれば、小さなうねりもある。その証しの記録をこの箇所において残しているのであろう。

## まとめ

旧約の信仰者たちへの言及は、過去の模範的事例を並べるというよりも、ヘブライ書の著者の視点は、信仰によって得られる救いの完成とのつながりを明らかにしていくことであろう。

拙論からの引用を参照していただきたい。

ヨハネ福音書一章一六節に、ギリシャ語で「カリン・アンチ・カリトス」という表現があります。単純に翻訳すれば「恵みに対する恵み」です。日本語の聖書にもいくつかの翻訳があります。それらを比べてみると、口語訳では「めぐみにめぐみを加えられた」、新共同訳では「恵みの上に、更に恵みを受けた」とされています。

ギリシャ語のアンチには「代わりに」や「の後を引き継いで」といった意味もあります。岩波書店から出された翻訳では「彼の充満の中からわれわれは皆、恵みに代わる恵みを受けた」となっている。これだと、「アンチ」の構造を深く思い描くことができるでしょうか。

単純に反対のものをあてがうのではありません。そして、量的な積み重ねというよりも、質的に凌駕するもので古いものを乗り越えた、というような意味合いでしょう。

恵みに対抗する恵みで、神さまはわたしたちを満たしてくださるのです。

旧約の信仰者を越えて、約束によって得られる「更にまさったもの」を受ける教会の信仰者にあてがわれた言葉へと、以下一二章で続いていく。

**参考文献**

飯田敏勝「聖書・呼びかける言葉『アンチ・ノスタルジー』」、『婦人之友』二〇〇九年一一月号、婦人之友社
川村輝典「ヘブライ人への手紙」、『新共同訳　新約聖書注解Ⅱ』日本キリスト教団出版局、一九九一年
J・レイリング『コンパクト聖書注解　ヘブライ人への手紙』登家勝也訳、教文館、二〇一二年

# ヘブライ人への手紙　一二章一―三節

加藤　常昭

## 共に走りつつ

この箇所で、ヘブライ人への手紙のひとつの頂点に達すると見ることができる。この説教を語る者の口調が高潮していると読み取ることができる。そこで言う。「こういうわけで、わたしたちもまた、……自分に定められている競走を忍耐強く走り抜こうではありませんか」。「さあ、やろう！」とかけ声を掛けて立ち上がる姿勢である。第四章で既に同じように語りかけた説教者である。「だから、憐れみを受け、恵みにあずかって、時宜にかなった助けをいただくために、大胆に恵みの座に近づこうではありませんか」。そこでは大祭司イエスを描き、恵みの座に近づこうと促す。そしてここでは信仰の創始者、完成者イエスを仰ぎつつ、一緒に走り抜こうと励ましている。第一三章二二節で、自分が語る言葉を「勧めの言葉（パラクレーシス）」であると呼んだが、まさにそれは原語が意味するように、「励ましの言葉」であった。しかも、今走りつつある者を眺めながら「頑張れ！」と声をかけているのではない。一緒に走りながら言う。「終わりまで倒れるな。一緒に走り抜こう。ほら、主イエスがおられるではないか」。

ハイデルベルク大学で、ボーレン教授に導かれながら説教分析の方法を探究していたことがある。分析が課題のひとつとしていたのは、律法主義の克服であった。マンフレート・ヨズッティスの研究によって、特に神の言葉の神学に立つ神学者が、容易に福音ではなくて律法を語ってしまう現実を指摘され、どのようにそれを克服したらよいかと、説教の言葉そのものを分析、吟味する方法を尋ねたのである。そこで言葉遣いまで吟味された。たとえば、話法の助動詞、sollen, müssen,「すべきである」、「しなければならない」という助動詞のみならず、バルトが流行らせたdürfen, つまり「許されている」というものすらも、律法主義を語っているしるしになりかねない、と論じられた。私は、形式的にはそうであろうが、パウロが「すべきである」という誡めを語るとき、私は使徒パウロを信頼していますから、律法主義の言葉だと聴いたことはないと言った。ボーレン教授が、「ほう、君はそんなにパウロを信頼するのかね」と言って、皆笑い出したことがある。もちろん、私は、そのように言うことによって、言葉というのは、それだけを取り出して吟味するのは抽象的であり、どのような場で、どのような関わりで語り出されたかを吟味しなければならないはずだと主張したのである。いみじくもヨズッティスは、説教が律法主義的であったかどうかは、説教が終わったあとに、聴き手が聖書を手にしたまま孤独に残されるかどうかで計られると言ったのである。

ヘブライ人への手紙の説教を語った者は、第二人称で誡めを語らなかった。あなたは走るべきだ、走らなくてはならない、あなたがたは走ることを許されている、などとは言わなかった。一緒に走ろうと言ったのである。問われるのは、この説教者と聴き手との関わりである。明らかに向かい合ってはいない。聴き手を仲間とし、一緒にいるのである。

「自分に定められている競走」という表現は、もともと「前に置かれている」という意味を持っている。自分たちに前もって定められている競走、と読むこともできる。自分で選んだのではなく、与えられた課題だと見ることもできる。当時のキリスト者たちは、今からは想像もつかないほどの小さな、新しい共同体を作っていた。洗礼を受け、教会に生きるようになったとき、全く新しい、予想もつかなかった状況に置かれたことであろう。こんなはずではなかったと思った者もあろう。しかし、この説教者は、自分たちの生活を受容する。それどころではない。われわれは今競争しているのだと言う。パウロも同じイメージを何度か語っている。信じるということは競う定めに生きることである。

二〇一二年私が訳出したヘルリット・イミンクの『信仰論』は、信仰は日常生活を生きるところで本領を発揮することを強調した。ヘブライ人への手紙の説教者もそうであった。「気力を失い疲れ果ててしまわないように」と三節に記すが、実際に生活に疲れ果て、気力が萎えそうになっている人びとがいたのである。説教者が語るパラクレーシスは、まさにそのような人びとを慰め、励ます言葉であろうとした。そこで、その生活を「競走」と言い表す。古代のヘレニズム社会では、ローマをはじめ各地で競技が行われていたようである。信仰も霊における競技なのだというイメージは親しかったのかもしれない。

しかし、この競技はひとりひとりが競うものではない。誰が優勝するかが問われるのではない。もし勝利とは何か、と問われるならば走り抜くことである。目標に達することである。この競争に皆が参加している。個人よりも共同体が走っている。皆で走っている。ここにケーゼマンが、そのヘブライ人への手紙講解の題名とした〈旅する神の民〉というイメージが浮かび上がる。現代において改めて注目されるようになった〈旅する教会（エクレシア・ヴィアトールム）〉の姿が現われている。説教者はそのなかで、歩みが止まりそうになり、旅人の群れから脱落しそうになるものに目を止め、励ます。一緒に歩こう！と。ここに福音に根ざす律法の語り口を学ぼうとする黙想が生まれるのも当然である。

## 証人の雲

この三つの節は長い説教の一部である。「こういうわけで」という言葉で第一一章の長い叙述を受けて続けられる言葉である。この言葉を口にすることができるために、自分の励ましの言葉が力を得る助けになるように、聖書が語る信仰の証人たちの話をした。そして遂に「おびただしい数の証人」を得て、自分の言葉が更に豊かになったことを信じて語り出したのである。

原文では、ここに「証人の雲」という言葉が記されている。証人の数のおびただしいことを語る比喩として「雲」が登場した。多くの聖書翻訳が「雲のごとく」と、比喩として訳しているが、いずれにせよ、このイメージある言葉を残しているものが多い。しかし、新共同訳はこれを消してしまっている。とても残念である。私は戦争中に教会員として生きた。そこで「雲のごとき証人」という言葉に慰められたのである。このようなイメージある比喩を消すことは愚行である。ぜひわれわれの説教のなかで復活させたい。雲であるからこそ、「囲まれる」という、これもイメージある言葉が生きる。説教の聴き手が旧約聖書に親しむことを知らなかった異邦人を予想することもできる。そうであれば、ますます自分たちには遠かった人びとの名をたくさん聴かされたのである。だが、そうした距離が消えている。雲に囲まれるように、信仰の証人たちがわれわれを包囲している。時間の隔たり、民族の相違を超えている。同じ神の民である。

釈義、黙想のなかで、この証人たちに囲まれ、というイメージを、競技場の観客としてイメージするものがいくつもある。もちろん好意をもって、時に熱狂的に歓声を挙げて応援してくるファンの姿に似ているとする。しかし、そうであろうか。私はむしろ、自分たちを囲んで一緒に走ってくれる先輩たちを考える。先を走っているのかもしれない。教会員たちが一緒に走っていたら、同じ走路を既に走り出していた人たちがいるではないかと気づく。説教者が示すのは、われわれを囲み、共に走ってくれている人びとの姿ではないか。あるいは、出エジプトの民の旅路を導いた、雲の柱を思い起こす人もあるであろう。ここでは旧約から始まる神の民の旅行く姿が語られているのである。

## 走り終えるための急所、それは忍耐

第一一章は説教の途中で起こった回り道のようなものである。そうとするならば、ここで本論に戻ったことになる。では本論で何が語られていたのであろうか。第一〇章三二節以下にこんなふうに説いていた。「あなたがたは、光に照らされた後、苦しい大きな戦いによく耐えた初めのころのことを、思い出してください。あざけられ、苦しめられて、見せ物にされたこともあり、このような目に遭った人たちの仲間となったこともありました。実際、捕らえられた人たちと苦しみを共にしたし、また、自分がもっとすばらしい、いつまでも残るものを持っていると知っているので、財産を奪われても、喜んで耐え忍んだのです。だから、自分の確信を捨ててはいけません。この確信には大きな報いがあります。神の御心を行って約束されたものを受けるためには、忍耐が必要なのです」。

第一二章で本論に戻って浮かび上がるのは「忍耐強く」という言葉である。二節にも三節にも耐えることが語られ、勧められる。第一〇章が語っていた本論に戻ったのである。「競走」と言うが、ここで語られているのは短距離競走ではない。マラソンを思い浮かべる解釈者が多い。そうであろう。そのような競技そのものでも問われる力のひとつは忍耐力であった。私は中学生の頃、体は大きかったが短距離では負けることが多かった。しかし、全校生徒が参加して一〇キロマラソンをして四位になったことがある。自分より先に走っていた友人たちが次々に脱落するなかで、自分のペースを守っているうちに勝ち残った。途中が苦しかった。走る速度を落とすか、止めるか、絶えず問いつつ走った。忍耐の勝利であった。

第一〇章は迫害の報告である。信仰に生き始めたときから戦いが始まっていた。財産を失う苦しみも、見せ物になる恥辱も体験した。そこで求められるのは忍耐であった。しかし、既に第一〇章で、忍耐についてだけではなく「確信」について語られていた。そして第一一章冒頭では、この確信が希望であることが語られ始める。ヘブライ人への手紙は、信仰の戦いが、迫害に耐えるのみならず、内部からの崩壊に耐えることであることを知っていた。疲れ果てることと戦うことであることを知っていた。ルターは神からの試練（Anfechtung）について好んで語ったが、それをヘブライ人への手紙が語っていると読むこともできるであろう。

## イエスを見つめながら

「証人の雲」のなかに主イエスがおられる。そう理解するひともある。そうだとしても抜きん出ておられる。自分たちを囲む証人の雲のなかにあって、われわれを生かす真理を、いのちを賭けて証ししてくれる人びとのなかにあって、共に仰ぎ見るのが主イエスであったと言うこともできるであろう。

ここでまず主イエスは、信仰の創始者であって完成者であると呼ばれておられる。創始者、原語ではアルケーゴスであるが、この呼び名を印象深く聴いたのは、既に第二章においてであった。そこでは「救いの創始者」と呼ばれておられる（二・一〇）。しかもそこでは、こう語られていた。「ただ、『天使たちよりも、わずかの間、低い者とされた』イエスが、死の苦しみのゆえに、『栄光と栄誉の冠を授けられた』のを見ています。神の恵みによって、すべての人のために死んでくださったのです。というのは、多くの子らを栄光へと導くために、彼らの救いの創始者を数々の苦しみを通して完全な者とされたのは、万物の目標であり源である方に、ふさわしいことであったからです」（九節以下）。第一二章の叙述とよく似ている。一五節ではこうも語られる。ただもっと明瞭に死について語られている。「死の恐怖のために一生涯、奴隷の状態にあった者たちを解放なさるためでした」。第一二章でも隠された主題は死である。迫害のもとで教会員がひるむのは、死の恐怖が襲ったときである。しかもそれと共にローマ社会から辱めを受けるときである。だから、第二章よりも明瞭に主イエスの恥辱の死を語る。

「このイエスは、御自身の前にある喜びを捨て、恥をもいとわないで十字架の死を耐え忍び、神の玉座の右にお座りになったのです」。主イエスは既に走り抜かれた。死を走り抜かれた。われわれが今耐え忍ぶのも恥辱の死であり得る。ここで「恥をもいとわないで」と訳されている言葉は、恥を軽く受け止められた、重大なこととはされなかったということである。恥は重い。だがそれを軽やかに受け止める。

ここで少し歩みを止め、考察しなければならないことがある。それは、「喜びを捨て」と訳されている言葉である。原文において「喜び」に付された前置詞アンティは、喜びに「代わって」と訳すことができる。そうすると新共同訳のように「捨てて」と訳すことができる。主の十字架を仰ぎ見るとき、自分のこころを惹き付ける地上の喜びを自分も捨てることができる。そのような思いで主を仰ぐ者にとっては、まず主イエスが地上の喜びを捨てて十字架に向かわれたという事実が、こころに刻まれるであろう。喜びと十字架が対置されるのである。しかし、また、このアンティは、「ために」と訳すこともできる。主が、ご自身の前に置かれている喜びの故に、十字架の恥をも軽く受け止められたと読むこともできる。川村は、新共同訳のように「捨てて」という訳を取ると言いながら、実際は、この喜びは救いを与える喜びであると理解し、丁寧な説明をしている。説明が矛盾しているが興味深い。実際は、主が知っておられた喜びに十字架の原動力を求めたいのであろう。ドイツ語の賛美歌に主イエスを「喜びのマイスター（喜びの師匠）」と呼んでいるものがあるように、主は天においても地においても喜びを生きられ、喜びをエネルギーとしておられたと見ることもできる。その意味では新共同訳を修正することもできるのではないか。喜んで十字架の恥辱に耐えてくださったのである。

ヘブライ人への手紙は主の復活を語らないという声も聴く。そんなことはない。第一三章の羊の大牧者の祝福は、「永遠の契約の血による羊の大牧者、わたしたちの主イエスを、死者の中から引き上げられた平和の神」と堂々と呼んでいる。ここでも十字架から神の右の座に至るには甦りの道を通られたに違いない。十字架の主が、死の恐怖を取り去ってくださるのは、そのようないのちの道を歩まれるからである。

しかし、ヘブライ人への手紙の説教者が強調するのは、今教会員と共に仰ぎ見る主イエスは、神の右に座しておられるということである。今、支配しておられる。いのちをもって支配しておられる。疲れ果てるこころを慰めるのは、この主イエスのお姿である。この主イエスは戦う者の模範でもおられる。証人の雲に加わってもおられる。だが、信仰の旅路を開拓してくださっただけではなく、その完成者でおられる。主イエスが拓かれた道を神の民は歩む。そのようにして神の民、教会の歩み、歴史は作られる。死を超えたまなざしで主を仰ぎながら、終末論的な緊張に満ちた、忍耐が続く。説教者はその民のなかで励ましを語り続ける。

ここでは「証人」と訳されているマルテュスという言葉は、やがて「殉教者」という意味で用いられるようになる。ここではまだそのように訳すべきではない、という意見が強い。訳語としては「証人の雲」がよいであろう。しかし、殉教者という意味をも持ち始めていることは確かである。第一三章七節ではこう語られる。「あなたがたに神の言葉を語った指導者たちのことを、思い出しなさい。彼らの生涯の終わりをしっかり見て、その信仰を見倣いなさい」。指導者たちが皆いわゆる殉教の死を遂げたわけではないであろう。しかし、「神の言葉を語った」指導者たち、神の言葉の証人たちは、神の言葉をいのちを賭けて証言したのである。これを語る説教者も、自分の死を重ねて見ていたであろう。ここにも証人の雲が見える。

## アナロギアとアンティロギア

三節の原文では「よく考えなさい」という言葉が最初に出てくる。アナロギサステである。アナは、繰り返すことを意味する。ロギゾマイは、よく考察することであるが、ロゴス、言葉という言葉を含む。言葉を用いて、論理的にきちんと考察するという意味もある。「反抗」と訳される言葉は、アンティロギアンである。共に言葉、論理を意味するロゴス、ロギアを含む。ここでは、反対のことを考えることである。反対の論理をふりまわすことである。罪人の反抗の考察、思索、論理である。注解者の多くは主イエスを十字架につけた者たち、ローマ、ユダヤの権力者、追随者を考える。それは、今は教会の信仰を弾圧し、辱める者たちの反抗をも意味する。だが、それに留まるであろうか。ここでは、丁寧に論じるいとまはないが、ヘブライ人への手紙の重要な主題は大祭司としてのイエス・キリストである。ここには大祭司という言葉は登場しないが、そのお姿が見失われたわけではない。大祭司とは、何よりもわれわれの罪をとりなして神の前に立つ者である。われわれが罪人であった。われわれが主に反抗したのであった。主は、それを耐えてくださったのである。われわれもまた神に逆らうアンティロギアを知っている。それが今、主を思うアナロギアでもの思うことを学んだ。神を思い、恵みを思い、語る道を与えられた。アナロギアはやがて信仰の論理を意味するひとつの言葉となる。その始まりがここにあると見ることはできないであろうか。以上は特にフュルストの黙想に導かれての考察である。

ここでわれわれは、これまで考察してこなかった印象深い言葉、「すべての重荷や絡みつく罪をかなぐり捨てて」という聖句をこころに刻むことができる。罪が絡み付く。われわれは皆、この言葉のなまなましさを知っている。競走に参加して歩み出そうとする足に衣が絡むのに似ている。草叢に足が絡めとられる体験によく似ている。足を取られて転びそうになったことがある。自分と一緒に歩いていたはずの仲間が転んだことを知っている。どうしたらよいのか。主を仰ぎ見よう。そしてよく考え続けよう。旅の終わりに至るまで。

このテキストはドイツの福音主義教会では棕櫚の主日の第三書簡系列で取り上げられる。受難週の最初の日に読むのである。意味のあることである。だが同時にそれは常に聴くべき慰めの言葉である。

### 参考文献


川村輝典『聖書註解　ヘブライ人への手紙』一麦出版社、二〇〇四年

Erich Gräßer, An die Hebräer, EKK XVII/3 (Hebr 10.19-13.25), Benziger/Neukirchener, 1997.

William L. Lane, *Hebrews 9-13*, Word Biblical Commentary Vol. 47B, Word Books, 1991.

多くの黙想がある。今回は特に左記を参照した。

Walther Fürst (hören und fragen, Band 6, 1971, 216 ff.)

Gottfried Voigt (Homiletische Auslegung der Predigttexte, VI, 178-184.)

# ヘブライ人への手紙　一二章四―一三節

徳善　義和

## 「さあ一緒に」の呼びかけで始まった

使徒たちの手紙がほとんどみなそうであるように、この手紙も終わりの部分で勧告、勧めの言葉に至る。いわゆる勧告と道徳的訓戒（パレネーゼ）の部分である。私はこのヘブライ人への手紙のこの部分が好きだ。これが感動的、また共感的な勧告だからである。「しなさい」とどこか命令調ではなくて、「しようではないか」、「さあ、しよう」という具合に、英語ならLet us!、ドイツ語ならLasset uns!（ルター訳もそうだ）とでもいう具合に、さあ、みんな一緒に（しかもそれぞれで）しようという、語り手を含めた呼びかけ調、あるいは合言葉調になっているからである。それとも、使徒的権威をもって語る勧めと訓戒に比べれば、地中海沿岸地域の各地に成立してくる新しい教会を導く次の世代のリーダーたちはそれなりの謙虚さと親しさを込めて、このような呼びかけをしたのだろうか。

先立っておられるキリストはただひとり、この「信仰の創始者また完成者である」方を見つめることも同じであって、信仰者の共同体の「さあ、走り抜こう」との呼びかけの中に、信仰者一人ひとりの信仰の走りがあるのだ、と気付かせてくれる。たとえ時に一人ぼっちで走っているように思える時があっても、みなが同じ方を見上げ、見つめて同じ方向に向かって走っている。忍耐をもって走り抜かなくてはなるまい。

## ユダヤ的生活背景

この勧めと訓戒の部分に入って次に感じることは、一般に実際的な勧め、訓戒について語ることになると、意識してそれを避けようとする場合は別にして、その背景の社会や宗教、伝統の色彩が強くなるということである。日本の私たち説教者は聖書を説いて、こうした日本の生活、さらには宗教生活にはなかなか触れようとしないのだが、時には意識してこれに触れて、イエスとノーをはっきりさせる必要があるとも言えよう。

扱っているこの四節以下の段落にもこうしてユダヤ的背景とでも言ってよいようなものが認められるのではないか。ある意味キリスト者であることは、ユダヤ的な宗教生活の理想を実現するという一面を説いているように思える。ただしもちろんそこにキリストが語られ、キリストにおいてその完成があることを示唆するという決定的な言葉は見える。こういう形が通用するのは聖書の世界、いわゆるjudeo-christian tradition（ユダヤ教からキリスト教へと続く伝統）という前提でのことであって、他の生活、特に宗教生活の伝統の中では通用するまい。それはたちまちかつての「日本的キリスト教」の主張のようになって、一種の混淆宗教の成立にまで至ってしまうことだろう。

四節以下、生活と宗教生活に関わる勧めと訓戒はそのような背景との連続性を特殊な場合として具体化している一例に他ならない。特に次の段落一四節以下などにはそれが強く反映しているのではないかと感じさせられる。四節以下であっても、これが当時のユダヤ教の家庭で語られたとしたら、もちろんほぼ通用していたのではあるまいか。

## 罪との戦い　パウロからルターの場合

はじめは「罪との戦い」がテーマである。しかしいともユダヤ的であると言ってよかろう。

ルターは「simul iustus et peccator 義人にして同時に罪人」と説き、これを繰り返した。二〇〇四年の春から夏、私は半年ほど、ウィッテンベルクにあったルター研究センターの国際研究員として奉仕しながら、毎朝早くルターの『ローマ書講義』の後半を訳し続けた（その一年後にルター著作集第二集第九巻として発行されたものである）。朝の早いヨーロッパの夏のこと、ある朝ふと気がついた。ルターがかつて毎週二回朝早く講義したのはまさしく、私が窓の下に見ているこのウィッテンベルク大学神学部だったということである。これを見下ろす部屋でほぼ五百年後に、ルターからその信仰を学ぼうとする日本人がこれを邦訳することになるとは、ルターは思いもしなかったに違いない。その時はローマ書第四章から始めて、第七、八章がピークだった。パウロと共に、いやあるいは彼以上に深刻にルターはパウロの本文から人間の罪、自らの罪を考え抜いたのだった。あらゆる点で自分の利益を追求し、そのためには神すらも利用して止まない、いやそうせざるを得ない人間のconcupiscentia（肉の欲）を指摘し、これを罪の根源として弾劾して止まなかった。それは中世末のローマ・カトリック教会だけのことではあるまい。あるいは現代の日本でも非キリスト教諸宗教のことだけではあるまい。いやむしろ私たち自身もまた陥り易い、宗教者自身の傲慢と罪ではなかろうか。このように語れば語るほど、その肉の欲にとらえられている自己自身の姿を指摘し、弾劾することになるのを厭わなかった。パウロのローマ書第七、八章を講解しながら、それはまたまさしく当時修道士であった兄弟マルティンの、罪との戦いの様相を示している。そしてその先には、まさしく先立ちたもうイエスの姿があり、イエスにおいてこそその罪の深みと戦いからの救いと解放があったことが証しされていた。

このヘブライ人への手紙もこの箇所で、かつてパウロがもった罪との戦いと突破の跡を示していると考えてよい。その戦いは「血を流す」ほどの戦いであり、抵抗を要求する。救いは決して安価な恵みではないのである。救いというこの高価な恵みはキリストの十字架の、血を流す戦いによって成就されているからである。ルター自身『キリスト者の自由』の冒頭では、「キリストがキリスト者のために獲得して、これに与えてくださった自由」と手短に述べてしまうが、彼自身もパウロのローマ書第六章で、キリストの十字架の死と復活について述べ、この死と復活に「あずかる」洗礼を受ける恵みに触れてのことである。キリストの血の出る戦いによって成就された救いの恵みにあずかる者はまた、「義人であって同時に罪人である」以上は、自らもまた罪に対して「血を流すまでの抵抗」をすることが、「高価な恵み」の脈絡で勧められるのである（ルターは『キリスト者の自由』でもまた、第二部に「外的な人」について語って、第二〇～二五段落で、生涯続くその節制と訓練の必要を勧めている）。

だから罪との戦いはしばしばtentatioとの戦いと理解される。誘惑であり、試練でもある。自らの外にいるもの、力、伝統的には悪魔の誘惑と理解された。ルターはこれをVersuchung（誘惑）と解するよりも、多くの場合敢えてこれをAnfechtung（試練、本来は、剣先による攻撃）と言い表し、それが本来どこから来るかを指し示そうとした。語られた文脈では、結局この試練は神から来るということであり、この試練の克服は既に主キリストによって成就している、ということだった。

パウロからルターへの「罪との戦い」のこういう継承はある意味、ユダヤ的なものと比べれば、ヘレニズム的なのだろうか。

## 主の鍛錬　子に対する勧め

ここでの勧めは、わが子に対する「主の鍛錬」であると言われる。「鍛錬」と訳されているpaideiaは、詰まるところ、たとえ厳しいものであっても、子に対する親の「しつけ」に他ならない。少し優しすぎるのかもしれないと私は思うが、新共同訳の訳者たちもそう考えてあえて「鍛錬」と訳したことだろう。ルカによる福音書一五章一一節以下の「二人の息子と父親のたとえ」もまた、同じ背景から出たイエスのたとえなのかもしれない。

パウロが書き、ルターが共感した神からの攻撃（Anfechtung）、「試練」に込められた、迫って来る神からの攻撃、試練とこれとの戦いから見ると、あるいは一段トーンが下がっているかもしれない。あるいはその背景に教会の成長発展と信徒のそれなりの増加の事実も垣間見えてくるのだろうか。

勧めは他の場合と同様、詩編一一九編七五節（またヨブ記五・一七）の引用で始まっている。鍛錬を軽んぜず、また逆に、懲らしめられても力を落とさないように、という勧めが書き出しである。それは愛する者を鍛え、受け入れる者を鞭打たれると続く。信仰的鍛錬、またしつけとして読めば、極めて当然のことのようだが、こうした鍛錬やしつけすらもが、ともするとパワハラやセクハラの方向にねじ曲げられて解釈され、学校教師や親すらも口出し、手出しを控えるような風潮の中では、かえって見えない神からの、親としての鍛錬、しつけの勧めは効き目をもつだろうということも考えられる。あるいはこれを力を込めて語った方がよいのかもしれない。「肉の父」が鍛錬やしつけの実効性を失った今だからこそ、その限界性に注目しつつ、ご自分の神聖さにあずからせる「霊の父」の鍛錬、しつけの厳粛さに打たれるところがかえって強くなるのではなかろうか。当座の思いや反撥とは逆に、後になって、あれがよかった、あれが効いたという、霊的な実感が長い信仰の生涯と歩みに伴って、素直に受け止められ、自分の信仰告白、信仰の証しとなってもいくことであろう。

ルターもまたその死の前日一葉の紙に最後の言葉を残していた。その結びはよく知られているように、「私たちは（神の）乞食である。それは真だ」である。まさしく「アーメン」に他ならない。修道士の生活を神の鍛錬として戒律に従って過ごした若い日々、それによって神に近づいて行くと教えられたとおりの実感を得られなかった。やがてパウロに接してその信仰の戦い、罪との壮絶な戦いを自ら戦い、そこで終わるならば絶望が待っていると思ったときに、罪の赦しと救いはイエス・キリストの十字架のできごとのゆえに神から恵みとして与えられるものだと知らされて、宗教改革的福音信仰とその歩みに導かれた。その波乱の生涯が終わろうとするときに残した「私たちは（神の）乞食である」とのひとことは、形の整った修道院生活を捨てはしたが、ひとりの信仰者として、神のみこころに従う「修道理想」を生き通すことを許された信仰告白であり、感謝の祈りであったろう。多くのカトリック信者が宗教改革に至らせたルターの信仰に共感するようになっても、元修道士と元修道女との結婚に疑義を感じるというが、自ら修道士であってルターと宗教改革を研究し、これを積極的に評価するようになったP・マンス（かつてマインツ大学教授）はむしろこのルターの最後の言葉に注目して、「彼は修道士であることを止め、そうして結婚もしたが、かえってそれによって生涯かけて修道理想そのものに生き、また生かされたのだ」と積極的に評価している。ヘブライ人への手紙本文がこの段落を「義という平和に満ちた実を結ばせる」と言っている部分に当たる、ルター自身の言葉に他ならない、と言ってよかろう。私たちもまたその生涯の終わりに「義という平和に満ちた実を結ばせる」に至った神の鍛錬としつけに、自らの信仰告白をどのような言葉、思いで残していくことだろうか。

## 神の実の子

私たちは以前は神から離れ、迷い出て、さまよい、肉の欲の赴くままに生活していた。それは単に肉の欲望や快楽の生活だけを指さない。高級そうに、純粋そうに見える生活の諸側面でのことである。それは政治、経済などの人間の営みはもちろん、学問や宗教の営みにも関わる姿である。肉の欲のゆえに、自分の利益のために神すらも利用すると先に書いたとおりである。全く神の子ではないのである。ところが神の子イエス・キリストのゆえに、その十字架と復活による、恵みの救いを信じる者は神の子とされる。それも庶子ではなく、実の子とされるというのである。

この「霊の父」の、実の子に対する鍛錬としつけである。この恵みにもかかわらず、子とされている者はそれでもなお「霊の父」の鍛錬すら、喜ばしいものとして受け止めないことが多い。この反応は、肉の父の、子に対する鍛錬の場合と同じ様を呈してしまう。

しかし「霊の父」である神の、子に対する鍛錬は、救いのできごとそのものがそうであるとおりに、「わたしたちの益となるように」与えられて、「霊の父」が「御自分の神聖にあずからせる目的で」与えられるという（一〇節）。鍛錬への励ましの積極的な言葉である。この短い文脈を読んでいて、この手紙独特の記述ながら、私たちが救いにおいても、その救いの生活においてもどれだけ大きな恵みにあずかっているかが分かるであろう。

## 鍛錬、しつけとは

今の世の中では鍛錬もしつけも、流行《はや》らない単語である。できれば避けて通りたいくらいに思われているかもしれない。子供に対しても、学生に対しても、会社の新人から社員に対しても、こういう単語は使われず、避けて通るのが利口という風潮があろう。親子の間でも、親の方が虐待との一線を分からなくなっている向きもある。いじめやハラスメントとの境も見えなくなっている。鍛錬を受ける側もすぐさまこれをそういう方向で受け止めてしまう風潮があり、鍛錬する側も見境がなく、いじめやハラスメントへの一線を越えかねないのである。そうした風潮の中で、この一一節をこの世のこととしても読み、考える必要があるのではないか。

しかもこの本来の文脈は、「霊の父」による霊の鍛錬であり、しつけである。それでも「当座は喜ばしいものではなく、悲しいものと思われる」と率直に書かれている。この文脈での節制と訓練、適度の禁欲などもできればなしですませたいと、信仰者でも昔も今も考える向きが多かろう。逆に俗人どもが果たせない荒行のような、修道的禁欲を標榜し、徹底した修道会もあった。荒行の徹底のために死ぬのも厭わない過激ぶりが見られたという。しかし、これまた破綻したのが人間の姿である。「霊の父」の、恵みとみこころから出る訓練とは思わず、荒行を徹底する自己自身とその行いへの一方的な自己信頼と傲慢に陥っていくからである。荒行の主体が人間自己自身になってしまうからである。

この鍛錬としつけの本来の文脈を見失ってはなるまい。これは救いのできごとの脈絡で起こっていることであるから、徹頭徹尾神の恵みによる、神の主権の下でのできごとである。ここでも注目され、語られるべきは首尾一貫して、神の主権と恵みでなければならない。鍛錬を受けた人々に、「義という平和に満ちた実を結ばせる」のは、その鍛錬を見事に果たしえた信仰者ではない。実を結ばせるのは百パーセント、恵みの神御自身である。これに応える私たち信仰者一人ひとりはみこころを祈り求めつつ、みこころに適う「適度の節制と訓練」（ルター）に励むのである。「義という平和に満ちた実を結ばせ」てくださる神ご自身に、栄光と誉れとはすべて帰せられて、賛美と感謝の祈りが献げられなくてはならないのである。

## 自分の足で

私は今、見えなくなりつつある眼と、それに呼応して弱くなりつつある足の身でこの箇所を読んでいる。生まれながらからだのどこかにしょうがいをもつ方もいようし、若い日になにかの理由で体のどこかに荷を負うことになった方もいよう。ヘブライ人への手紙のこの箇所がこういう外的な弱さについて書いているのではないことは承知している。信仰の姿勢が問われ、書かれているのだと心得ながら、そうかと言って、これをあまり精神化、抽象化したくはない。

問われているのはまさしく信仰の姿勢そのものである。信仰は「私は信じます」なのだから、私の信仰の問題である。それはまた「主よ、信じます。不信仰な私をお救いください！」と叫ぶ姿勢でもある。いつも心に浮かぶルターの言葉をまた引くならば、「信仰は私の内における神の働きである」と委ねきり、しかも同時に「信仰はまた私たちの内における神への信頼である」と言いきる、そのような信仰の姿勢である（「ローマ書序文」）。それは、たとえ体は起きていても、寝ていても、いやなにも分からなくなっても、そのような神に委ねきる姿勢なのである。

手は萎える、ひざは弱くなる、弱くなった足で道を踏み外す、そうしたことは老いの身だけでなく、若い人にも起こりうる。そうした無力と失敗とを身体的に確認し、それに応じたいのちの日々の生き方、過ごし方をそれなりにやはり整えていこうとする。そうせずにはおれない。与えられた身体的状況の中でも、身体的、物理的に可能な限り身を整えようとする努力もある。

そうならなお一層のこと、ここで問われているのは信仰の姿勢である。見えないものを見る信仰の目、曲がったものを正す真っすぐで、ひたむきな信仰、主の後に従う真っすぐな前進の姿勢、これはただ主と主に従う者の信仰の日々が向かうべきところではないか。信仰的に手が萎え、ひざが弱くなり、道を踏み外す姿は、むしろ肉の手やひざや足が健やかであるときにこそ起こり易いとも言えるかもしれない。しかし、あらゆることができなくなったとき、静かに手を合わせて神に祈る姿勢の中に、信仰の生涯、神の鍛錬としつけ、試練と戦った生涯の日々が凝縮してくるのではないか。そうありたいと祈るのである。

### 参考文献


ルター「ローマ書講義・下　1515／1516」徳善義和訳、『ルター著作集』第二集第九巻、リトン、二〇〇五年

ルター『キリスト者の自由――訳と注解』徳善義和訳、教文館、二〇一一年（なお、この前身は『自由と愛に生きる』新地書房である）

Otto Michel, Der Brief an die Hebräer, Kritisch-exegetischer Kommentar über das Neue Testament, Vandenhoeck & Ruprecht, 1960, 11. durchgesehene Auflage mit Nachträgen.

# ヘブライ人への手紙　一二章一四―二四節

橋谷　英徳

## 一　はじめに

本書の一二章一四―二四節の区分は必ずしも確定的なものではない。一二節からを、とることもできるであろうし、また二五節までを選択することもできるかもしれない。あるいはまた、一度ではなく一四―一七節、一八―一九節とより短く区切って説教する道もあるかもしれない。区分にはさまざまな可能性があり、説教者各々が選択してよいであろう。ただし、いずれにせよ、前後の文脈を無視して、このテキストの説教をすることはできないであろう。

ここからの説教は多くなされているわけではないようである。手元にある説教集を、いろいろと調べてみたがほとんど見つけることはできなかった。説教者にとっても、私たちの説教の聴き手にとっても、馴染みのある箇所ではない。しかし、私たちはこのような馴染みのないテキストを通して、しばしば思いがけなく、福音の恵みを発見することに導かれる。

## 二　マラソン・レースを走る私たち

ヘブライ人への手紙の説教者は、キリスト者を競技場で走るランナーに喩えている（一二・一）。ロングは、この競技をマラソンとし、そこから興味深い黙想を展開している。ロングの黙想は、とても興味深いのでぜひ読んでいただきたいが、ここでは私なりの仕方で黙想を試みたい。

マラソンはスポーツ競技のなかでも非常に特殊な競技であろう。あるマラソン・ランナーが「フルマラソンは完走しただけで、おめでとうと言ってもらえる。これは他のスポーツには見られない、マラソンだけ」だと言っていた。古代の長距離走がどのようなものであったのかは定かではないが、やはり競技のなかでも異質なものであったことは推測できよう。なんといっても長距離を、長いを時間をかけて走る過酷な競技である。より速く走って、よい順位を獲得した者だけが讃えられたわけではあるまい。やはり、ゴールまで走りきり、完走すること自体が、称賛されることであったのではないか。ここで説教者が、念頭においているのも、まぎれもなく完走すること、目的地まで走り切ることである。

二〇一二年の冬、一〇キロの市民マラソン大会に参加した。初めてのマラソン大会への参加であった。とにもかくにも、なんとか完走はした。走り終えたことがとにかく嬉しかった。格好よく走ったわけではない。後半は、膝はガクガク、息も絶え絶えとなった。自分で言うのもおかしいが無様な有様でゴールした。フルマラソンではないが、ゴールした時に、「おめでとう」と祝ってもらった。

ヘブライ人への手紙の説教者は、レースの途中で、迫害と試練のゆえに悩み、疲れ果ててしまっているキリスト者たちに向かって語りかける。この現実は、今日の私たちの現実とも重なる。日曜日の礼拝に足を引きずるような思いで、集っている者がどれだけあるだろうか。職場の環境に悩んでいる若い人たち、病める家族を看病し続けている婦人、身体に病を得て心配している者、教会の人間関係に疲れ果てている者……具体的に思い起こすことができよう。余裕たっぷりに信仰の道を歩んでいるのではない。誰もが、苦しい道を歩むことを願いはしない。平穏無事に歩むことを皆、願っている。しかし、そうはいかない。息切れし、足がガクガクになり、疲れ果ててしまう。説教者は、そこで、皆が終わりまで走りきることを願って語りかける。

ずいぶん昔のことだが、ある説教集に、どういう文脈であったかは失念してしまったが、「キリスト者というものはやっと救われるものだ」という言葉が記されていた。この「やっと救われる」という言葉に合点がいき、心に残った。そして、これまでの歩みのなかでも繰り返し、思い起こされ、助けとなってきた。キリスト者が「やっと救われる」ということは、どのように受け止められるだろうか。この場合の救いとは、キリストを信じて洗礼を受けて救われるということではなく、信仰を全うするということである。もしかすると、私たちはやっと救われるようであってはならないと思っているかもしれない。いつも颯爽と、格好よく、走っているべきだと思っているかもしれない。息ができなくなり、弱さを覚えることを恥じるのである。しかし、このテキストは、「やっと救われる」キリスト者の現実を語っているのではないか。

## 三　聖なる生活とは

疲れ、意気沮喪している聴き手に一二節以下で説教者は、こう語りかける。「萎えた手と弱くなったひざをまっすぐにしなさい。また、足の不自由な人が踏み外すことなく、むしろいやされるように、自分の足でまっすぐな道を歩きなさい」。さらに続けて語られるのが、このテキストの言葉となる。「すべての人との平和を、また聖なる生活を追い求めなさい。聖なる生活を抜きにして、だれも主を見ることはできません」（一四節）。

この一四節が、このテキストからの説教で、中心となる句であろう。ここで語られている言葉は疲れ果ててしまって、もう走れないと呻いているキリスト者に「いったい何をしているのだ！　立て！　走れ！」と叱責するような言葉ではない。このテキストからの説教の一つの危険は、説教がいわゆるお説教の言葉となってしまうことであろう。そうなると、いよいよ息苦しくなり、とうとう倒れてしまうことにもなりかねない。

この説教者は、聴き手を愛し、その苦しみをよく知っている、同情することもできる。自分もまた聴き手の苦しみを苦しみつつ生きている。聴き手の苦しみは、自分自身の苦しみでもある。

その疲れをよく知って、語る。そのことがなければその語る言葉は、福音とはならないであろう。「彼は……悲しみの人で、病を知っていた」（イザヤ書五三・三、口語訳）、この苦難の僕《しもべ》の姿が、私たち説教者の姿ともならねばならない。ここで語られているのは愛の言葉である。

さらにもう一つの危険は、ここで語られている言葉を当たり障りのない、緊張感のない、呑気で無害な言葉にしてしまうことである。ここで語られていることは、そのような言葉ではない。テキストが語っているのは、終末論的な響きをもった言葉である。ここでは、まさに私たちの「いのち」に関わることが語られている。

キリスト者のマラソンレースには、ゴール、完成がある。その完成が「主を見る」ということである。それは死の後、終わりの日、完成の日において起こされることである。キリスト者たちはそこに向かって今、進んでいる。すでにそこに至るまでに「忍耐」が必要であることが語られ（一節）、さらにすべての試練は鍛錬であることが語られた（四―一一節）。この地上における私たちのすべての生活はあくまでも過程であって目的ではない。そして、ここではその過程にあって、「すべての人との平和」、「聖なる生活」を追い求めることが命じられる。

しかし、一体、このように語られることによって、何が求められているのだろうか？　特に「聖なる生活」という言葉には、おそらくそれぞれに、独特のイメージがあるであろう。私たちの説教の聴き手たちは、聖なる生活というときに、一体、どういう生活を思い浮かべるであろうか。「聖人」と呼ばれるような人の完全で欠点のないような生活のあり方を思い浮かべることもあるかもしれない。善き行い、功績を積み重ねることによって、救いにあずかることを思い浮かべるかもしれない。

しかし、ここではそのようなことが語られているのではない。このすぐ後の一五節には「神の恵み」ということが語られている。この段落の最後では「新しい契約の仲介者イエス、そして、アベルの血よりも立派に語る注がれた血」（二四節）が示される。さらに、この「語っている方」（二五節）を拒むことのないようにと命じられている。この二五節の命令こそが、「聖なる生活」とは何かを指し示している。

聖とは根本的には、私たち自身のものではない。聖なる方はただ一人、主イエス・キリスト御自身だけである。私たちの聖なる生活は、このキリストの聖さにあずかる生活である。キリストが流された十字架の血によって、ただ私たちは聖くされる。だとすれば、「聖なる生活を追い求めなさい」とは、この方の聖さにあずかる生活を、追い求めるようにということである。使徒パウロは、十字架のキリストのことを語りながら、「わたしは神の恵みを無にはしません」（ガラテヤ二・二一）と語った。ここでも、この恵みを無にすることなく、この恵みをこそ繰り返し、新しく追い求め続けるようにと語っている。このことは、徹底的にイエス・キリストを語り続けている、このヘブライ人への手紙の全体の文脈からも明らかではないか。

「すべての人との平和」が語られていることも、このことから初めて理解できよう。ここでは二つのものをキリスト者たちが追い求めるようにと語られているのではない。「すべての人との平和」も、「聖なる生活」も、結局は同じ一つのこと、十字架にかかって私たちのために血を流された主イエス・キリストによって生かされることである。

キリスト者の生活には、はっきりとした焦点がある。その焦点をこの説教者は明確にしてくれる。自らの生活がここで問われてくるように思う。一体、私たちはどこに焦点を置いて生きているのか？　どこに真実の私たちの慰めや励ましがあるのか？　それはイエス・キリスト、この方の十字架での死である。

説教者は、キリストの十字架の血を、「アベルの血よりも立派に語る」（二四節）と言い、さらに「語っている方」（二五節）と今ここでのこととして語っている。この血をもって、キリストは、今も私たちに語っておられる。この方は、生きておられ、その血の効力もまた、過去のものではなく、今も変わることはない。

そうであるがゆえに、「聖なる生活」とは、自己の努力によってする完全な生活というようなものではない。キリストの恵み、罪の赦しによって絶えず生かされる生活である。イエス・キリスト、ただこの方だけが、私たちを聖なる者とする。この説教者は、このキリストによって生かされる生活を続けよと語りかける。

## 四　福音を生きる

一五節ではこのようなキリスト者の生活において、注意すべきことがいくつか語られる。一つは、「神の恵みから除かれることのないように」ということである。神の恵みから除かれるとは、なんと恐ろしいことであろうか。ただここで語られているのは、神が除かれるというよりは、私たちの方が自らこの神の恵みに生きることを止めてしまうことを意味する。

聖書にはこの神の恵みから逸れて生きてしまった人たちのことが繰り返し語られている。例えばガラテヤの信徒への手紙でパウロはこう語っている。「キリストの恵みへ招いてくださった方から、あなたがたがこんなにも早く離れて、ほかの福音に乗り換えようとしていることに、わたしはあきれ果てています」（一・六）。「ああ、物分かりの悪いガラテヤの人たち、だれがあなたがたを惑わしたのか。目の前に、イエス・キリストが十字架につけられた姿ではっきり示されたではないか」（三・一）。

結局、聖書はいつも、この福音ということを廻っている。この神の恵みから除かれないようにというのは、この神の恵みの福音を追い求めることを止めてしまい、そこから逸れてしまわないようにということである。そこには私たちのいのちがかかっている。苦難の中にあるところで、この福音に生きることが空しく、無力なことに思われてくることもあるかもしれない。しかし、実はそうではないことにこの説教者は気づかせたい。また彼は、この福音こそ、十字架の福音こそが、神の力であり、疲れ果てている者を立たせ、歩ませることを知っている。この福音は、一度、聞いて信じて終わりではない。常に今日、初めて聞くかのようにして聞き続けて生きる。教会の主の日の礼拝に集い、聖書に聴くのはそのためである。

さらにもう一つの気をつけるべきこととは、「苦い根が現れてあなたがたを悩まし、それによって多くの人が汚れることのないように」ということである。ここでの「苦い根」というのは、申命記二九章一七節の引用とされる。「あなたたちは、彼らが木や石、銀や金で造られた憎むべき偶像を持っているのを見て来た。今日、心変わりして、我々の神、主に背き、これらの国々の神々のもとに行って仕えるような男、女、家族、部族があなたたちの間にあってはならない。あなたたちの中に、毒草や苦よもぎを生ずる根があってはならない」(申命記二九・一六―一七)。ここに「苦よもぎを生ずる根」とあるが、これが、ここでの「苦い根」のことである。申命記二九章一八節にはさらに「もし、この呪いの誓いの言葉を聞いても、祝福されていると思い込み」とあるが、これも重ねて読むべきであろう。「祝福されていると思い込み、『わたしは自分のかたくなな思いに従って歩んでも、大丈夫だ』と言うならば、潤っている者も渇いている者と共に滅びる」とある。語られているのは、神を侮る罪についてである。十字架のキリストから離れて生きること、福音に生きることを失ってしまうこと、その重大さに多くの人たちは気づくことはないことをこの説教者は知っている。自覚的な背教よりも、無自覚的な背教の恐ろしさを知っている。それほど深刻なことだとは考えようとしない。いのちが関わっているなどとは思わないのである。十字架のキリスト抜きには、祝福はないのである。にもかかわらず、この十字架なし、悔い改めのない祝福の中を生きようとする。

このように読んでいくときに初めて、一六節以下に創世記のエサウの故事が引用されていることも理解できるように思う。狩猟から戻った空腹のエサウは、弟ヤコブが持っていたおいしそうなレンズ豆の煮物欲しさに、「長子の権利」を譲ってしまったのである。エサウの過ちは、倫理的なことではなく、自分に与えられている恵みの大きさ、重さに気づいていないことにあった。与えられている神の恵みを大きなものとせず、小さなものにしてしまった。私たちに与えられているキリストの恵みも、それは途方もなく大きい。それはいのちか死か、滅びか救いかということである。目の前の苦難に惑わされず、しっかり福音に生きて欲しいと説教者は願うのである。「確かに試練がある、無理解がある、疲れを覚えるような現実が、私たちの前にある。しかし、私たちにはいのちの福音が与えられている。私たちはこのキリストの福音によって救われており、その罪の赦しにあずかり、神の子とされている。この恵みにあずかり続けて生きよ。この十字架の福音を追い求め続けて生きよ」と。

さらにここでは、このようなひとりの人の福音に基づく生活からの逸脱は、そのひとりの人にとどまらないことを知るようにと注意が促されている。

春先から牧師館の庭にドクダミが生える。少しぐらいなら、どうということはないのだが、あまりに放置しておくと、庭はドクダミだらけになってしまい、他の作物が育たなくなる。この夏の間も、多忙のゆえに放置してしまい、庭はドクダミだらけになってしまっている……。だから、ある程度抜かねばならない。けれども、このドクダミというのは、非常に強い。至るところに根を張り、抜いても抜いても出てくる。一度、はびこらせてしまうと、どうすることもできない。ドクダミ草を、ここでの苦い根と重ねることはおかしいかもしれないが、そのようなことを思う。

私たちは誰しも、自分の信仰は自分だけの問題としか考えようとしないところがある。しかし、このテキストは、一人の信仰者の信仰は、ただ一人のことにとどまらないことを教えている。自分の信仰が病んでしまうとき、他の信仰者まで病ませてしまうことすらある。一人の信仰者の信仰はその人のことと関わるのではなく、教会全体と関わる。そのようなことを私たちはあまり考えたことがない。しかし、教会に生きる私たちは「キリストのからだ」であり、お互いはつながっている。

新約聖書の歴史も、教会の歴史も、この「苦い根」との戦いであった。十字架のキリストの福音、そこから逸れて生きてしまう本性を、私たち人間は持っている。しかし、そこで、教会の神学的な戦い、霊的な戦いが必要となる。その戦いを教会は止めてはならない。福音とは何かをさやかに示し続けることこそ、説教者としての私たちの中心的な課題である。さらには、そこから逸れてしまうということがないように、群れ全体に心を配って生きることが今も変わらない牧会の務めである。

一八節以下には、モーセ時代のイスラエルの経験と、新約時代の新しいイスラエルの今の時の現実とが対比して語られている。確かに、モーセの時代にも神の恵みは与えられていたが、そこには同時に恐れが存在した。今やその恐れは取り去られた。「シオンの山、生ける神の都、天のエルサレム、無数の天使たちの祝いの集まり……」。個々のことについて、ここで詳しく述べる暇はないが、これらのものはすべて喜びを示す。恐れは取り去られ、今や喜びが支配している。

ここで大切なのは、「あなたがたが近づいた」（二二節）とあることである。この言葉は、岩波訳では「進み出ている」と訳されている。「進み出ている」は、完成に向かうキリスト者の歩みを示すと共に礼拝での姿をも示している。私たちは礼拝の度ごとに、驚くばかりの恵みの前に進み出ている。私たちの思いを超えたはかり知れない恵みである。私たちはこのような恵みに既にあずかっている。そして、終わりに私たちが進み出るものとして「新しい契約の仲介者イエス」と「アベルの血よりも立派に語る注がれた血」が語られる（二四節）。このイエスとその血こそが、私たちを聖くする。

この福音の恵みに触れ続け、これによって絶えず生かされること、これこそが聖なる生活を追い求めて生きることである。

**主な参考文献**


加藤常昭『ヘブライ人への手紙2』（加藤常昭説教全集20）ヨルダン社、一九九四年

T・G・ロング『ヘブライ人への手紙』（現代聖書注解）笠原義久訳、日本キリスト教団出版局、二〇〇二年

安田吉三郎「ヘブル人への手紙」、『新聖書注解　新約3』いのちのことば社、一九七二年

# ヘブライ人への手紙　一二章二五―二九節

古屋　治雄

## 一　どうして否定表現による勧告なのか

一二章二五―二九節は、一〇章一九節以降から始まるヘブライ書全体の終局部分に位置する勧告的内容の一部となっている。ここでの勧告的表現に注目すると否定命令的表現が多く用いられていることに気づかされる。「あなたがたは、語っている方を拒むことのないように気をつけなさい」と、冒頭二五節に否定表現によって勧告がなされている。当該箇所の前、一五節にも同様に「神の恵みから除かれることのないように、また、苦い根が現れてあなたがたを悩まし、それによって多くの人が汚れることのないように」と否定表現で語られている。

　このような表現をみると、否定しなければならない状況が語りかけられている人々を覆い、まさに危機的状況が想定され現実に押し流されて、いわば後ずさりしながら勧告が発せられているように感じられる。しかし実はそうではない。もはやそのような神の恵みから脱落してしまう危機が、完全に凌駕されてしまったことを断言し、その確信に満ちてこの勧告が呼びかけられているのである。

　ヘブライ書の冒頭「この終わりの時代には、御子によってわたしたちに語られました」（一・二）と宣言されているが、否定表現を多用して勧告がなされていることにはこの御子登場以前の歴史が深く関係している。さかのぼって一一章で、アベルから始まり、アブラハム、モーセ、士師ギデオン、ダビデそして預言者たちの歴史を語り、「この人たちはすべて、その信仰のゆえに神に認められながらも、約束されたものを手に入れませんでした」（一一・三九）、「彼らは完全な状態に達しなかったのです」（同四〇節）とまとめている。さらには神の救いとは真反対の裁きを受けなければならなかった歴史を想起しないわけにはいかなかった。一二章一六節以下には「長子の権利を譲り渡したエサウ」が神の祝福を拒絶された代表として挙げられている。

「語っている方を拒むことのないように」との勧告を否定表現ではない言い方に変えてみるならば、「語っている方を全面的に受け入れるように」と変換できる。また一五節についても「神の恵みから除かれることのないように」は「神の恵みに存分にあずかることができるように」となるであろう。しかし、キリスト出現以前の旧約時代には、いずれも後者のように民は神の啓示を受け止めることができなかったのである。その典型的な出来事が、出エジプト記一九章以下に示されているシナイでの神の啓示の出来事である。一八節以下に示されているように、ここでの神の啓示は恐れに包まれている。「その様子があまりにも恐ろしいものだったので、モーセすら、『わたしはおびえ、震えている』と言ったほど」であった。旧約の歴史をたどると、その民はご自身の御心を現してくださる神に容易に近づくことができなかったのである。

旧約時代の神の啓示は、民にとっては否定表現が伴っての啓示であり、恐れをもって受け入れるか、あるいはその禁止命令を守ることができずに不従順が浮き彫りにされる結果となった。

しかし今や「信仰の創始者また完成者であるイエス」（一二・二）の出現によって、否定しなければならない状況になお恐れをもつ必要はなくなった。これまで働いていた脅威はこの方によって一掃されたのである。「語っている方を拒むこと」も「天から御旨を告げる方に背を向け」て罰を受けることももはや完全に封じ込められてしまったのである。

この呼びかけは、今もなお危機的状況の渦中にあることを伝えているのではない。なぜならば、続く箇所で「このように、わたしたちは揺り動かされることのない御国を受けているのですから、感謝しよう」（一二・二八）と、すでに困難な状況から脱出していることがはっきり語られているからである。キリストの出現によって完全にかつての恐れは封印されてしまった。これからは、この執り成しを完成してくださった方に日々委ねて生きる時代が到来したのである。

## 二　「恐れ」から脱することができる

今日、勧告的表現そのものが一般生活の中で躊躇されている傾向がある。日常生活の中で互いに注意し合うことができなくなっている。一歩踏み込んで勧告的な話をする場合でも、多くの場合「……しましょう」「……した方が良いではないですか」と相手に気をつかいながら話す術を私たちは身に付けている。日常の中でどれだけ否定命令的な表現を私たちは使っているだろうか。

否定命令を語る場合、肯定表現で命令形を語る場合より相手をどれだけ親身に受け止めているかが一層はっきりと問われるように思われる。へたをすると威嚇的に受け止められ、その関係を悪化させてしまうかもしれないからである。人間関係が希薄になり「距離感」がある中ではそういうことは語り得ない。命令的表現や勧告は人間関係を危機に陥れる危険を孕むものである。それゆえ私たちは大方の場合、たとえ消極的と言われてもそのような「危険」を冒さないように言葉を選びながら人間関係を保っていると言えよう。一歩踏み込んで言葉を交わし合い、人間関係を積極的に形成していくことに躊躇せざるを得ないのである。その結果あやふやな人間関係が私たちの周囲に蔓延している。いや周囲の問題ではなく、実は私たち自身の内側に抱えている根本的な課題となっているのである。

ヘブライ書では否定表現による勧告と同時に、厳しい裁きの言葉が伝えられている箇所がある。「神のすばらしい言葉と来るべき世の力とを体験しながら、その後に堕落した者の場合には、再び悔い改めに立ち帰らせることはできません」（六・五―六）。これらの言葉により、いわゆる「第二の悔い改め」を認めないとの判断によって正典から除去された経緯もあったほどに厳しい主張がなされていることは事実である。勧告的な内容が展開されている一〇章一九節以降にも厳格な裁きが指摘されている。「もし、わたしたちが真理の知識を受けた後にも、故意に罪を犯し続けるとすれば、罪のためのいけにえは、もはや残っていません」（一〇・二六―三一中での二六節）。

このような厳格な表現は、威嚇的断罪的な呼びかけではない。神の民が地上で歩んできた歴史が主イエスの登場によってまったく新たにされたゆえに、この主イエスがおられないかのような時代に逆戻りすることはありえないことを表現している。大祭司イエスの出現によって、神の啓示の歴史がまったく変わった客観的な事実を伝えようとしている言葉に他ならない。

## 三　天から語り続け、執り成しておられる方

当該箇所で「語っている方」そして「天から御旨を告げる方」とは、天におられ完全なかたちで罪の贖いを成し遂げてくださった大祭司イエスその方のことである。ここでこのイエスの働きが、「語っていること」そして「告げ（てい）ること」と集約されていることに注目させられる。大祭司イエスは、天上からこの地上にいる者たちに呼びかけ続けておられるのである。

様々な宗教儀礼の中には沈黙の中で行われる祭儀もある。特に神道儀礼などにはそういった特色がある。しかし大祭司として成し遂げられた主イエスの祭儀的行為は、沈黙の中では意味をなさない。五章七節以下にはこのように伝えられていた。「キリストは、肉において生きておられたとき、激しい叫び声をあげ、涙を流しながら、御自分を死から救う力のある方に、祈りと願いとをささげ、その畏れ敬う態度のゆえに聞き入れられました」（七節）、「そして、完全な者となられたので、御自分に従順であるすべての人々に対して、永遠の救いの源となり、神からメルキゼデクと同じような大祭司と呼ばれたのです」（九―一〇節）。主イエスは地上では叫ぶ大祭司であり、天上でも呼びかけ続けておられる大祭司である。ここに伝えられている「叫び」は、自らの死の絶望と不安による「叫び」というより、大祭司としての神への執り成しの行為そのものが「叫び」となっていると言えよう。

主イエスの働きが地上でのものかあるいは天上でのものかが、ヘブライ書においてははっきり区別されている。一二章二五―二九節は後者である。しかしこのことは分離されず深く結びついている。課題になっているこの箇所には直接みることはできないが、八章一―二節では「今述べていることの要点は、わたしたちにはこのような大祭司が与えられていて、天におられる大いなる方の玉座の右の座に着き、人間ではなく主がお建てになった聖所また真の幕屋で、仕えておられるということです」と述べられている。また冒頭の一章三節では「御子は……天の高い所におられる大いなる方の右の座にお着きになりました」と語られている。そしてまた、「しかしキリストは、罪のために唯一のいけにえを献げて、永遠に神の右の座に着」（一〇・

一二）いたことが力説されている。「大祭司」としてのみならず、「御子」として、そして「キリスト」として、いずれも神の支配が遍く実現されている天におられるのである。この点からすれば、この大祭司は神の支配を現す王的大祭司と言うことができるであろう。

そして地上で一度きりのご自身の命を差し出して成し遂げられた贖いが、天上からの止むことのない持続的呼びかけとなっているのである。E・ケーゼマンは、パウロのキリスト理解と比較しながら次のように言っている。「ヘブライ人への手紙の主な関心は天の大祭司が現在、彼に属する者たちに何をされるかという点にある。大祭司は父なる神にゴルゴタを想起させつつ、ご自身の民のために父の傍らに坐している。ここでこの手紙が犠牲の死というテーマから決定的とりなしという事実を引き出している」と。また関連して罪の贖いに関してパウロが罪を単数で述べるのに対し、ヘブライ書では罪が複数で語られていることも指摘している（七・二七、一〇・一二など）。この点もヘブライ書においては大祭司イエスの執り成しの働きが、持続的、継続的にとらえられていることを示すものである。主イエスによる完全な贖いが地上に生きる人間のすべての罪を射程内に収め、これらに働きかけているのである。

## 四　執り成しに気づかない私たち

執り成しということは、執り成しの働きかけをなす者とその執り成しを受け入れる者との結びつきの強さによって決定づけられる。家庭生活でも、仕事の場面でも、コミュニケーションがあるところには、命令や報告だけでなく、「執り成し」的なやりとりが含まれている。その両者の間につながりがない場合には、有効な実りは得られない。コミュニケーションが一方的である場合にはその関係は決裂してしまう。

地上に生きるすべての人を覚え、これらの人を常に視野に入れて神に執り成してくださり、諸々の罪の贖いを成し遂げていてくださる方がおられる、ということをどうしたら説得的に伝えることができるだろうか。

ヘブライ書の受け取り手は、「兄弟たち、あなたがたのうちに、信仰のない悪い心を抱いて、生ける神から離れてしまう者がないように注意しなさい」（三・一二）と言われているように、すでに信仰生活に入っている人たちであり、その人たちへの勧告である。多くのユダヤ人たちが、地上を歩み十字架で死なれた主イエスの執り成しが、神ご自身の救いの成就であることを認めることができなかった。その中でユダヤ人キリスト者たちは、主イエスが御子キリストとして完全なる贖いを成し遂げてくださったことをここにはっきりと告げられているのである。

彼が刺し貫かれたのは
わたしたちの背きのためであり
彼が打ち砕かれたのは
わたしたちの咎のためであった。……
それゆえ、わたしは多くの人を彼の取り分とし
彼は戦利品としておびただしい人を受ける。

彼が自らをなげうち、死んで
罪人のひとりに数えられたからだ。
多くの人の過ちを担い
背いた者のために執り成しをしたのは
この人であった。
（イザヤ書五三・五、一二）

「苦難の僕《しもべ》」の預言が引用されている箇所である、使徒言行録八章三二節以下やペトロの手紙一、二章二二節以下をみると、「執り成し」という言葉では表現されていないが、御子イエス・キリストによる死と贖いによって決定的救いが成就したことが告白されてきた。

天地創造から始まり、神による終末の成就へと確実に歴史が進みゆく中で、御子イエス・キリストが、神と共にあって天上の大祭司として日々地上で生きる者に執り成しを呼びかけていてくださる。ヘブライ書からはこの天上で執り成しておられる方を聞き手に伝えなければならない。聖書にまだ親しんでいない人に天上で神に執り成してくださっている方を伝えるためには、ヘブライ書の全体がそうなっているように、地上での働きを語ることなしに展開することは不可能であろう。すでに前述してきたが、地上での主イエスは、執り成しが「叫び」となってなされていた。イザヤ書の「苦難の僕」による執り成しを引用したが、「執り成し」の具体的様子についてはヘブライ書と違いがある。「苦難の僕」では「苦役を課せられて、かがみ込み、彼は口を開かなかった。屠り場に引かれる小羊のように、毛を切る者の前に物を言わない羊のように、彼は口を開かなかった」（五三・七）。ここには神の執り成しが言葉によってではなく命を差し出す行動の中に実現されている。

これに対しヘブライ書では烈しい言葉によって執り成しがなされている。暴力的な言葉はいつの時代もないわけではないが、今日いろいろな対立が起こっている中で見過ごしにできない現状がある。烈しい言葉に身を晒さなければならない時私たちは穏やかではいられない。言い方に関してだけでなく、自分を守るために言葉の（意味の）激しさや鋭さを緩和させる機能が私たちの中にある。しかし私たちの周囲で語られている「烈しい」言葉に耳を塞ぐのではなく、その言葉の中に自分の身を晒す時、神との関係においてもまた人との関係においても新しい関係が生まれてくるのである。

## 五　地だけでなく天をも揺り動かして執り成す方

「もう一度、地だけではなく天をも揺り動かそう」（一二・二六）。天上から語りかけておられる方は、「天地を揺り動か」すほどに烈しい方である。ここに引用されているハガイ書二章六節は、終末時に主の神殿が再建され、完全な祭司制度が樹立され、諸国の民がこれに服すという希望がここに預言されている。しかしヘブライ書にこの預言が引用されているのは、ハガイ書の預言の成就としてではない。そうではなくて、御子イエス・キリストによってイスラエルの祭司制度と神殿が終焉し、もはやその残滓はすべて振るい落とされてしまったことを伝えている。さらに、ハガイ書に預言されているのはあくまでも地上に再建される神殿であるのに対し、ここでは「天上の神殿」なるものはなく、「揺り動かされることのない御国」である。神殿というかたちはもはや解消されてしまって、直接神との交わりに生きることができることが約束されている。ヨハネの黙示録でヨハネは「また、新しい天と新しい地を見た。最初の天と最初の地は去って行き、もはや海もなくなった。……新しいエルサレムが、夫のために着飾った花嫁のように用意を整えて、神のもとを離れ、天から下って来るのを見た」（二一・一―二）と記す。ヨハネは自分もなお地にいて「新しい地」を見ている。ヘブライ書で「動かされることのない御国」を受けているのはどこで受けていることになるだろうか。それはヨハネと同様地上で、である。天上に信仰者たちが挙げられるとは語られていない。「わたしたちはこの地上に永続する都を持っておらず」（一三・一四）と言われていて、天上のことではなく、地上のことである。ここから、地上にいて天上からの全き執り成しを受けているゆえ、「感謝の念をもって、畏れ敬いながら、神に喜ばれるように仕えていこう」（一二・二八）と、地上での生き方が明確にされるのである。

ここでは、神への礼拝が意味されている以上に、一三章にも続いているが、地上での具体的な生活倫理が意味されているものと思われる。

「もう一度」に関しても、ハガイ書では地上的な意味の延長線上でとらえられているゆえ、終末的であっても時間的連続の中にあり、歴史的にエルサレムに建てられた神殿の連続線上にある。しかしヘブライ書ではそのようなことが成就したと語っているのではない。ここでの「もう一度」は繰り返される「もう一度」ではない。御子イエス・キリストが「ただ一度、御自身を献げることによって、成し遂げられた」（七・二七、九・二八）その「決定的一度」の再確認である。

当該箇所末部の二九節にも烈しい神をみることができる。「わたしたちの神は、焼き尽くす火です」とは、申命記四章二四節の引用であるが、ここをみると「熱情の神だからである」と続いている。これまでみてきたように、この烈しい言葉は、御子イエス・キリストが完全な贖いを呼びかけておられることに聞く耳を持たない者を威嚇的に裁く警告というより、決定的となった御国に生きる者の幸い、感謝、畏れそして喜びを摘み取ってしまう勢力を裁き、討ち滅ぼす「焼き尽くす火」と理解することができる。

## 参考文献

川村輝典「ヘブライ人への手紙」、『新共同訳　新約聖書注解Ⅱ』日本キリスト教団出版局、一九九一年
Fred B. Craddock, *The Letter to the Hebrews*, The New Interpreter's Bible XII, Abingdon, 1998.
T・G・ロング『ヘブライ人への手紙』（現代聖書注解）笠原義久訳、日本キリスト教団出版局、二〇〇二年
B・リンダース『ヘブル書の神学』（叢書 新約聖書神学12）川村輝典訳、新教出版社、二〇〇二年
E・ケーゼマン『自由への叫び――新約聖書と現代神学』川村輝典訳、ヨルダン社、一九七三年

# ヘブライ人への手紙　一三章一－六節

小副川幸孝

## 神に喜ばれる奉仕

一三章から始まる読者への具体的な倫理的勧告については、これを一二章までと区別する緒論的な問題があるが、むしろ一二章二八節で述べられている「感謝の念をもって、畏れ敬いながら、神に喜ばれるように仕えていこう」という事柄の連続性を持った具体的な展開として理解することができる。

つまり、「神に喜ばれる」ということが具体的にはどういうことかを一三章で記していると見た方がよく、新共同訳聖書でもその理解の上に立って「神に喜ばれる奉仕」という小見出しが付けられている。聖書本文に小見出しを付ける是非もあるが、ここではこの小見出しは適切なものと言えるだろう。

そもそも、「神に喜ばれる在り方とはどういう在り方なのか」ということがキリスト教倫理の主要な関心事である。絶対性を失ってすべてが相対化される傾向を持つ現代社会の中では社会のあらゆる分野にわたっての倫理的な基準も相対的にならざるを得ないが、だからこそキリスト教倫理の果たす役割も大きい。それを考える上でも、「神に喜ばれる在り方」を示唆する聖書の倫理的勧告は、きわめて重要な意味を持つものと言えるだろう。

もちろん、聖書の倫理的勧告というものは、体系化されたものではなく、個々の著者や直接の読者、特に新約聖書の書簡においては手紙の受取手が置かれていた状況の中で語られているものであるから、それを鑑みつつこの箇所の理解に当たる必要がある。

## 兄弟愛

そこで、この箇所で最初に取り上げられているのは「兄弟としていつも愛し合う」（一節）という「兄弟愛」である。

新約聖書は、キリスト教会が共同体を形成していくに従って愛についての教えの強調点も状況に応じて変化しており、共観福音書の隣人と敵への愛からパウロ書簡における兄弟愛が加わったものとなり、やがてその他の多くの文書での兄弟愛が中心となるという過程をたどっている。共同体が形成されるに従って交わりの根幹としての兄弟愛が強調されるのは自然の成り行きと言えるであろう。それは、キリスト者の交わりというものが互いに思いやる愛に基づいてこそ形成されるべきであるという自覚に基づくものであるからである。実際、教会の交わりというものはそれ以外ではありえない。交わりにおける問題の発生は、根本的には愛の欠如に起因する。

ここで用いられている兄弟愛を意味する「フィラデルフィア」という言葉は、古代の一般の社会の中でも非常に重要視されていた徳目の一つである。ヘブライ人への手紙ではここだけであるが、パウロ書簡やヨハネ文書、あるいはその他の公同書簡でも用いられている。しかし、一般の徳目と異なり、新約文書では、この言葉は、言うまでもなく神の愛に基礎づけられた兄弟愛に他ならない。ヨハネによる福音書がイエスの「告別説教」として、「わたしがあなたがたを愛したように、あなたがたも互いに愛し合いなさい」（一三・三四）と記しているように、教会の交わりを基礎づける兄弟愛は、神の愛によって基礎づけられたものなのである。

それゆえ、ここでは「留まりなさい」という言葉が使われている。一節は直訳すれば「兄弟愛のうちに留まりなさい」となる。兄弟愛に留まることは神の愛に留まることであり、また神の愛に留まることとは、具体的な兄弟愛を行うことでもある。

ここには、おそらく、手紙の受取人である人々の間で信仰に基づく決意が弱まり、それがキリスト者の交わりに影響を与え始めているという状況があって、それらの人々に対して、神の愛のうちに留まり、兄弟愛を継続することを切実に訴えようとする著者の願いが響いているような趣がある。彼らが以前は兄弟愛に基づく奉仕の業を行っていたことが六章一〇節に示されているが、著者は、その愛に留まるようにと勧めるのである。

そして、著者は二節以下で、その兄弟愛の具体的な姿を語るのである。

## 旅人をもてなすこと

兄弟愛の具体的なこととして挙げられている最初の徳目は「旅人のもてなし」、おそらく特に「信仰の共同体に属する旅人のもてなし」である。

当時のローマ帝国全域にわたっての宿屋の状況があまり良いものではなかったこともあり、ユダヤ人であれ異邦人であれ、旅人をもてなすことは重要な徳目の一つとして数えられ、たとえばギリシア人の間では、ゼウスや神々の一人が時折旅人に変装して訪れ、それとは知らずに歓待して十分にもてなした者に大きな祝福が与えられると教えられていた。また、ユダヤ人の間では、アブラハムがマムレの樫の木のそばで三人の旅人をもてなし、その中の一人は神ご自身であったという創世記の出来事（一八・一以下）も「旅人のもてなし」の重要なこととしてよく知られていた。

ここで言及されている「ある人たち」はおそらくそのアブラハムやその子孫たち、あるいはロトを指していると思われる。神の使者たちはそれとはわからない姿で訪れるし、神の宣教者たちは大きな祝福をもたらすと考えられていた。「気づかずに天使たちをもてなしました」は、古典的な慣用句でさえあった。

キリスト者にとっても、それは重要な徳目で、具体的には無料の食事と宿泊を提供したと思われる。『ディダケー』には、「あなたがたのもとに来る使徒は、すべて主ご自身のように受け入れなさい。しかし、彼は一日だけ滞留すべきである。どうしても必要な場合はもう一日。しかし、三日も留まるようであれば彼は偽預言者である。使徒は出発に際して、その夜宿泊するまでのパン以外のものを受け取るべきではない」(一一・四―六)という記述がある。

実際、遠来のキリスト者との交わりは大きな喜びをもたらしたであろう。彼らはそこで大きな励ましと慰めを受け取ったのである。兄弟愛に基づく交わりは慰めと励ましに満ちているからである。慰めと励ましは、キリスト者の交わりの重要な要素である。

## 捕らわれている者への思いやり

次に著者は「牢に捕らわれている人たちを思いやる」ように勧める。原文は「牢に捕らわれている人たちを覚えているように」で、前の旅人をもてなすことで使われた「忘れてはいけません」と対になった修辞学的用法が使われ、「忘れない」ことがさらに発展した形で「覚える」という言葉が使われている。

著者は、先に一〇章三二―三四節で、過去の迫害の下で手紙の受取人であった人々が信仰の確信をもってよく耐えたことや「捕らえられた人たちと苦しみを共にした」ことを述べているが、そのことを想起し、今なお信仰のゆえに獄に捕らえられている人たちに対する配慮が必要であることを訴えるのである。その際、「自分も一緒に捕らわれているつもりで」と、他者の立場に身を置くという他者への想像力を働かせるよう勧める。そしてそれによってまた、「体を持って生きている」者として、虐待されている人たちに対して、同じ苦しみが自分に加えられるとしたらどのように感じるかを想像して、痛みと苦しみを分かち合うことができるような人間として生きることを勧めるのである。

実際、痛みや苦しみ、あるいは悲しみに対する想像力の働きこそが具体的な愛の業《わざ》の第一歩となる。「想像力が世界を救う」と言ったのはＪ・Ｐ・サルトルであるが、他者の苦難への想像と共感は信仰における兄弟姉妹の交わりを強くする。初期のキリスト者たちが、迫害の状況下で信仰によって獄に捕らえられた人々との関わり合いを恐れずに兄弟愛を実践したことはよく知られており、それによってますますその交わりを強めていったことが使徒言行録やパウロ書簡の中でも繰り返し述べられている。「痛みの共感」は愛の業に他ならない。

## 性関係について

次に、極めて具体的な課題となる性的な関係についての勧告が語られる。新共同訳聖書で「夫婦の関係」と訳されている「寝床」は夫婦の性関係を指す言葉であり、「みだらな者」も「姦淫する者」も性的な関係を表す言葉である。

これに続いての五節では「金銭への執着」について語られていくが、この二つの領域は、初期のキリスト者たちだけでなく、いつの世でも人間にとっての大きな誘惑となるものだろう。

著者は「結婚はすべての人に尊《とうと》ばれるべき」であると語り、夫婦の関係が神に祝福されたものであることを語ってから、その祝福された関係が第三者により汚されてはならないと告げる。

夫婦の関係が神に祝福されたものであるがゆえに重んじられるべきことであるという思想は、基本的には、人が男と女に創造され、そこでの神の最初の言葉が「産めよ、増えよ」であるという創世記一章二七—二八節や二章一八節以下などで表されている人間観に基づくものである。夫婦の絆が、単に人間的な思い以上に、神に祝福されたものであるということを認識することは、現代においても重要なことであるだろう。

それ以外の「汚れた」性的な関係について、著者は「みだらな者」と「姦淫する者」を挙げる。「みだらな者（性的不品行）」と「姦淫」とは、新約聖書では同義語ではなく、「姦淫」は、結婚の誓約に対する不忠実を意味するが、「不品行」は、それよりも広範囲にわたる性的罪のことで、律法で禁じられた男女関係を意味する。

これらのことが「神に裁かれる」こととして警告されているのは、当時の社会の性的混乱状態の反映でもあろうが、それらの性的混乱状態を避けて、人が夫婦愛の純粋さを保ち、神の祝福の下にあるようにとの勧めがここでなされているからである。

## 金銭への執着について

性的な事柄と並んで人間にとっての大きな誘惑となるのが「金銭への執着」である。「金銭への執着」は、いつの世でも人間の生き方にとって大きな問題となるが、ことに経済力によって世界が動き、社会生活そのものが貨幣経済の下に置かれている現代人にとってさらにいっそう大きな問題であるだろう。

著者は、「金銭に執着しない生活をし、今持っているもので満足しなさい」と語る。「金銭への執着」という言葉は、文字通りには「金銭を愛すること」であるが、具体的な金銭に対する愛着だけでなく、社会的な地位や権力も金銭や経済力と結びついているのだから、これはあらゆることに対する貪欲な人間の在り方そのものと言ってもよいだろう。それに対して、著者は、まず、一般的な道徳訓としてよく知られていた「今持っているもので満足しなさい」という教えを語る。

しかし、金銭への執着を含むあらゆる貪欲さの奥に潜んでいるのは、根本的には生きていくための物質的基盤への不安である。その不安は、人が生きる上で常につきまとうがゆえに、人は、ますます多くを求めるようになるし、不安の解消は本当に難しい。だから、著者は、神御自身が私たちの必要なものへの配慮をしてくださるという神の恵みの約束への信頼を持つようにと、「神御自身、……言われました」と語って、恵みの神への信頼こそが生きる不安を解消し、それを乗り越える道であることを指し示す。

神が必要なものを与えられるという思想は、聖書の中にちりばめられた重要な神信頼の要素であり、アブラハムにおける「主の山に、備えあり」の出来事（創世記二二・一—一九）などはよく知られた代表的な出来事であろう。また、「求めなさい」と教えられたイエスが「あなたがたの天の父は、求める者に良い物をくださるにちがいない」と語られ、「明日のことまで思い悩むな」と教えられたことを福音書は伝える（マタイ七・一一、六・二五—三四、およびルカの並行記事）。恵みと救いの神への絶大な信頼はイエスの教えの根幹であり、福音の神髄でもある。パウロもまた、「わたしは、自分の置かれた境遇に満足することを習い覚えたのです」と語り、「わたしの神は、御自分の栄光の富に応じて、キリスト・イエスによって、あなたがたに必要なものをすべて満たしてくださいます」とフィリピの信徒に書き送っている（フィリピ四・一一、一九）。

ヘブライ人への手紙の著者も、神が「決して置き去りにはしない」と言われたという神の恵みへの信頼を根拠にして、貪欲の底にある生存への不安を乗り越える道を示そうとする。

ただ、ここで神御自身が言われたと記されている引用の言葉は、厳密には、どの七十人訳本文とも一致しない。おそらく、申命記三一章六節の「主は、あなたと共に歩まれる。あなたを見放すことも、見捨てられることもない」という言葉やヨシュア記一章五節の言葉が広く用いられて（フィロンにもみられる。『言葉の混乱について』一六六など）、慣用句のようにしてよく知られていたのではないかと思われる。

いずれにしても、神への深い信頼が、金銭への執着などの人の貪欲さと物理的生活の基盤への不安を乗り越える道であることを、著者はここで明確に示しているのである。神の恵みの約束への信頼が生活の不安を克服する道を示していく。著者は、それをさらに詩編一一八編六節の言葉を使って語る。

## わたしは恐れない

その詩編の引用に際して、著者は「だから、わたしたちは、はばからずに次のように言うことができます」（六節）と、彼がいかにこのことを確信しているかを伝えようとする。この一文は、原文を直訳すれば「確信に満ちてこう言います」という言葉で、いわば、これまで述べてきた具体的な倫理的勧告のまとめのようなものとしてここに記されていると考えられる。つまり、あれこれの具体的なキリスト者の在り方の勧めの根拠をここで明瞭に示すことによって、困難の中にある手紙の受取手を励まそうとするのである。

この詩編は「恵み深い主に感謝せよ」（一一八・一）という言葉で始まり、苦難の中で神に助けを呼び求める者に、神の守りが与えられ、救いが与えられることを告げ、再び「恵み深い主に感謝せよ」（一一八・二九）で終わっている。その中で六節は、神が助けとなられるからどんな人間をも恐れる必要がないことを訴える言葉である。そして、どんな状況に置かれたとしても恐れる必要はなく、「人の力」ではなく「神の力」で生きる姿を示している。

それゆえ、この詩編の引用によって、著者は、私たちが抱えている将来に対する恐れや生活の不安からくるあらゆる貪欲さ、金銭への執着や性的乱れとして現れる貪欲さに対して、「神が助けてくださる」という神への信頼と確信をもっていくことを勧めようとしているのである。神への大きな信頼はあらゆる不安と恐れを取り除く。だから、様々な世の事柄の中で信仰の危機にある時にこそ、神への信頼を強める必要があるのである。

## まとめとして

手紙の受取手が置かれた信仰の危機という状況の中での「神に喜ばれる在り方とは何か」ということの具体的な倫理的勧め

として、著者はこの箇所で、個々の事柄の全体を通して「神が助けてくださる」という神への信頼と確信に基づく在り方を指し示す。愛によって救いをもたらし、あらゆる危機から守り、必要なものを与えられる神に対する深い信頼は、自ずと信仰者を兄弟愛へと導き、慰めと励ましの愛の交わりの中で、同信の旅人のための配慮を行ったり、獄に捕らわれている者の痛みを分かち合い、思いやりをもって助けていく行為へと促されたりする。また、淫らな性関係に陥らずに、妻や夫への愛情を保ち、金銭に執着することなく、与えられているもので満足し、それを喜ぶことへと促される。

ここで記される具体的な倫理的勧告は、一見それぞれ別のことが語られているように見えても、それぞれが共通して、私たちを神への信頼ということに向け、そこから促される行為へと向けるものである。神への信頼は、言葉の真実の意味で、性や金銭の問題に対して私たちを自由にするし、私たちを解放する。そしてまた、隣人や信仰の兄弟姉妹への愛や思いやり、あるいは交わりの形成の基盤となり、私たちはそこから具体的な愛の行為へと促されていく。それは新約聖書の他の文書の中で記されている倫理的勧告にも共通することでもあるだろう。

その意味では、これらはまさに、「何よりもまず、神の国と神の義を求めなさい。そうすれば、これらのものはみな加えて与えられる」（マタイ六・三三）と語られたイエスの教えの具体的な展開であると言えるだろう。

## 説教黙想のための若干の考察

私たちは、人間が関係存在でありながら、その罪のゆえに関係をうまく保つことができないことを知っている。また、生存のための種々の欲望を持つと同時に、その欲望をコントロールする理性を持つ存在であるが、人間が持つ欲望が、時には理性を超えて際限のないものであることを知っている。歴史的状況や社会的環境によってその現れ方は種々あるが、私たちの日常生活に現れる倫理的諸問題の根本には、そうした人間の罪性の問題が横たわっている。

ヘブライ人への手紙の著者は、他の新約諸文書と同様、それらに対して、神への信頼という神との関係の回復をもって応え、そこから促される事柄を指し示す。神との関係の回復は、まず、神御自身がイエス・キリストによって自ら手を差し伸べられるという姿で示された。それは、まさに神の恵みに他ならない。

それゆえ、人は、その恵みに感謝をもって応え、神を信頼し、それによって促される愛と奉仕の日々を過ごすことが求められている。だからこそ、この手紙の著者は、「感謝の念をもって、畏れ敬いながら、神に喜ばれるように仕えていこう」（一二・二八）と呼びかけるのである。その呼びかけに応えるものでありたい。


### 参考文献

ヘルマン・シュトラートマン『ヘブライ人への手紙　翻訳と註解』（NTD新約聖書註解9）木幡藤子・関根正雄訳、ATD・NTD聖書註解刊行会、一九七五年（原著一九六八年）

川村輝典『聖書註解　ヘブライ人への手紙』一麦出版社、二〇〇四年

# ヘブライ人への手紙　一三章七－一六節

吉村　和雄

ヘブライ人への手紙は、紀元一世紀末のローマの教会に宛てて書かれたものだと考えられる。迫害の中にあって信仰から離れてしまうという誘惑と戦っている教会である。そのような明確な形で迫害というものを経験しなくても、わたしたちもまたこの世において、信仰の故に辱めを受けるという経験をする。そういうことから、信仰から離れてしまうという誘惑もまた、わたしたちの経験するところである。そのような信仰者に対して、この手紙の著者は励ましの言葉を語ろうとする。

## 指導者たちを思う

そこでまず勧められることは、自分たちに神の言葉を語った指導者たちを思うことである。教会の指導者は何よりもまず神の言葉を語る。第一三章一七節には、この指導者たちについて「神に申し述べる者として、あなたがたの魂のために心を配っています」とある。七節の指導者は既にこの世を去った者たちであり、一七節の指導者は現に指導をしている者と考えられる。その務めは「神の言葉を語る」ことと「魂のために心を配る」ことである。説教と牧会と言い換えることもできる。しかしその中心は説教であろう。魂の養いも、慰めも、神の言葉から来るからである。神に造られた人間は、神の言葉によってこそ真実に生きる。

その時「彼らの生涯の終わりをしっかり見て」と言われる。生涯の全体を見るのではなくて終わりを見るのである。終わりにこそ、その生涯の全体が集約されるからである。人はその死に方において、生き方を証しするということも言えるだろう。

ここでは彼らの生涯の終わりを見て、その信仰を見倣いなさい、と言われる。信仰とは、単にその人の生き方やあり方ではなくて、その人とキリストとの関わりのあり方である。その人がキリストに対してどのように生きたか、あるいは死んだかということと同時に、キリストがその人に対してどのような方であったかが問題である。そのように、信仰を見倣うためには、指導者自身だけではなく、彼を指導者としてくださったキリストをも、見なければならない。

ローマの教会を考えるとすれば、指導者としてペトロの名前を挙げることができるだろう。ヨハネによる福音書第二一章一八節には、ペトロの殉教の死を予告する主イエスの言葉が記されている。それと共に「わたしの羊を飼いなさい」「わたしに従いなさい」という命令も同時に与えられている。ペトロにとって、主イエスに従うとは、主イエスの羊である教会の世話をすることであり、それを貫き通せば殉教の死に至るのである。そしてペトロはその主イエスの言葉の通りに、ローマの教会の世話をし、最後は殉教の死を遂げたと言われている。ペトロの殉教を予告する主イエスの言葉の後に、ペトロがどのような死に方で神の栄光を現すようになるかを示されたという言葉が続く。ペトロの死はペトロ本人の栄光ではなくて、神の栄光を示すものである。それはそのような最後を遂げたことが、ペトロ本人の力ではなくて、主イエスを通して示された神の力であることを示している。そしてそれはペトロだけのことではなく、他の指導者たちにおいても同じであっただろう。教会の指導をする者が、もし自分にその務めを与えてくださった方に忠実に従い、牧師として務めたならば、その姿の背後に、必ず彼を導き、励まし、必要な力を与えてくださった主イエスの姿を見ることができる。信仰を見倣うとは、そのような主との深い交わりの中で生きる姿を見倣うことである。

## きのうも今日も、また永遠に変わることのない方

そこで見えてくる主イエスの姿を、ここでは「きのうも今日も、また永遠に変わることのない方です」（八節）という。これは古い賛美歌の一節であるか、あるいは信仰告白の言葉であったのではないかという考えがある。この言葉を直訳すると「イエス・キリストはきのうも今日も同じ方、そして永遠に」となることから、牧師が「イエス・キリストはきのうも今日も同じ方」と言い、会衆がそれに答えて「そして永遠に」と言ったのではないかと考える人もいる。きのうのイエス・キリスト、すなわち福音書が伝えるキリストと、今日のキリスト、すなわち今も聖霊を通してわたしたちの内で生きていてくださるキリストは、説教者が語るものである。そしてそれに対して、会衆が「そして永遠に」という言葉を、自らの信仰を言い表す言葉として語る。それは心動かされる場面である。

これが信仰の告白になるのは、「永遠に変わることのない方」は、すなわち神でいます方だからである。出エジプト記の第三章一四節には、モーセに対して神が「わたしはある」という名だとお答えになったと書いてある。この世に存在するどのようなものも一時的なものであり、過ぎ去っていくものである。その中で「わたしはある」と真実に言えるのは神おひとりである。「永遠に変わることのない方」は、この神と等しい方に他ならない。

このことについてわたしたちは、主イエスがマルコによる福音書第一三章三一節において「天地は滅びるが、わたしの言葉は決して滅びない」と言われたことも、心に留めておく必要があるだろう。イエス・キリストは永遠に変わらないとは、その存在と言葉が変わらないということである。わたしたちは福音書を通して主イエスが「きのう」語られた言葉、成し遂げられたことを聞く。それは今日においても真実であり、永遠の将来にわたって変わることがない。ヨハネによる福音書第二一章の、ペトロに対する主イエスの言葉も、その通り出来事になった。

それは他の指導者たちも同じだろう。そしてわたしたちにおいても、それは真実である。

## 異なった教え

イエス・キリストが永遠に変わらない方であるのに対して、いろいろな異なった教えが教会を惑わそうとする。しかし、キリストが不変の方であることが、異なった教えが間違いであることを明確に示す。それ故にイエス・キリストの確かさの上に立っていれば、異なった教えに惑わされることはないのである。

異なった教えは、どこから来るものであろうか。マタイによる福音書第五章三七節に「あなたがたは、『然り、然り』『否、否』と言いなさい。それ以上のことは、悪い者から出るのである」という主イエスの言葉が記されている。主イエスを通して神さまが成し遂げてくださった全てのことに対して「然り」を言い、それに反する事柄に対しては「否」を言う。それ以上に出るなと主イエスは言われた。ここで取り上げられる異なった教えは、明らかに「それ以上」のことである。神さまが成し遂げてくださったことに何か足りない部分があるかのように何かを付け加えたり、間違った部分があるかのように変更を加えることは、わたしたちに許されている範囲を超えることである。それは悪い者から出る。すなわち悪魔から出るのである。ガラテヤの信徒への手紙第二章二一節において、パウロは、律法の実行によって義とされようとする人々に対して、それはキリストの死を無意味にすることだ、と言っている。「然り、然り」「否、否」の外に出ることは、主イエスを通して神が成し遂げてくださったことを無意味にしてしまう。決して許されないことである。

ここでは食物に対する何らかの規定が問題になっている。その内容については知ることができないが、「食べ物ではなく、恵みによって心が強められる」とあるから、食べ物の規定によっても、それを守る人の心が強くされたのであろう。またそういうことがあるから、そのような生き方が広まる理由があったに違いない。しかしそのような生き方は具体的にどのようなものであれ、その規定を守れるか守れないかということに注目せざるを得ない。守れる者はそれを誇りとして、守れない者を裁き、見下すことが行われたであろう。それを一種の強さとして自覚することも、あったかも知れない。しかしそれは結局、人間の業《わざ》に目を注ぐことであって、神が成し遂げてくださったことに、信仰生活の足場を据える生き方とは、相容れないものである。

そのように、食物の規定に従って生活した者が、益を受けなかったというのは、当然のことである。ここで言う「益」が、この世のものであるならば、そのような者たちも多少の益を受けたであろう。使徒パウロも、肉を頼りに生きていたころには、律法の行いが自分に益をもたらすものだったと言っている（フィリピ三・七）。しかし永遠の命にかかわる益は、それとは全く別なものであって、パウロが続けて、それに比べれば自分がかつて喜んでいた益は塵あくたに等しいと言っている。食物の規定に従って生活した者が受ける益は、永遠の命にかかわる益に比べれば、塵あくたに等しいものである。

一方、恵みによって生きるとは、永遠に変わることのないイエス・キリストとの深いつながりの中で生きることである。それは「然り、然り」「否、否」と言いながら生きることである。永遠に変わらないものの上に土台を据えて生きる時に、わたしたちの心は真実に強くされる。それはすばらしいことだと言うのである。

ここで「食物の規定によって生きる」と「恵みによって生きる」ことが対比されているが、それは当時のローマ教会の中に、信仰生活をいくつかの規定を守ることと同一視して、儀礼的なものに貶める動きがあったことを示している。それは、迫害に対する恐れの結果として、そのように信仰を矮小化して捉える動きがあったのかも知れない。そのような動きにたいしてこの手紙は、この世の歴史を貫いて、神の救いの業の歴史があることを語り、この世を超えた天の聖所と、そこにおいて大祭司としての務めを負ってくださるキリストを語ってきた。その姿勢は、この箇所においても変わらない。

## 一つの祭壇

そこで話題は祭壇のことになる。「わたしたちには一つの祭壇があります」（一〇節）と言った時に、その祭壇が何を指すかは、具体的には示されない。主イエスがご自身を犠牲として献げられた十字架を指すとも考えられるし、あるいは週ごとに聖餐を祝っている聖卓のことだとも考えられる。「それから食べ物を取って食べる」という言い方からすれば、聖卓がふさわしいかも知れない。しかしそれは十字架によって裏付けられているものである。「幕屋に仕えている人たち」とは、イエス・キリストによらず、律法の規定によって生きようとしている人々のことである。「（その人たちは）そこから食べ物を取って食べる権利がありません」とは、聖餐に与ることができないという意味であろう。食べ物の規定に従って生活した人たちは、最も大切な、永遠の命に至る食べ物を食べる権利を持たないのである。

## 宿営の外で

九節から一一節まで、食べ物をキーワードにして話が進んでいる。しかもここでは旧約聖書のレビ記第一六章の犠牲の動物の献げ方についての規定と、福音書が語る、主イエスが門の外にあるゴルゴタで十字架につかれたという話が重なっている。レビ記の記述で言うならば、「幕屋に仕える人たちは、それから食べ物を取って食べる権利がありません」という言葉は、一一節にあるように、罪を贖うための動物の血は、大祭司によって聖所に運び入れられるが、その体は宿営の外で焼かれるからだ、ということになる。人間の罪を負った動物の体は、罪が染みこんでいるということで、宿営の外で焼却されるのである。だからそこから食べ物を得ることはできない。旧約の規定に従う限り、食べるという行為と、罪の赦しとは結びつかないのである。

イエス・キリストも、ご自分の血で民を聖なるものとするために、門の外で、すなわち宿営の外で苦難に遭われた。しかしながらキリストを信じる者たちは、幕屋に仕えている人たちとは違って、祭壇から食べ物を得る。それは祭壇が宿営の中にではなく、外にあることを示している。だから一三節にあるように、主イエスのみもとに行くために、宿営の外に出よう、というのである。

ここにおいて「宿営の中」とは、食物の規定に従って生きるような生き方を指している。それは儀式的な信仰という安全地帯の中に閉じこもることである。それを打破し、宿営の外に出て、主イエスのみもとに行こうというのである。

しかしながら、宿営の外に出れば、そこでは、キリスト者たちを辱めが待っている。その様子はこの手紙の第一〇章三三節以下に記されている。「あざけられ、苦しめられて、見せ物にされたこともあり、このような目に遭った人たちの仲間となったこともありました」。そのような経験が彼らを待っている。しかしそこで忘れてならないことがある。それは「イエスが受けられた辱め」だということである。辱めを受ける時に、わたしたちは決して孤独ではない。そこにおいてわたしたちは、主イエスと共にいるのである。主はわたしたちに「自分を捨て、自分の十字架を背負って」（マタイ一六・二四）ご自分に従うことを求めておられる。しかしながらそう命じられた主ご自身が、ご自分の十字架を背負って、わたしたちの前を進まれるのである。わたしたちはその背中を見つめながら、自分の十字架を背負って歩く。十字架を負うことによって、わたしたちは主と共にいるのである。

## 来《きた》るべき都を探し求めて

そのように宿営の外に出ることは、町の外に出ることである。当時のローマは世界で最も大きく、美しく立派な町であったに違いない。ローマ人たちはその町を誇りにしたであろう。キリスト者たちもその町の住人である。ローマの市民権を持っていた者も少なくなかっただろう。しかしこの地上においてどこに国籍を置き、どこの市民権を持っていようと、キリスト者は、この地上に永続する都を持っていない。キリストの血によって聖なる者とされた者たちは、自分たちにふさわしい、来るべき都を探し求めるのである。「来るべき」とは、「来つつある」という意味の言葉である。永続する都は、来つつある。今こちらに向かっている。明日になれば、今日よりももっと近くなるのである。その都をキリスト者は待ち望んでいる。

そしてそのような者にふさわしい生き方は、「イエスを通して賛美のいけにえ、すなわち御名をたたえる唇の実を、絶えず神に献げ」ることである（一五節）。日常の生活において、絶えず神を賛美したならば、それは必ず周囲の人々の知るところとなるだろう。つまりここでは、公然と神の名を告白し、主イエスに対する信仰を表明することが勧められているのである。そのようにしてわたしたちは、宿営の外に出て、主イエスのみもとに赴くのである。

このことは、来るべき都が実現した時に、わたしたちがその中においてすることである。つまりわたしたちは、すでに来るべき都の中にいるようにして、この世の生活を生きるのである。

そして最後に、「善い行いと施しとを忘れないでください」（一六節）という言葉が語られる。神に対して、賛美の献げ物をすることが、神を愛することであるとすれば、善い行いと施しとは、隣人を愛することである。そのようにしてわたしたちは、自分が来るべき都の住人であることを、示すのである。

ここで「施し」と訳された言葉は、コイノーニアであって、交わりを表す。一方的な施しではない。相互の分かち合いである。これも公然となすべき行為である。

この箇所は、取り上げる主題を変え、語る言葉を変えながら、しかし一貫したことを語っている。その中心にあるのは、イエス・キリストがきのうも今日も、そして永遠に変わることのない方だという事実である。この事実に支えられ、励まされて、わたしたちはこの地上の旅を続けて行くのである。

**参考文献**

T・G・ロング『ヘブライ人への手紙』（現代聖書注解）笠原義久訳、日本キリスト教団出版局、二〇〇二年
H・シュトラートマン「ヘブライ人への手紙」、『テモテへの手紙・テトスへの手紙・ヘブライ人への手紙　翻訳と註解』（NTD新約聖書註解9）泉治典ほか訳、ATD・NTD聖書註解刊行会、一九七五年
加藤常昭『ヘブライ人への手紙2』（加藤常昭説教全集23）教文館、二〇〇五年

# ヘブライ人への手紙　一三章一七―二五節

高橋　誠

## テキストの響きと説教の構想

説教者としてのこの手紙の著者の思いがあふれている。手紙の最後だからである。その思いを貫く言葉を取り上げるとすれば、アゴー（導く）という言葉であろう。この言葉そのものは私たちのテキストでは使われないが、この言葉をもととする言葉は繰り返されている。「引き上げられた」（二〇節）のアナガゴーン（引き上げる）も、また「指導者」（七、一七、二四節）のエーグーメノスもアゴー由来の言葉である。神から神の民へ与えられる牽引力というようなイメージを考えることが私たちのテキストを解く鍵となるかも知れない。さらにこのイメージは、この手紙のはじめに「多くの子らを栄光へと導くため」の「彼らの救いの創始者」（二・一〇）と語り始められ、第一二章二節でも同じテーマが繰り返されることを見れば、この手紙全体がこうした神とイエスによる牽引力を説得するものであるとも言いうるであろう。

「御心（ユーアレストス、セレーマ）」もこの牽引のイメージと重なる。ユーアレストス（意にかなう）、セレーマ（願い）とも訳せ、両者とも願いに関連する言葉である。願いは現実から願っているところへと人や物事を牽引する。神の引き上げのなかにご自身の御心が表れている。

この御心は「イエス・キリストによってわたしたちに」（二一節）なされるものである。つまり、神の御心（願い）は、イエス・キリストによく表されている。すなわち「死者の中から引き上げ」ることである。つまり、「神の御心は死者の中から引き上げること。主イエスを。そしてそれは私たちを死者の中から引き上げるために」というのが「御心」と「引き上げ」ることとの一貫した関連である。

この神のセレーマ（願い）を、指導者も同じく「願ってい る」（セルーンテス、一八節、口語訳）。「御心」にほだされたところに指導者たちの願いはある。だからこそ、神に捕らえられた「良心」（同節）と合わせて語られている。指導者はこの牽引力を「勧めの言葉」（二二節）によって示す。迫害という死の陰の濃い現実に引っ張られている聴き手たちを、甦りのいのちとの信仰によるつなぎが外れてしまわないように、注意深く配慮して力をかけながら引き上げる。この手紙の最後で、説教者は初めて明らかに主の復活を語る。最後になってそう語るのは、決して偶然ではない。この復活を明らかに語ることをはじめから目指していた。これまではもっぱらイエスの死を語っていた。そのことによって、殉教者たちを知る聴き手たちのなかに丁寧に入って行きつつ、ここに来て復活を語る。指導者は片手を死の重い現実に捕らえられている聴き手たちに向けて精一杯伸ばし、もう片方の手ではしっかり甦りの喜びを捉えている。しかも、相手に力をかけてもよいほどに自分の手が掛かっているかを案じながら〈祈り〉（一八節から二一節）のなかで引っ張る。ここに、「魂のために心を配」（一七節）る牧会者としての指導者（この手紙の書き手も含む）の姿を見る。

神の願いは、死からいのちへの牽引というのが、この説教の方向を示すものとなるだろう。その牽引を示した指導者の言葉を、今ここにも神のいのちの願いが私たちを引っ張っていると語り直すのが、この説教の使命となるであろう。

## 「御心」・神の願い――死からいのちへの牽引力

甦りの喜びのまわりに主の日の朝ごとに教会は集まる。教会で信徒たちを迎えつつ不思議に思う。日頃の多忙な生活のなかでの疲れをものともせずに教会にゆきたいという願いを持つ。この願いは私たちが求道の歩みのなかで獲得したものであるし、教会生活を支える健やかな願いである。この願いはある時点の喜ばしい逆転によって聖化されている。私たちが甦りの主の前に集いたいと願う以上に、神が私たちについてそう願っていてくださることに気づく。新たないのちを得たいと願う私たちであるが、実のところそれにまして神が私たちにいのちを与えたいと願っておられる。この神のいのちの願いに引かれるように主の日の朝に共同体は集う。

この神の「願い」はユーアレストン（「御心」二一節a）とセレーマ（「御心」二一節b）によって語られる。この二一節は、二〇節からの切れ目のない長い文のなかに置かれていて、その神の願いが「主イエスを、死者の中から引き上げ」る形で表されたことがわかる。つまり、神の「御心」は死からいのちへと「引き上げ」ることなのである。もちろん、それはイエスに表されたものであるとしても、それは決してイエスの甦りそのものを目的とするものではなくて、神のいのちの御心に私たちがあずかるためである。したがって、二一節bの「御心を行うため」は、イエスの復活に根ざして私たちが死に抗うことである。このテーマは、すでにこの手紙のはじめの方で、「子らは血と肉を備えているので、イエスもまた同様に、これらのものを備えられました。それは、死をつかさどる者、つまり悪魔を御自分の死によって滅ぼし、死の恐怖のために一生涯、奴隷の状態にあった者たちを解放なさるためでした」（二・一四―一五）と語られていた。この「ため」（一五節）はやはり神の御心を語る。神の御心はこの死からいのちへの奪還ということに向けられている。私たちが「御心を行う」とは、死の恐れから解放されて生きることである。

この手紙に伴う福音書の記述としてヨハネによる福音書第六章三九節から四〇節を読むことも許されるだろう。そこでも、父の「御心」が「復活」であることが語られている。さらに大きな聖書全体の文脈から言えば、人間に与えられた「命の息」(創世記二・七)にも神のいのちの御心を読むことができる。黙示録では、死が滅ぼされる(二〇・一四)。こうしたいのちの御心、すなわち、神のいのちの願いが救いの歴史全体の牽引力となっている。

それは人間の心にある最も深い願いが、この死からの解放であることに対応する。この人間の心にある最も深い願いは、ある場合には意識されている。夜、就寝時、ひとり目を閉じることの恐れを幼い頃から感じるということがあるだろう。そこからの解放の方途が見つからないからこそ、悩みは深い。あるいは、人間の心にある最も深い願いは、その深さゆえに意識されずに、力や能力を誇示することで、無意識的に死に抗うという形を取ることがあるだろう。自分はこんなに立派に生きているというふうに、自分と他者に誇示し実感を得ることで、死からの解放を模索していると言えるのかも知れない。人間の華やかで強い活動の裏側にいつも死の恐れや悩みがつきまとっているのを見ることができるとすれば、人間は実に多くの場面で死からの解放を模索している。やはり〈人間の心の願い〉は死からの解放なのである。この願いの深さと強さはそれが神の願いの写しであるからだと言えるだろう。人間が自然的生に生じる死を自然なものとしてではなくいびつで不当なものだと考えること自身が、神のかたちに属する事柄である。主イエスが天における御心が地にもなるように祈れと言われたのは、まさにこの神のいのちの御心の関連においてなのである。私たちが、御心がなるようにと祈る時、死から引き上げられた神のいのちの願いを、神と一つになって願っているのである。神と共に願うのであるから、この願いは確かなものである。

## 「良心」に生きてこそ「指導者」

その神の御心・願い、つまりいのちへの牽引(アナアゴー)に喜んで引かれる人々が信仰の「指導者(エーグーメノス)」である。アゴー(導く)をもとにする言葉である。第一三章にこの「指導者」は、三度語られる(七、一七、二四節)。牽引のイメージを先に提示したが、日本語の「指導」という言葉をたどっても、「導」という語にこの牽引力を見ることができるだろう。そうすると、その二者の間に、引く側と引かれる側という力における関わりがあらわれる。一世紀の教会において、すでに指導的な人々が存在していたというのは、信仰が自己の治癒力に依存するホメオパシーには属さないことを表している。教会の信仰は放っておいてもそこに自ずと正しい信仰に生きられるようになるというわけにはいかない。信仰の真髄を了解している者たちがいて、それをいまだあやふやにしている者もいる。後者は前者に教えられなくてはならない。これまで手紙で読み取ってきたように、目に見える死の陰を帯びた風景に心が捕らわれてしまう人々がいて、救いを信じる地点へと導く人々がいる。そうした二者の関わりが、この手紙の最後に来てよりいっそう意識されている。「指導者」への複数回の言及は、この牽引を意識せざるをえない説教者の心の表れだろう。もちろん、この手紙の著者としての説教者もこの指導者に属しており、指導者たちが軒並み直面する勧めの言葉を語る時の「嘆(き)」(一七節)を彼もまた覚えているようである。それは、「どうか……ください」（二二節）という語調に表れている。言葉が十全に相手に届き得たとはどうも思っていないようである。復活を語ったことで、殉教の死の恐れと傷のなかにある人々との距離を改めて心配していると言えるだろう。

この距離をつくっているものは何だろうか。指導者たちが知っていて、聴き手たちに是非とも知ってほしいと願っていることとはいったい何だろうか。信仰への牽引力に生きる指導者たちの信仰の生命の実体とは何なのであろうか。そのことは指導者たちが自身を聴き手たちにさらす言葉のなかに表れる。「良心（スネーデーシス）」である。この語は、この手紙で五回（九・九、一四、一〇・二二、一三・一八「良心」、一〇・二では「自覚」という訳語）使われている。日本語の良心とはかなり様相を異にする。この言葉の成り立ちについて、〈共に見る〉という言葉との関連を言う解説も見出す。自己に内在する対立する二つの意志を一つの方向へと決定づけるものである。もともと道徳的な意味合いを持つ言葉であったが、他のすべての部分を巻き込みつつある方向へと人を動かす心の根っこの部分を指すようになったと言えるだろう。心の根っこの部分が疑いなく「共に見る」もの、それは善であることもあるだろうし、暗いものがそこを支配しているということもあるだろう。「意識の悪から善への転換は、道徳的もしくは祭儀的な領域に限られたものではなく、人の神と関わるその人の存在全体を包摂するという仕方において起こるものである。それゆえに、『明らかな良心』（一八節）というキリスト者の生きる姿に立ち返らせようとする時、著者は受取手に祈りを求めるのである」（キッテル神学辞典〈スノイダ〉のヘブライ人への手紙での用法の項）。道徳的概念のそのさらに奥の、どこからその徳自身が来るのかをも意味する。第一〇章二節、三節では、「もしできたとするなら、礼拝する者たちは一度《ひとたび》清められた者として、もはや罪の自覚がなくなるはずですから、いけにえを献げることは中止されたはずではありませんか。ところが実際は、これらのいけにえによって年ごとに罪の記憶がよみがえって来るのです」と言い、祭儀の後にもうごめく罪の思いについて言及する。本音が信仰にならない、と言えばよいだろうか。そこで、指導者たちが自分の良心を指し示しつつ教会員に向き合うのは、心の奥の本音まで神に染められるというような信仰の地点である。そこから、教会員に心の奥の本音で神を信じることを求めている。もう罪も死も信じないで、神の救いの御手の確かさ、「死者の中から引き上げ」る神を本音で信じている。それが、指導者たちの生命の源泉であり、そこから教会に対する牽引力を発揮している。たとえば指導者に対して「そうは言っても……」というような、本音が別のところで動いていて、信仰が建前化してしまうならば、まことの信仰は建てられないと考えているのである。

## 祈り

二〇節、二一節についてレインは、七十人訳イザヤ書第六三章一一節から一四節との用語の一致を見ている。そこにある紅海を分けてイスラエルを引き上げ、導く（アナゲイン）モーセのモチーフを見ているのである。やはりそこでも神の救済に一貫してあらわれる「引き上げ・導く」ご自身の御手である。

しかし、実際にはこの神の御手を見ていることには困難がつきまとう。人が目にしてその心が捕らわれてしまう困難な現実があり、その困難な現実を貫き通す神の救いの御手という二つの事柄がある。そこで神への疑いや信仰の弱さに捕らえられる人の心とその人を救おうとされる神の御心とをつなぐ存在が必要なのである。「永遠の契約の血による羊の大牧者」（二〇節）の必要もそこにあったのである。いわば人間の「弱さ」（四・一五、五・二、七・二八）のなかに飛び込んでそこになお神の契約の真実を響かせる仕方で、神の御心は表されている。そしてまた、そのイエスにおける神の御心を、困難な現実のなかで想い起こさせ高く響かせるために指導者の勧告（パラクレーシス、慰め）の言葉は存在している。モーセを通じての律法の言葉は、荒れ野の民にとって共同体が雲散霧消してしまわないためにどうしても必要な言葉であったが、迫害の恐れを間近に見ていたこの一世紀の教会にとって、こうした神の契約の真実をイエス・キリストを通して想い起こすことはやはりなくてはならぬものであった。現代においても、状況は同じであろう。共同体の戦いを不信仰との戦いと捉えれば、荒れ野での民の姿と迫害の影響下にあった当時の教会の姿が重ね見られていることがわかる。そうすると私たちの信仰の戦いもまた重なる。実際、私たちの信仰を挫く現実は無数に存在する。願望が叶うことを救いと考える傾向にある私たちにとって、現実はしばしば重苦しいものである。ある場合には正反対と思われるような形であるし、ある場合には神の働きなど見えないかわり映えのしない重苦しい日々という形であるかもしれない。そうしたなかで、信仰を持っていることに何ら意義が見出されないという思いにさいなまれることもありうるのが現実である。目にもの見せるような、あるいは密かに信仰を挫いてしまうような「死をつかさどる者」（二・一四）の支配の力がある。一週間、そうした力に説得されそうになっている教会員たちに、再び本音の信仰を呼び起こすべく説教者は語るのである。

しかし、説教者の言葉は必ずしも聴き手を説得するほど十全なものとはなり得ない。この説教者においても、「勧告（パラクレーシス）の言葉」は聴き取るように願いつつ語られている。原語では〈パラクレーシスをパラカレオーする〉という、つまり〈勧めを勧める〉という表現である。ここにパラクレーシスの言葉の特質を見る。それは力の言葉でありつつ、その力は有無を言わせぬ業務命令ではなく相手のために自由な場所を残しつつ、その自由な心に届くように丁寧に語られる。それだけに、いつも聴き取られているかという配慮が随伴する。その意味で、見まごうことなき神の御心の力のすべてを説教が体現することはできない。説教で語られることは論理的、科学的に反論を許さない合理的な真理ではない。説教は、「神がおられるならその通りだが、まず神の存在を見せてほしい」と言われれば、はねつけることができるものである。

そのことをよくわきまえているからこそ、この説教者は聴き手たちに祈りを求める。「わたしたちのために祈ってください」（一八節）は、「聞き入れ、服従しなさい」（一七節）の続きである。つまり、聞き入れること、服従することは、聴き手自身が祈らなくては起こらないと考えているのである。そして、「わたしたち」から「わたしがあなたがたのところへ早く帰れるように、祈ってください」（一九節）という一人称を差し示す祈りの要請になる。この著者である「わたし」と教会を隔てているものについては諸説あるとしても、説教者の思いは明らかである。つまり、自分の言葉が届くためには祈ってもらわなくてはならないと考えているのである。この指導者の口から神の言葉が聞こえるように、この教会で神の言葉が聞こえるようにという祈りを求めるのである。

これは、単に聴き手に神の言葉を聴く気になれ、ということではない。神の言葉を聴き取るということは、「良心」の問題を先述したように、誰も触れられない心の内奥を神に触れていただくことであって、説教者は祈りのなかで語り、聴き手は祈りつつ聴く以外にないのである。二〇節、二一節の長い祝禱を、先行する二節の祈りの要請との対になっている両者の祈りの交わし合いであるとレインは見る。するとこうも言えるだろう。祈ってほしいとお願いした人々へと、その信仰が生まれるように神の祝福を注いでいるのである。もちろん、そうしたからといって、彼の意のまま自由に彼らに祈りを作り出すわけにはいかない。その上で、この説教者が深くわきまえているのは、ほんとうに勧告が聴き取られる道は、説教者自身にも、また聴き手たちにも属するものではなくて、人間の乞い求めに従って神の自由のなかで与えられる、ただ神にのみ属するものであるということである。もちろん、伝道の局面では不意に神の言葉を心の奥で聴き取り信仰が呼び覚まされるということも生じうるが、その場合にもすでにそこに祈りの心がつくられていることによる。とすれば、祈りの心抜きに神の言葉が聴き取られるということはやはり考えようのないことなのである。

筆者が奉仕する教会で長く役員を務めたある信徒が、キリスト教放送局のインタビュー番組に出演し、入信の経過を話している時、その当時の牧師に「祈ってみてください」と言われたことを話していた。そこで、彼は祈り始めた。それが信仰の第一歩だったと語っていた。彼を信仰に導いた牧師もやはり神の言葉をそれとして聴き取るまことの出会いが、良心と御心に通路を得るところに生起するのをよく知っていたのである。

説教後の祈りは説教に応じた自由なものを考えるのがよいと思うが、参考に一つの祈りを編んでみる。

主よ、心をつくり給う心の主よ。私の心に触れてください。そうでなければ死を信じ込み、暗さに心が染められてしまいそうになります。心の深みをあなたの御心で染めてください。あなたの御心はいつも死から引き上げることです。主イエスを死から引き上げられたその御手を、私にも伸べ続けてください。私たちを引っ張る最も強い力は、あなたの力、命の力であることを信じます。主イエス・キリストの御名のゆえに。

**参考文献**

William L. Lane, *Hebrews 9-13*, Word Biblical Commentary Vol. 47B, Word Books, 2000.
H・シュトラートマン『ヘブライ人への手紙』（ＮＴＤ新約聖書註解９）木幡藤子・関根正雄訳、ＡＴＤ・ＮＴＤ聖書註解刊行会、一九七五年

〈執筆者紹介〉掲載順

加藤　常昭（かとう・つねあき）　日本基督教団隠退教師、説教塾主宰
徳善　義和（とくぜん・よしかず）　ルーテル学院大学・日本ルーテル神学校名誉教授
橋谷　英徳（はしたに・ひでのり）　日本キリスト改革派関教会牧師
古屋　治雄（ふるや・はるお）　日本基督教団福岡中部教会牧師
小副川幸孝（こそえがわ・ゆきたか）　九州学院副院長・チャプレン
吉村　和雄（よしむら・かずお）　キリスト品川教会牧師
楠原　博行（くすはら・ひろゆき）　日本基督教団浦賀教会牧師
高橋　　誠（たかはし・まこと）　日本ホーリネス教団八王子キリスト教会牧師
北尾　一郎（きたお・いちろう）　日本福音ルーテル教会牧師
石井　佑二（いしい・ゆうじ）　日本基督教団遠州教会牧師
髙橋　重幸（たかはし・しげゆき）　厳律シトー会（トラピスト）司祭
浅野　直樹（あさの・なおき）　日本福音ルーテル市ヶ谷教会牧師
飯田　敏勝（いいだ・としかつ）　日本基督教団大曲教会牧師

初出
『説教黙想　アレテイア』（日本キリスト教団出版局）
No.84 ～ No.86（2014 年）

説教黙想　アレテイア
ヘブライ人への手紙

2016 年 5 月 20 日　初版発行

編　集　日本キリスト教団出版局
発　行　日本キリスト教団出版局
169－0051　東京都新宿区西早稲田 2 丁目 3 の 18
電話・営業 03（3204）0422、編集 03（3204）0424
http://bp-uccj.jp/

印刷・製本　三松堂印刷

ISBN 978－4－8184－0944－6　C1016　日キ販
Printed in Japan